JN255722

日本語を科学する

—文法編—《下巻》

塩谷典

展望社

はじめに

上巻でも記述したように『文法』は、中学校・等学校の国語教科科目の中でもっとも科学的に体系付けられた科目である。その源となるのは、一七〇〇年代後半に多くの国学者による日本語の研究書である。特に付属語に関係する研究者とその著書について、筆者が伊勢地区に在住中、倉田山の『神宮文庫』や松阪の城山の一角に立つ『鈴の屋会館（現在は「歴史民族資料館」に変わり、宣長旧邸の南側の「記念館」に移っている）』あるいは、名古屋在住中には西区の城西に在る『離屋会館（朖の記念館）』に通って手にして読んだものを、その年代順に羅列する形で紹介すると、先ず、雀部信頬（ササキベノブツラ）の『氐邇乎波義慣鈔（テニヲハギカンショウ）』（一七六〇年刊）では、係助詞の一部についてその結びがあることも述べているが、不統一な部分が多く未完成である。次いで、栂井道敏（トガノイミチトシ）の、『てには網引綱（アビキヅナ）』（一七七〇年刊）の中で、助詞十三語・助動詞十五語に分けその意義・用法の面から説明している。この両者は、それまでの漢文訓読法の「ヲコト点」について、研究者ごとに秘伝・秘説主義としてきたものを自らの研究については全て、公にして刊行しているところに大きな価値がある。伊勢松阪の医者で国学者の本居宣長は、『網引綱』に一年遅れて刊行した『てにをは紐鏡』の中で初めて、係助詞三種類とそれに呼応する結びの語があることを、古典から例文を引用し、特に万葉集をはじめ八代集など広範な資料から例示して、『係結法』を分かりやすく説明し法則化した。またその内容を整理し・詳述する過程において、他の助詞・助動詞に付いて纏めた、『詞玉緒（コトバノタマノオ）』全七巻も出版している（一七八五年）。

この下巻で詳述する付属語の源は、右の大人（うし）などの他多くの研究者から始まり、中でも付属語に関しては、より深く実証的で科学的帰納法の手法をもって検証を重ねた国学者［医師であった皆川春洞の第二子、成章（ナリアキラ）が十九歳の時に富士谷家の養子に出されているが、国学のみならず、詩歌管弦、地歴天文にも秀でて幼少から神童と言われていた。その］富士谷成章（フジタニナリアキラ）の『脚結抄（アユイショウ）』（一七七八年刊）が、付属語についてこれまでの代表的な研究著書である。文章を人体にたとえ、その文末に来ることば、つまり人の脚結の部分に相当することばについての研究書である。その他、宣長の門下生であった尾張名古屋の鈴木朖（スズキアキラ）の『言語四種論（ゲンギョシシュロン）・活語断続譜（カツゴダンゾクフ）』など、付属語のみならず国語学全般にわたって、広く深い研究が当時の国学者によって進められている。

江戸後半期に次々と優れた国学の大家が輩出したあと一世紀ほど経過すると、明治に至るが、まず明治になると文学分野から「言文一致」の機運が興り、学校教育の改革の時機と相まって、国語教科の位置づけが重視された。当時、口語法を整理し、体系化しながら付属語を『静助辞（現文法の助詞）』と『動助辞（同じく助動詞）』に分類したのが大槻文彦である。国民教育全般の主要な教科として国語教科目を中心において、その原案を大槻が起草し、「口語法調査委員会」に報告した。その頃、上田万年、保科孝一・松下大三郎などの文法学者の名が連ねられている。その後『標準文法』として制定し、昭和初期の『中等文法』から戦後の『学校文法』の時機に、文法教育の推進に功績をなした橋本進吉が加えられる。付属語は、今なお学界で活躍中の国語学者の研究成果も加え、言語活動のなかで、その位置付けや意味用法について精密な研究はなお発展しつつある。これらの研究は当然ながら日本民族の立派な文化活動であり、その成果は貴重な文化遺産である。このような多くの文化遺産が基礎基本にあって、今日の学校文法は成立している。

そのうちの付属語二品詞について、それぞれの語の成立（語源）・意味・用法と接続関係に絞って、分かりやすく解説を加筆してこの下巻を編集した。特に各付属語の語源については、異説の多い語もあり、その語については意味・用法と、その元の語の接続関係から考察して選択し、そのあとに事例となる古文を付記し、なお「異説あり」と明記した。

本文中に引用した古典については上巻同様略記したので、その略符号を次に一覧する。

記＝古事記　紀＝日本書紀　万＝万葉集　古＝古今和歌集　新古＝新古今和歌集

撰＝後撰和歌集　拾＝拾遺和歌集　後拾＝後拾遺和歌集　千＝千載和歌集　百＝百人一首

竹＝竹取物語　土＝土佐日記　伊＝伊勢物語　枕＝枕草子　源＝源氏物語　更＝更級日記

方＝方丈記　平＝平家物語　徒＝徒然草　蜻＝蜻蛉日記　宇津＝宇津保物語　十＝十訓抄

落＝落窪物語　堤＝堤中納言物語　大＝大鏡　今＝今昔物語　宇＝宇治拾遺物語

閑＝閑吟集　奥＝奥の細道　保＝保元物語　源平＝源平盛衰記　浮＝浮世草子　謡＝謡曲

伎＝歌舞伎

用語索引【下巻】

『用語索引』の見方について

1. 配列は五十音順（カタカナ表記）
2. カタカナは口語。数字は頁数。
3. 略語の見方＝見出語の下の（ ）内について

名	名詞	動	動詞
形	形容詞	形動	形容動詞
代	代名詞	数	数詞
接続	接続詞	副	副詞
連	連体詞	感	感動詞
助	助詞	助動	助動詞
格	格助詞	接	接続助詞
係	係助詞	副・助	副助詞
終	終助詞	間	間投助詞
自・可	自発・可能・受身の助動詞		
受・尊	受身・尊敬の助動詞		
使・尊	使役・尊敬の助動詞		
消	打消の助動詞	過	過去の助動詞

完	完了の助動詞	推	推量の助動詞
打・推	打消推量の助動詞		
伝・推	伝聞・推定の助動詞		
希	希望の助動詞	断	断定の助動詞
比	比況の助動詞	補・動	補助動詞

注1. 助詞・助動詞の下に＝で表記したのは、その語の意味用法の主なものを示し、「他」を付けた。句点。の付た語はその用法限り。

注2. あちこちに出ている付属語には、その語の語源や意味・用法を詳述した頁について朱で表記した。

注3. 頁数の間の～印は、その間の頁のすべてに出ている語である。

注4. 助動詞の見出し語は、基本形である。

ア行

カ行

サ行

タ行

(タ)

(チ)

(ツ)

(テ)

(ト)

ナ行

ハ行

マ行

ラ行

ワ行

【日本語を科学する　文法編】《下巻》●目次

【日本語を科学する　文法編】《上巻》

五章　付属語［助詞・助動詞］

付属語

常に他の語に付いて用いられ、それだけでは文節は作れない。文節中では二番目以降の単語で、その語だけでは意味は分からない。その語は自立語に付属して初めて機能する。既に江戸時代（一七七七）富士谷成章はその著書『脚結（あゆひ）抄』で、文章をなぞらえて、その自立語を『挿頭（かざし）・装（よそい）』と言い、付属語を『脚結・等の名』と四分した。（『等の名』は接尾語を言う）ことば全体を観て、今日の付属語を助詞［「属・家」に分けている」と、助動詞［「倫・身」に分けている」の二種類に分類整理した元祖である。今日に至って、時枝誠記・山田孝雄により整理されて、活用しない語が助詞。活用する語が助動詞の二品詞の内容に定められた。

［注一］自立語と付属語の基本的な判別は、文を文節に分けたときの、初めの語が自立語で、その自立語に付いた後の語が付属語である。

一節　付属語（助詞）

一、活用のない付属語

助詞＝自立語の後に付く品詞で、活用がない。文中の語と語の関係を示したり、文節の後に来て、ある意味を添えたりする。言語編でも記述したように、日本語の特色である「膠着語」という点から見て、この助詞の成立が文法上、大変重要な働きを発揮している。文中の助詞の機能を正確に把握することにより、文の内容理解につながる。文語の助詞は、六種類に分けられる。口語では、係助詞と間投助詞を他の助詞に含め、四種類である。

1 格助詞

主として体言に付き、その語が他の語に対してどのような資格を持つのか、どのような関係にあるのかを表し、決まった意味を添える助詞。日本語では、印欧語のように体言自体には格の使用区別がないので、体言に付く付属語によって、他の語と資格関係を表す。このような助詞を格助詞という。

例えば、『桜—開く』の、「桜」の次に、「が」が入るのか「の」が入るのかによって「桜」の「開く」に対する関係が決まる。このような働きをする助詞を格助詞と言い、文語・口語共に『が・の・に・を・へ・と・つ・な・から・より・にて・して・で・ヤ』が格助詞であるが、「ヤ」は口語だけ、「つ」は文語だけに遣われている。

口語の「ノ」には、『来ルノガ遅イ・キレイナノガイイ・青イノハ僕ノダ』などの『の』は、『事・物』などを表示していて、形式名詞のような用法がある。また「ニ」には、『用心ニ用心ヲスル・泣クニ泣カレズ・食ベニ食ベタ』など、前後に同じ語を置いて、強調する用法がある。文語の主格の助詞「が・の」は使わないのが普通であった。しかし主格を『が・の』

によって表す場合は、述語がそこで完結せず次に続くときである。また、結びの語が連体形で止まっている場合、あるいは係助詞があって、その結びが連体止か、已然形で止まっている場合の三例以外で、『が・の』が主格を表すのに使われる例はほとんどない。と言うよりも、話している相互の間では、主体者は了解事項になっているから、省略しても言いたいことは十分に分かり合っているのである。口語文の場合は、主語を示す『ガ』は省略しないのが普通である。

『が』は、格助詞のほかに、接続助詞・終助詞としても使われた。もともとは連体格であったが、途中に用言が入って主格の用法にも使われるようになった。『我が家（私の家）・吾妹（わぎも）＝わがいも（wagaimo）の二重母音の前母音脱落の原則により（wagimo）＝《私のいとしい女性》となった語』の例などのような連体格の「が」の後に、『我が古くなりし家・吾が思ふ妹』のように『が』は、続く名詞「家・妹」に係るのに、間に入った用言や述部の語句に係っているように見えるので、主格の用法も生まれた。『が・の』は、体言および体言に準ずる語に付く。

『の』には、同格の《…デアッテ》や、連用修飾語《…ノヨウニ》になる場合がある。＝『昔見し妹が垣根は荒れにけり津花交じりの菫のみして《昔私ガ心ヲ寄セテイタ女性ノ家ノ垣根ハ、今見ルト荒レテシマッテイルナア。津花ガ混ジッテイルヨウニ、菫ノ花ガポツポツト咲イテイルダケニナッテイルヨ》徒・26』。『白き鳥の、嘴と足と赤き、鴫の大きさなる、水の上を飛びつつ魚を食ふ。《カラダノ白イ鳥デ、嘴ト脚ガ赤イ鴫ホドノ大キサノ鳥ガ、水ノ上デ遊ビナガラ魚ヲ食ベテイル》伊・9』。また、『の』には比較の用法がある。＝『紫のにほへる妹を憎くあらば人妻ゆえに我恋ひめやも《コノ狩場ニ咲イテイル紫草ノヨウニ、美シイアナタガモシ憎ケレバ、ナゼ人妻デアルアナタヲ、コレホドマデモ恋シク思イマショウカ》万・21』。『足引きの山鳥の尾のしだり尾の長々し夜を一人かも寝む《山鳥ノ尾ガシダレテイテ長イヨウニ、コノ秋ノ夜長ヲタダ一人デ淋シク寝ルコトダヨ》拾・恋3・人麻呂＝百・3』。

『つ・な』は、体言に付いて、下に来る語に対して、連体修飾語にする格助詞であるが、奈良時代には、すでに用法が限られていた。『とつ国・国つみ神・庭つ鳥・目つ毛・目な孤・目な尻・みな底・手なごころ』などある程度、限定的に、場所や時を示す用例が多い。『つ』は文語だけの用語。『な』は口語にも使われるが、複合名詞の一部に文語の『な』が残って遣われている。＝『眼（マナコ）・眦（マナジリ）・掌（タナゴコロ）』など。

『を』は、口語・文語共に意味・用法に違いはない。文語の『を』には、格助詞・接続助詞・間投助詞の三助詞にあるので、その違いを適確に識別できる必要がある。本来は、承認・確認を示す応答の感動詞であったものが、文の切れ目に遣われ、間投助詞になった語。それが、漢文訓読の過程で鎌倉時代になって次第に機能し、動作の目的・対象を示す言葉に付いて、動詞に代わり、論理性を意識し目的格を示す格助詞に定着した。古くは主格の助詞と同じように使わなくても文をなしていた。＝『翁竹を取ること久しくなりぬ《翁ハ黄金ノ入ッテイル竹ヲ取ルコトガ長ク続イタ》竹・1』。＝動作の対象。『天離る鄙の長路を恋ひ来れば明石の門より家の当たり見ゆ《遠ク離レテ田舎ノ道中ヲ故郷恋シクヤッテクルト、明石海峡カラ懐カシイ我ガ家ノアタリガ見エテキタヨ》万・3608』。＝経過の場所。『寂しさに宿をたち出で眺むればいづこも同じ秋の夕暮れ《淋シイノデ、宿ヲ出テ遠クヲ眺メテイルト、ドコモ同ジヨウニ、サビシク感ジラレル秋ノ夕暮レノ景色ダ》後拾上・333＝百・70』。＝動作の起点。＝『籠よ　み籠○持ち　ふぐしもよ　みふぐし○持ち　この岡に菜○摘ます児　家○聞かな　な○のらさね《…籠ネ　イイ籠ヲ持ッテ、土堀リ道具モネコノ岡ノアノアタリデ若菜ヲ摘ンデイラッシャル娘サン　アナタノ家ヲ聞キタイ名前ハ何トイウノカ名前ヲ言ッテクダサイヨ…》万・1』。のように、文語では『を』が使われていない場合がある。

へ・に・よ・より・ゆ・ゆり・から

文語の『へ』は動作の方向を示し、『に』は動作の帰着点を示す。『より』は、場所・時間の起点、経由あるいは比較の用法が、上代から使われていた。また、『よ・ゆ・ゆり』も上代では使われたが、平安時代以降ほとんど使われなくなり、『より』だけが残った。『から』も古くから『より』と同じように使われていたが、ただ比較の用法はない。この点については詳細を後述する。口語では、『ココへ置イタ』＝場所、『東へ向カッテ走ッタ』＝方向・相手を示す時にも用いられるが、文語では、前者の時には『に』を使う。＝『行きて駿河の国に至りぬ。《ソレカラサラニ東へ東へト旅ヲ続ケテ、トウトウ駿河ノ国ニ着イタ》伊・9』。

『へ』は、本来名詞として遣われていた。＝『おきつ藻は辺にこそ寄れどもさ寝床もあたはぬかもよ…《沖ノ方ニ漂ウ海藻ハ、波ノマニマニ岸辺ニ近寄ッテハ来ルガ、私タチニハ一夜ヲ安ラカニ眠ル、寝床サエモナイ…》紀・34』。『倭方に行くは誰が夫（つまもりづ）の下よ延べつつ行くは誰が夫《大和ノ方へイマ向カッテ帰ッテユクノハダレノ背ノ君デショウカ。私ノ愛スル人ナノニ私ハ一緒ニ行クコトガデキナイ。草深イ土ノ下ヲ目ニ見エズ流レテイク水ノヨウニ、心ノ底ニ私ヲイトシイト思ッテイラッシャルノニ、今都へ帰ッテ行カレルノハ誰ノ夫ナノデショウ。私ノ愛スル夫ナノニ、私ハ一緒ニ行カレナイノデス。》記・下』。＝動作の方向が、その後時代とともに、その意味用法が変わっていった。平安中期以前は、現地点から遠く離れたところに向かう動作の目標であり、院政以降になると、主体の方向《ここ・こなた》に近づき、すべての移動動作の目標を示す用法が現れる。鎌倉時代になると、到着点を示すのも『へ』を使うようになった。鎌倉以降になると、係る用言に、移動性のない動詞が使われ始め、方向を示す用法も現れた。＝『若狭へと往ぬるが、明日ここへ帰りつかんずれば、その程にとて、このある物をとどめ置きていぬる…《若狭ノホウへ行クトイッテ行ッテシマッタガ、明日ココへ帰ッテコヨウトシテイルカラ、ソノ時ニト言ッテ、ココニ持チ物ヲ置イテ行ッタ…》宇・108』。さらに、室町から江戸時代に至ると、場所や物を表す用法も現れ、その用法が今日まで続いている。

『に』の意味用法は多様である。大きく分けて、①．場所・方向《ア．動作の対象、イ．受身・使役の対象》。②．時格《動作の行われる時を示す》。③．状態格《ア．動作の状態が起こ

る原因・理由、イ．手段・方法、ウ．比較・基準、エ．比喩、オ．状態、カ．強調》の三通りになる。例示すると、

① には、『蟻のごとくに集まりて、東西に急ぎ、南北に走る。高きあり、卑しきあり。老いたるあり、若きあり。行く所あり、帰る家あり。夕べにゐ寝て、朝（あした）に起く。営むところ何事ぞや《蟻ノヨウニタクサン集マッテ、人ハ東西ニ急ギ、南北ニ走ッテイル。ソノ中ニハ身分ノ高イ人モイレバ、低イモノモイル。老人モイレバ若者モイル。ソレラノ人々ハ、ソレゾレ行ク所ガアリ帰ル家ガアル。ソシテタ方ニナレバ寝テ、朝ニナレバ起キル。人ガコノヨウニ営々トシテ勤メルノハイッタイドウイウコトナノデアロウカ》徒・74』。＝場所・方向。『さて、その国に在る女をよばひけり。父はこと人にあはせんと言ひけるを、母なむあてなる人に心つけたりける《サテ、ソノ国ニ住ム娘ニ言イ寄ッタ。父親ハホカノ男ニ結婚サセヨウト言ッタガ、母親ノ方ハ、素性ノ良イ上品ナ男性ニト平生カラ心ガケテイタ》伊・16』。＝動作の対象。『ありがたきもの。舅に褒めらるる婿。《メッタニナイ珍シイコト。（ソノ一ツハ）嫁ノ父親ニ褒メラレル婿》枕・75』。＝受身・使役の対象。

② 『夜になして京に入らむと思へば、急ぎもせぬ程に、月出でぬ。桂川、月のあかきにぞわたる。人々のいはく…《夜ニナルノヲ待ッテ都ニ入ロウト思ッテイタノデ、急ギモシナイデイタ頃ニ、月ガ出タ。桂川ヲ、月ノ明ルイ時ニ渡ッタ。人々ガ言ウニハ…》土・中旬十六夜』。＝時格。＝前後に時を表す語句が使われ、《…ノ時ニ》という口語が

当たる場合で、古文には時格の用法は多い。

③『に』の状態格は多義にわたっている。例文は省略するが、原因・理由《…ノタメニ・…ニヨッテ》、目的《…ニ・…ノタメニ》、手段・方法《…デ》、比較・基準《…ヨリ・…ト比べテ》、比喩《…ノヨウニ》、添加《…ノ上ニ・…ニ加エテ》、強調《…ニ・タダタダ…デ》など多くの意味用法がある。

『より』の意味用法は、

①起点を示す。［起点］には、動作・作用の起点《…以降》と時間・空間の起点《ソノ時カラ・ソコカラ》の二様ある。＝『初めよりわれはと思ひ上がれる方々、目覚ましきものに貶めそねみ給ふ《出仕シタ初メカラ、自分コソハ最初ニ帝ノゴ寵愛ヲ受ケルハズノ、第一人者デアルト思イアガッタ女御タチハ、互イニ嫉妬シタリオトシメタリナサル》源・桐』。

②場所・経由を示す。《…デ・…ヲ通ッテ・…ニ沿ッテ》。つまり、その地点を通って、動作作用の継続を示す。＝『…御子達、上達部（かんだちべ）聞きて、『おいらかに、あたりよりだにな歩きそとやはの給はぬ』と言ひて、うんじてみな帰りぬ《皇子達ヤ、上達部タチハソレヲ聞イテ、驚キアキレ「ソンナ難題ヲイウノナラ、一層コノ近所ヲウロウロ通ッテハナナラヌト、ドウシテオッシャラナイノカ」ト言ッテ、ウンザリシテミナ帰ッテシマッタ》竹・2末文』。

③『より』には、動作の手段・方法《…デ・…ニヨッテ》を示す用法がある。＝『ただ

一人徒歩より詣でけり《タダ私ヒトリ歩イテ参詣シテキマシタ》＝仁和寺の法師が、石清水八幡宮に参拝に行ったのだが、案内人もなく自己判断で、山の下にある八幡宮の摂社だけを参拝して満足して帰ってきた滑稽な話を引いて、何事についても指導者があるとこのような失敗はしなくて済むという逸話＝徒・52』。

④ 比較の用法《…ヨリモ》がある。『より』のこの用法は古く、記・紀・万葉にも見られる。＝『風雑じり　雨降る夜の　雨雑じり　雪降る夜は　すべもなく　寒くしあれば……服襲へども　寒き夜すらを　我よりも　貧しき人の　父母は　飢え寒からむ…《風マジリノ雨降リノ夜、雨交ジリノ雪ガ降ル夜ハ、ドウショウモナク寒クテタマラナイ……衣服ヲ重ネ着シテモ寒イ夜ヲ、私ヨリモ貧シイ人デアル父ヤ母ハキット飢エテイテ一層寒イコトデアロウ…》万・892＝山上憶良の有名な《貧窮問答歌》二段構成の前段』。

⑤ 活用語の連体形について、即時を示す。《…トスグニ・…ヤイナヤ》。＝『名を聞くより、やがて面影は推し量るる心地するを、見る時とは、またかねて思ひつるままの顔したる人こそなけれ《人ノ名前ヲ聞クヤ否ヤ、スグソノ人ノ顔ツキハ推測デキルヨウナ気ガスルガ、実際ニ会ッテ見ルト、マタ以前カラ想像シテイタヨウナ顔ヲシテイル人ハ、メッタニイナイモノダ》徒・71』。

口語の『ヨリ』には、起点・比較の用法は文語と同じようにあるが、即時・経由の用法はない。『ヨリ』が、形容詞・形容動詞の前に来て、それらの用言にかかり、比較の用法を強調した使い方が、西欧文学の翻訳過程で自立語として《モット・ソレヨリサラニ》など副詞に転成した『ヨリ』がある。＝『ヨリ美シク・ヨリ上品デ・ヨリ知性的ダ』などの表現がその例である。

『よ・ゆ・ゆり』は平安以降ほとんど用いられなくなり、『より』だけが残った。『よ・ゆ』の用法は、万葉集の東歌を集めた巻十四に多くみられ、東北方言であったことが分かる。＝『天地の別れしときゆ神さびて高く尊き駿河なる富士の高嶺を…《太古ノ大昔、一ツデアッタ天ト地ガ分カレタソノ時カラ、神々シクテ高ク立派ナ、駿河ノ国ニ在ル富士山ハ…》万・317＝赤人の富士を望める歌』。『鈴が音の早馬駅家の堤井の水を給へな妹が直手よ《鈴ノ音ガ聞コエル早馬ガイル駅舎ノ、大事ニ囲ミ、包ンデアル井戸ノ水ガホシイナ。恋シイアナタノ手カラスクッタ水ヲ》万・3499』。『かしこきや命被り明日ゆりや草が共寝む妹なしにして《恐レオオイ命令ヲ受ケ、コノ東ノ国カラハルカ遠イ九州へ、防人トシテユカネバナラナイコトニナッテシマッタ。明日カラハ草トトモニ寝ルノダロウカ。恋シイ妻トデハナクテ》万・4321』。

『から』は、古くから『より』と同じような意味に用いられたが、『から』の語源については諸説あり確定していない。『から』には比較の用法はない。

① 起点＝動作の起こる場所および、その時を示す。平安時代以降の用法《…カラ・…以降》＝『波の音の今朝からことに聞こゆるは春の調べやあらたまるらむ《波ノ音ガ、立春ニナッタ今朝カラ変ワッテ聞コエルノハ、春ノ調ベニ変ワルノダロウカ》古・436』

② 原因・理由＝《…ニヨッテ・…ノタメニ・…ノセイデ》＝『常世辺に住むべきものを剣刀おのが行（わざ）から遅やこの君《コノ人間世界ノモノガ、仙人ノ国ニ住ムハズデアルノニ、自分ノセイニヨッテ、コノ世界ニ帰ッテキテシマッタコノ君ハ》万・1741＝浦島伝説の反歌』。

③ 通過点＝動作の途中《…ヲ・…ニソッテ・…ヲ通ッテ》＝『直に来ず此ゆ巨勢路から石橋踏みなづみぞ吾来し恋て為方なみ《直接行カズニ、ココカラ巨勢道ヲ通ッテ、石橋ヲ踏ミ苦労シナガラ私ハ来タ。アナタガ恋シクテ仕方ガナイノデ》万・3257』。

④ 即時＝上の事態から直ぐに下の事態に移行する様子を示す＝《…スルトスグニ・…ヤイナヤ直チニ》＝『吹くからに秋の草木のしをるればむべ山風を嵐といふらむ《山カラノ風ガ吹クトスグニ、秋ノ草ヤ木ノ葉ガ枯レテシマウノデ、ナルホド山カラ吹ク荒イ風ヲ、嵐ト言ウノデアロウ》古・249＝百・22』。『惜しむから恋しきものを白雲のたちなむのちは何ここちせむ《マダ別レタワケデハナイガ、別レヲ惜シムウチカラ、今アナタノ顔ヲ見ルトスグニ恋シク思ワレルカラ、アノ白雲ノヨウニアナタガ遠クヘ旅立ッテ行カレタラ、トテモ恋シク思ワレテナラナイデショウ》古・371』。

を・にて・と・とて・して・で

『を』は、格助詞のほか、接続助詞および間投助詞にもあるということは、前述の通り(12頁)であるが、格助詞の『を』は、体言や体言に準ずる語に付く。その意味用法は、

① 『…かぐや姫にいふやう「なんでふ心地すれば、かく、ものを思ひたる様にて月を見

給ふぞ、うましき世に」と言ふ《…翁ハカグヤ姫ニ「イッタイドウイウ気ガナサルノデ、ソノヨウニモノヲ思イツメタ様子デ月ヲ眺メテイラッシャルノデスカ、コノ何一ツ不自由ノナイ境遇ニイラッシャッテ」トイウ》竹・9』。＝動作・使役などの対象を示す《…ヲ・…ニ・…ニツイテ・…ニ対シテ》などの口語訳になるような場合。

② 『を』にも、主格《…ガ・…ノガ》の用法がある。＝『をみなへしおほかる野辺にやどりせばあやなくあだの名をやたちなむ《オミナトイウ名ノツイテイル女郎花ガタクサン咲イテイル野原ニ野宿スルト、ワケモナク、浮気シタトイウ評判ガ立ツデアロウカ》古・229』。

③ 場所・期間の用法《…ヲ・…カラ・…ノ間》の意味に遣われる場合がある。＝『天離る鄙の長路を恋ひ来れば明石の門より家のあたり見ゆ《遠イ田舎ノ道中ヲ、故郷恋シクヤッテクルト、明石海峡カラ懐カシイ我ガ家ノアタリガ見エテキタヨ》万・3608＝既出(12頁)』。『長き夜を一人や寝むと君言へば過ぎにし人の念ほゆらくに《長イ夜ノ間、一人デ寝ルノダロウカト、兄ノ君ガ言ウノデ亡クナッタ方ガ思ワレルコトデス》万・463』。

④ 『を』を使うことによって、文脈の意味合いを強調する場合に用いる。特に口語訳することがない場合が多い。＝『家思ふと寝を宿らず居れば鶴が鳴く芦辺も見えず春の霞に《家ノコトヲ思ッテドウシテモ眠ラレナイノデ、ウチノ中ニイナイデ外ニ出テミルト、芦辺ノホウデ鶴ノ鳴キ声ハ聞コエルガ、春ノ霞デ見エナイ》万・4400』。

［補注一］『を』と『に』の区別は、基本的にはそれぞれの使われている文の述語に対して、『を』は、主観的に自分の意志で動作の対象を選定する場合に遣う。それに対して『に』は、動作の原因を自分の意志ではなく相手にゆだねる場合に遣っている。

『にて』は、奈良時代には、格助詞『に』に接続助詞の『て』が付いた意味合いで使われていたが、平安時代になって『にて』の形で、格助詞として定着した。奈良時代末期から平安時代の初めに漢文訓読が盛んに行われたころには、その影響で、『にして』がよく使われた。『に』と同様、体言および、活用語の連体形に付く。

『にて』の意味用法は、格助詞『に』の意味用法が根拠になっている。①．手段・方法《…デ・…ヲ使ッテ・…ニヨッテ》、②．原因・理由《…デ・…ニヨッテ》、③．場所・時《…デ・…ニオイテ》、④．資格・状態《…デ・…トシテ》などがある。

①『…火にて物いりなどして、隔てなきどちさし向ひて、多く飲みたる、いとをかし。《…火ヲツカッテ何カ煮タリシテ、遠慮ノナイ者同士ガ、向カイアッテ大イニ飲ムノモ、イイモノデアル》徒・175』。＝手段方法。

②『…筆に任せつつ、あぢきなきすさびにて、かいやり棄つべきものなれば、人の見るべきにもあらず《…筆ノ走ルニ任セタツマラナイ慰ミ書キデ、結局破り捨テテシマウツモリノモノデアルカラ、他人ガ読ムハズモナイノデアル。》徒・19』。＝原因理由。

③『都にて山の端に見し月なれど波より出でて波にこそ入れ《都デハ、出ルノモ入ルノモイツモ山ノ端ニ見タ月デアッタガ、ココデハソノ同ジ月ガ、波カラ出テナントマタ

波ニ沈ンデイクコトヨ》土・12月20日』。＝場所格の助詞。『命長ければ恥多し。長くとも四十に足らぬ程にて死なむこそ目やすかるべけれ。《命ガ長イト恥ズカシイコトガ多イ。長クテモ四十未満クライノ時期ニ死ヌノガイイトコロデアロウ。》徒・7』。＝時格の助詞。

④『…わが御族のみ、帝の御うしろみ、世のかためにて、行く末までとおぼし置きしとき、…《…自分ノ一族バカリ長ク天皇ノ御後見、天下ノ柱石トイウ立場デ、孫子ノ末マデ栄華ヲ極メヨウト考エ置カレタ時…》徒・25』。＝資格の用法。

⑤『…うち腹だちて、「やや、鼻ひたる時、かくまじなはねば死ぬるなり、と申せば、養ひ君の、比叡の山に児にておはしますが、ただ今もや鼻ひ給はむと思へばかく申すぞかし」と言ひけり。《…尼サンハ少シ腹ヲ立テテ「エエ、クシャミヲシタ時、コウマジナワナケレバ、当人ガ死ヌノダトイウ事ナノデ、私ガ教育係ヲイタシマシタ若君ガ、比叡山デ稚児トシテイラッシャルノデ、タッタ今デモ、ヒョットクシャミヲナサロウカト思ウノデ、コウ申スノデス》ト言ッタソウダ》徒・47』。＝情態の格助詞。

［補注一］『にて』という言葉には、格助詞のほかにもいろいろな言葉があるので、その識別に注意が必要である。

①まず、右の用例の格助詞（ア）のほかに、最も用法が似通っている『にて』は、断定の助動詞『なり』の連用形『に』に、接続助詞（イ）の『て』が付いた『にて』の識別である。共に上の語が体言で、その口語訳も《…デ》であって、形の面からでは、

接続助詞の『にて』の後に、「あり・侍り・候ふ」などの補助動詞が付いた場合は接続助詞の例である。ただ格助詞については、(イ)のような《…デアッテ》の口語訳はあたらない。＝『…切りくひを掘りて捨てたりければ、その跡大きなる堀にてありければ、堀池の僧正とぞいひける《…切リ株ヲ掘リ捨テタノデ、ソノアトガ大キナ堀ニナッタノデ、マタ堀池ノ僧正ト言ッタソウダ。》徒・45』・『…かぐや姫のいはく「月の都の人にて、父母あり。片時の間とて、かの国よりまうで来しかども、……されどおのが心ならず、まかりなむとする」と言ひて、もろともにいみじう泣く。《カグヤ姫ガ言ウコトニハ、「月ノ都ノ人デアッテ、父母ガアル。ホンノ少シノ間ト思ッテ月ノ都カラ来マシタケレドモ、……シカシ私ノ本心デハナク、月ノ都ニ帰ロウトシテイマス」ト言ッテ、トモニタイソウ泣ク》竹・9』。『変化のもにて侍りけむ身とも知らず…《コノ人間世界ノモノデナイ変ワッタ人デイラッシャルトモ知ラズ…》竹・9』。

② つぎに、助動詞完了『ぬ』の連用形『に』に、接続助詞『て』が付いた場合(ウ)で、《…ニナッテシマッテ》の口語訳になる。(ウ)は、(イ)と同じように、後に補助動詞が来る場合がある。＝『梅の花咲きて散なば桜花継ぎて咲くべくなりにてあらずや《梅ノ花ガ咲イテ散ッタナラバ、桜ノ花ガ続イテ咲キソウニナッテイルノデハナイカ》万・829』。

③ 最後に、形容動詞なり活用の連用形『―に』に、接続助詞の付いた『―にて』(エ)がある。口語に訳すと《―デアッテ》となる場合。＝『宣耀殿の反橋(そりはし)に、元結のむら濃いとけざやかにて出でゐたるも、さまざまにつけてをかしうのみぞある。《宣

耀殿ニ、臨時ニ取リ付ケタソリ橋ニ、元結ノマダラ染ヲイカニモ鮮ヤカニ、浮キ上ガラセテ出テ座ッテイルノモ、皆ソレゾレニツケテ面白ク思ワレル》枕・92＝内裏は五節の』。などのように、『にて』には格助詞を含めて、以上の四種類のことばがある。

口語訳上要注意である。

文語の『にて』がつづまって、口語の『デ』がかなり早い時期に成立して今日に至っている。したがって『デ』は、文語の『にて』とその意味・用法は変わらない。

『と』は、副詞の『とかく』の『と』と同じく、ある事柄の状態を具体的に表すために、他と比べたり具体的に内容を支持したりする働きが元であるから、格助詞の『と』も、ある事柄を引き出し、それと比べ内容を対比する用法がある。したがって、『と』の用法も多い。この点は、口語の『ト』も同様である。

① 共同（対象）の用法＝《…トトモニ・…ト一緒ニ》＝『同じ心ならむ人と、しめやかに物語して…《同ジ趣味ヲ持ッタ人　ト一緒ニ落チ着イテ話シ合ッテ…》徒・12』。

② 並立の用法＝《…ト…ト》＝『世の中にある、人と住処と、またかくのごとし《世間ニ住ム人ト、世間ニ在ル住マイトハ、コレマタ川ノ水ヤ泡ト同ジヨウニ、常ニ変化シテイル》方・1』。『武蔵の国と下つ総の国との中にいと大きなる川あり。《武蔵ノ国ト下ツ総トノ国境ニタイソウ大キナ川ガアル。》伊・9』。

③ 比較の用法＝《…ト比ベテ》＝『銭あれども用ゐざらむは、全く貧者と同じ。何をか楽しびとせむ。《オ金ガアッテモ使ワナイデジットシテイルノハ、全ク貧乏人ト比べ

テ同ジダ。イッタイ何ヲ楽シミトシテイルノデアロウ》徒・217』。

④ 比喩の用法＝《(例エバ)…ノヨウニ》＝『蓮葉の濁りに染まぬ心もて何かはつゆを玉とあざむく《蓮ノ葉ガ、アノ泥沼ノ濁リニ染マラナイヨウニ清イ心ヲ持チ続ケ、ドウシテ蓮ノ葉ノ上ニ降リテイル露ヲ玉ノヨウニ、人ニハ見セカケテイルノダロウカ》古・165』。

⑤ 変化の結果＝《…ト変ワッテ》＝『筑波嶺の峰より落つる男女川恋ぞ積もりて淵となりぬる《筑波嶺ノ峰カラ落チル男女川ノ水量ハ、初メハワズカデアルガ、次第ニ深イ淵ニ変ワッテイク。ソノヨウニ私ノ恋心モ、積モリ積モッテ、深イ淵ノヨウニ変ッテシマッタ》後撰・恋2＝百・13』。

⑥ 引用の用法＝《…トイウヨウニ・…トイウヨウナコトダガ》＝『わたの原八十島かけて漕ぎ出でぬと人には告げよ海女の釣り船《広イ大海原ヲ、多クノ島々ヲ目指シテ、船ヲ漕ギ出シテイッタトイウコトヲ都ニイル妻ニ告ゲテクレ。漁師ノ釣リ船ヨ》古・407＝百・11』。

［補注一］　格助詞『と』の直後に、強意の副助詞『し』が付いた強調の用法がある。＝『生きとし生けるものいづれか歌を詠まざりける。《生キテイルスベテノモノハ、ダレガ歌ヲ詠マナカッタデアロウカ、スベテノモノガ詠ンダ》古・序』。『世の中は空しきものと知る時しいよよますます悲しかりけり《世ノ中ハ儚イモノダト知ッタ時コソ、初メテイヨイヨマスマス哀シクナルモノダナア》万・798＝前出（副詞「いよよ」の項）』。（格助詞『と』が、

接続助詞『て』を伴った『とて』については、『て』の項で詳述)。

［補注二］　格助詞『と』と『に』の類似点と相違点

①　両方に、ア．比較の用法と、イ．動作の対象の用法がある。

ア．『昼のあかさにも過ぎて光渡り《昼ノ明ルサ以上ニ明ルクアタリハ光リ輝キ》竹・9』。『かたちなどは、昔の夕顔と劣らじや《容貌ナドハ、ソノ昔ノ夕顔ト比ベテ劣ラナイダロウカ》源・玉鬘』。

イ．『友に語る』＝『友と語る』。

②　『に』には、その事柄の本質を明確に表すのに対して、『と』には、ややはっきりせず便宜的に示すという違いがある。『彼の君に伴ふ』と、『彼の君と行く』では、主体者の気心の強さ・軽重の差が感じられる。

『とて』の成立は、指定・断定の助動詞『たり』の連用形の《―と》が副詞化し、前の語句を受けて提示し、後の語句への続き方を指示する格助詞となり、それに接続助詞『て』が付いて出来た助詞である。学校文法では、『とて』で格助詞に入れている。成立過程で、後に付いた接続助詞『て』の機能がなお強く、後文への関係性が強く密接である。『とて』の上代での用例は少ないが、漢文訓読の過程で使われるようになった助動詞『たり』により、平安時代になってから『とて』の用例は増え、一般化した。

［補注］　『とて』の解釈法

①　《…ト言ッテ》＝会話文の後の『とて』であるから、「　」が付いていればなお判りや

すい。付いていない場合には、『とて』の前に、事柄の原因・理由を述べた部分があり、後にその帰結となる表現が続いている場合はこの解釈が良い。＝『春ごとに咲くとて桜はよろしう思ふ人やはある《毎年春ニナルト咲クカラト言ッテ、桜ノ花ヲイイ加減ニ観ルヨウナ人ガアロウカ》枕・39』。

② 《…ト思ッテ》＝この場合は、『とて』の前に、意志・願望の語が来ていることが、判断の基準である。＝『馬のはなむけせむとて、人を待ちけるに…《オ別レノ選別ヲシヨウト思ッテ、人ヲ待ッテイルノニ…》伊・48』。

③ 《…トシテ・タトエ…シテモ》＝『とて』が、仮定条件で書かれている部分に遣われているときの解釈法である。＝『我亡くなりぬとて、口惜しう思ひくずほるな《タトエ私ガ死ンダトシテモ、意気地ナク望ミヲ捨テテハナラナイ》源・桐壺』。

『して』には、

① 動作する手段・方法を表す。《…デ・…ニヨッテ》＝『いまさらに問ふべき人もおもほえず八重むぐらして門させりてへ《今更訪問スルヨウナ人ガアロウハズハナイ。八重ムグラニヨッテ、門ハ閉メテ入リニククナッテイルト言イナサイ》古・975』。

② 動作の使役の対象を表す。《…ニ命ジテ・…ニ言イツケテ》＝『犬は狩りいでて、滝口などして追ひかはしつ。《犬ハ探シ出サレテ、滝口ノ警護ノモノナドニ言イツケテ追イ出サレタ》枕・9』。

③ 動作をする対象やその人数を表す。《…トトモニ・…ト一緒ニ》＝『東の方に行きて

住み所求めむとて、友とする人ひとりふたりして行きけり。《東ノ方へ行ッテ住ミヤスイ所ヲ見ツケヨウト思ッテ、友達ノ一人二人ヲ連レダッテ行ッタソウデアル。》伊・8』。

格助詞のほかにも、いろいろな『して』がある。

① 接続助詞の『して』＝形容詞・形容動詞および、助動詞『ず』の連用形に付く。＝『ゆく川の流れは絶えずしてしかももとの水にあらず。《流レユク川ノ流レハ絶エナイデ、シカモ常ニ同ジ水デハナイ。》方・1』。

② サ変動詞『す』および、サ行四段動詞の連用形『―し』に、接続助詞『て』が付いた『―して』がある。＝『泉に手足さし浸して、雪には降り立ちて跡つけなど、……何となく葵かけ渡して、なまめかしさに、明けはなれぬ程…《清流ニハ手足ヲ浸シテ、美シク積モッタ雪ノ上ニハ足跡ヲツケタリ、…何トイウ事モナク、イロイロナモノニ葵ヲイチメンニカケ渡シテ、アタリモ優雅デアルノニ、マダ夜ガ明ケハナレヌ時ニ、…》徒・137』。

『で』の成立は、格助詞『に』に接続助詞『て』が単純接続した『に＋て』の後の『て』の機能が強く、下の語句に続いていくときには接続助詞の『で』である。しかし格助詞としての『で』は、前後の語句の関係において、ある資格的機能を保っているからである。したがって、『にて』に比べてその用例は、平安末期以降である。

格助詞『で』の意味用法は、前の『にて』と同様である。

①場所・時格《…デ・…ノ時ニ・…ニオイテ》＝『「あれに見え候。粟津の松原と申す。あの松の中で御自害候へ」とて、討って行くほどに、また新手の武士五十騎ばかり出で来り《「アソコニ見エマスノガ、粟津ノ松原ト申シマス。アノ松ノ中デ御自害ナサレマセ」トイッテ、再ビ馬ニ乗ッテ向カウ方向ニ、マタ新手ノ敵兵ガ五十騎ホド出テキタ》』平・9・木曾の最期』。

②手段・方法《…デ・…ニヨッテ・…ノ方法デ》＝『中宮も驚かせ給ひなんずと思し召し、左の手でくちなはの尾をおさへ、右の手で頭をとり、直衣の袖のうちに引き入れ、ちともさはがず…《中宮モ大変ビックリナサッテイルヨウニ思イ、左ノ手ニヨッテ蛇ノ尾ヲ抑エ、右ノ手デ頭ヲツカンデ、平然ト自分ノ直衣ノ袖ノ中ニ入レ、少シモ騒ガズ…》』平・4の6・競』。

③原因・理由《…ナノデ・…ダカラ》＝『しばしにらまへ奉り、「その御心でこそかかる御目にもあはせ給。とうとうめさるべう候」と申しければ…《シバラクジイット睨ムヨウニ見ツメテ、「ソノオ心ダカラコソ、コンナ目ニモ合ワレタノデス。トットトソノ厄ヲ払イノケマショウ」ト申シタノデ…》』平・2ノ2・一行阿闍梨の沙汰』。

④資格・状態《…ノ立場デ・…ノクライデ・…トシテ》＝『伊豆守、其比はまだ衛府蔵人でおはしけるが、《伊豆守ハ、マダソノコロハ、衛府蔵人ノクライデイラッシャッタガ、…》』平・4の6・競2』。

［補注一］文語では、『や』は、係助詞と間投助詞であるが、口語では、『アレヤコレヤト・

牛ヤ馬ガ放牧サレテイル』など、いくつかの例示をして、対等の関係を表す格助詞に見なしている。

【設問一―A】

1. 次の各文にある、傍線部の格助詞『に』と『と』について、その意味用法を後の語群から選んで答えなさい。

① 京に住む。　② 申の刻に都に入る。　③ かの乙女は天女に似たり。
④ 病に侵され床につく。　⑤ 蔵人の任に着く。　⑥ 心の友に誘はる。
⑦ 風雨激しき中京に入る。　⑧ 敵陣に攻め入る。　⑨ 山を行く。
⑩ 人を救う。　⑪ 涙ながら故郷を発つ。　⑫ 討たむとする敵を追ふ。

（ア）目的　（イ）場所　（ウ）到着点　（エ）原因　（オ）受身　（カ）起点
（キ）時間　（ク）結果　（ケ）比較＝《同じ用法の助詞が、数組ある》

2. 次の各文の、傍線『へ』と『と』について、その用法を後の語群から選び、記号で答えなさい。

① 不審ナ船ガ東へ進ンデイル。　② 今年ノ夏休ミモハワイへ行ク。
③ 君ガ読ンダラ加藤君へ渡シテネ。　④ 友達トスキーニ行ッタ。
⑤ 彼ハ研究者トナッタ。　⑥ 彼女ニ「明日モ行コウ」ト言ワレタ。
⑦ 僕ノ得意ハ水泳トスキーダ。　⑧ 記録ヲ見ルト君ノ方ガ少シイイヨ。

（ア）共同　（イ）並列　（ウ）結果　（エ）引用　（オ）比較
（カ）場所　（キ）方向　（ク）相手

2 接続助詞

活用語に付き、上の語の意味を下の語句に、意味上・論理上関係づける機能を持つ助詞のグループ。

用言の未然形に付く接続助詞には、『で・ば』、連用形に続くものに『と・して・ても・でも・つつ・て・で・ながら』、終止形に付くものに『し・と・とも・けれど（も）・から』、連体形から続く文語の接続助詞に『ものから・ものの・ものゆゑ・ものを・が・に・を』があり、口語でも『ノニ・ノデ』がある。仮定形に付くものに『バ』がある。口語には右のほか、『テ・デ・ガ・カラ』がある。

まず口語の方から取り上げるが、『テ』は活用語の連用形に接続し、その意味用法は、

① 原因・継続＝『夏ハ風ガ強クテ波ガ荒イ・冬ガ去ッテ春ガ来タ』。

② 条件・並列＝『日差シガ暖カクテ暖房ハイラナイ・野球モウマクテ勉強モヨクデキル』。

『デ』は、『テ』の上の語が撥音（ン）の時に、濁音化した語で、『テ』と同じである。＝『鳥ガ飛ンデ行ク・転ンデシマッタ』。また『自転車デ行ク』のように、名詞に付いた『デ』

は、格助詞（この場合は手段・方法）である。

『ガ』は、『風ガ強イガ出カケヨウ』の、二つの『ガ』は、上は名詞『風』についているから格助詞、下の形容詞『強イ』について逆接助詞『ケレドモ』と置き換えることができるので、接続助詞である。また口語の『ガ』には、推量の助動詞《ウ・ヨウ・マイ》に付いた場合に、結果次第という条件方がある。＝『出来ヨウガ出来マイガヤッテミナケレバ分カラナイ・行コウガ行クマイガ自分デ決メル』などの用法もある。

『ノデ』は、①原因・理由と、②手段・方法の順態接続の用法がある。＝『簡単ニ出来タノデ自信ガ付イタ。次ハモウ少シ難シイノデヤッテミヨウ』＝この二つの『ノデ』は同じではない。前の『ノデ』は《タ》の連体形についているので、原因・理由の順態接続助詞。後の『ノデ』は、『難シイ問題デ』の名詞『問題』の代わりに遣っている『コト・モノ』の《ノ》で、格助詞、それに手段・方法の接続助詞『で』が付いた二語の助詞と言う違いがある。

『ノニ』は、逆態接続の機能を持つ仮定条件の接続助詞。＝『一生懸命ヤッタノニ良クナカッタ・モット優シイノニ替エテモウ一度ヤッテミヨウ』。の『ノニ』の二例は異なった語である。前者は、『―タノニ』と連体形接続だから、逆接助詞。後者の『ノニ』は、右の『ノデ』の後の用法と同じように、格助詞＋接続助詞、である。『ノニ』の接続は、『ノデ』と同様活用語の連体形に付く。『ノニ』には、このほかに予想外の気持ちを表現する場合の文末用法があるが、今日では、この用法は固定化しているので、終助詞である。＝『アレホド言ッテオイタノニ・モットキツク言エバヨカッタノニ』。

『カラ』は、『朝陽ガ山頂カラ出タ・山ガ近イカラスゴク大キク見エル』。前文の名詞に付いた『カラ』は『ノデ・ノニ』と同様格助詞（この場合は、起点の用法）。後文の『カラ』は、形容詞『近イ』の連体形に付いた接続助詞（原因・理由の順接）。『窓カラ風ガ吹キ込ム・寒イカラ戸ヲ閉メタ』も前の例文と同じ。前者は格助詞（起点）。後者は、接続助詞（原因・理由の順接）。

『シ・タリ』は、並列の用法が主体であるが、「タリ」には『授業中ニ大キナ声デ私語シタリシテハナリマセン』などのように、一例を挙げて他を暗示する用法もある。

『バ』は、活用語の仮定形に付き、条件を表す。

① 順接仮定条件法＝『モシ天候ガ悪ケレバ遠足ハ中止ニスル』。

② 習慣反復用法＝『春ニナレバ桜ガ咲ク』＝この言い方は、仮定のように見えるが、自然界に決まった条件のもとでいつも決まった状況が生ずる習慣である。このような表現方法にも『バ』は使われる。

③ 並列＝『運動モデキレバ勉強モデキル』。

④ 認識・判断の根拠＝『アレダケ勉強スレバ合格スルサ』。

文語の接続助詞は、意味・用法から見ると、上に来る文節・連文節が、下の文節・連文節で述べる内容に対して、原因・理由・仮定などを前提とする。

A 順接仮定条件法の『ば』。

a. 仮定条件法＝活用語の未然形に、接続助詞『ば』の付いた形で、《モシ…ナラバ》と逆接＝『世の中に絶えて桜のなかりせば春の心はのどけからまし《世ノ中ニモシ桜ガナカッタナラバ春ヲ過ゴス人タチノ心ハドレホドノドカナコトデアロウカ》(＝実際には春になるのを待って、一斉に美しい桜の花が咲き、その美しい花の盛りを見る期間が短くて、早く観に行かないと散ってしまうのではないかと気になって、少しも落ち着かない)古・53』。

b. 確定(既定)条件法＝活用語の已然形に、『ば』の付いた形で、《…ナノデ…ダカラ》＝『なでふ心地すれば、かくもの思ひたる様にて月を見給ふぞ《ドノヨウナ心地ガスルノデ、コノヨウニ思イ悩ンダ様子デ、月ヲ見テイラッシャルノカ》竹・9昇天』。

c. 恒常(常時)条件法＝活用語の已然形に、『ば』の付いた形で、《…ノ時ハイツモ・決マッテ…》＝夕されば小倉の山に鳴く鹿は今宵は鳴かず寝にけらしも《夕方ニナルトイツモ鳴ク鹿ノ声ハ、今夜ハ鳴カナイガ、モウ寝タノデアルラシイナ》万・15』。

d. 偶然条件法＝活用語の已然形に、『ば』の付いた形で、《…シテルトタマタマ》＝『柿食へば鐘が鳴るなり法隆寺《柿ヲ食ベテイルトタマタマ法隆寺ノ鐘ガ鳴ッタヨ》正岡子規』。は、已然形に付いた『ば』であるが、この口語訳以外で、訳するとおかしくなる。已然形に付いた『ば』には、この三通りの条件接続法があるので、それぞれについてこの中から最適の口語訳を見つける。

B　その他の『ば』

a．打消助動詞『ず』の已然形『ね』に付いた『ば』＝『―ねば』。《…ナイノニ》＝逆接確定条件法。＝『秋立ちて幾日もあらねばこの寝ぬる朝明の風は袂寒しも《秋ニナッテマダ幾日モ経タナイノニ、コノ寝起キノ朝ノ風ハ袂ガ寒イコトダ》万・1555』。

b．活用語の已然形に付いた『ば』は、順接の確定条件法となる《…ナノデ…ダカラ》＝『思ひつつ寝ればや人の見えつらむ夢と知りせば覚めざらましを《思イナガラ寝タカラ、恋シイ人ノ夢ヲ見タノデアロウカ。モシ夢ダト分カッタナラバ、覚メナイデホシイナア》古・552』。

c．打消助動詞『ず』の未然形に、接続助詞『ば』が付いて＝『ずば』＝《…ナイデ・…ナケレバ》と、打消接続の仮定条件法となる。この『ずば』は、漢文訓読の中で多用され『ずンば』と、撥音を加えて読まれていた。＝『虎穴に入らずんば、虎子を得ず《恐ロシイ虎ノ穴ニ入ラナケレバ、欲シイ虎ノ子ヲ手ニスルコトハデキナイ＝危険を冒さなければ、大きな利益や成果は手に入れることは出来ない》後漢書・班超伝』。

d．同じように、打消助動詞『ず』の未然形に付いた『ば』、あるいは、形容詞連用形『―く』に付いた『ば』は、＝『ずば・―くば』は、清音化して『ずは・―くは』となる。しかし、この『は』は、仮定条件法の『ば』である。＝『験なきものを思はずは一坏の濁れる酒を飲むべくあるらし《甲斐モナイ物思イヲシナイデ、一杯ノ濁リ酒ヲ飲ム方ガイイダロウ》万・338』。『鶯の谷より出づる声なくは春来ることをたれか知らまし《モシ鶯ガ谷カラ出テ来テ鳴ク声ガ聞コエナケレバ、春ガ来タコトヲダレガ知リマショウカ。イヤ誰モ気ヅカナイデショウ》古・14』。

e．右のdとは逆に、格助詞『を』に、『ば』の付いた『…をば』の用法の『ば』は、条件接続助詞の『ば』ではない。この『ば』は、係助詞『は』が濁音化し、動作の対象を強調した表現である。＝『野山にまじりて竹を取りつつ、よろづのことに使ひけり。名をば、さかきの造となむいひける。《野ヤ山ニ入ッテ竹ヲイツモ取リ続ケテイロイロナコトニ使ッテイタ。名前ヲサヌキノ造トイッタ》竹・1』。

『で』は、活用語の未然形に付く格助詞の『で』と異なり、打消助動詞『ず』の連用形に、接続助詞『て』が付いて、約音化した『で』と、『ず』のナ系列の連用形『に』に接続助詞『て』が付いた『に—て』の変化した二つの接続助詞『で』がある。奈良時代万葉集などに、よく使われていた『ずて・ずして』が、平安時代以降に『で』に変化して使われるようになり、それが一般化した接続助詞である。

したがって、この意味用法は、打消接続しかない。＝《…ナイデ・…ズニ》＝『万世にいまし給ひて天の下奏し給はね朝廷去らずて《天下ノコトヲ、天皇ニ奏上シテ下サッテ、世ノ政治ヲシテクダサイ。朝廷カラハ去ラナイデ》万・819』。『時鳥今泣かずして明日超えむ山に鳴くとも験あらめやも《時鳥ヨ、今来テ鳴カナイデ、明日私ガ越エヨウトスル山デ泣イテモ何ノ効果モナイゾ》万・4052』。『あひ思はで離れぬる人を留めかね吾身は今ぞ消え果ぬめる《私ガコレホド恋シク思ッテイルノニ、私ノコトヲ少シモ思ワナイデ、離レテシマッタアナタヲ呼ビドメルコトモデキズ、私ハ今ニモ死ンデシマイソウデスヨ》伊・24』。『名にし負はば逢坂山のさねかずら人に知られで来るよしもがな《「逢坂山ノサネカズラ」ガ、ソノヨウナ名前ヲ持ッテイルナラバ、ソノサネカズラヲ手繰レバ来ルヨウニ人ニハ知ラレナイデ、アナタノ所ニ来ル方法ガアッタライイノニナア》後撰・恋3＝百・25』。

『つつ』まず、この語の成立については、諸説あり確定していない。一般的には、完了の助動詞『つ』の畳語と言われている。しかし、中等文法の第一人者である橋本進吉氏は、助動詞には、畳語表現のないことと、『つつ』には、完了状態を表していないという点から、この説を否定している。完了の助動詞『つ』が、結果・終結を表す動詞「棄つ・果つ・断つ」から成立しているという観点で検証すると、その動作をなす『す』の畳語表現として、言語活動の初期の頃に、動詞「すす」にその起源を万葉集の東歌[3487]から説いているが、動作の終結状態の動詞『すつ・はつ・たつ』の第一語の音韻は、摩擦音であり、微弱音であって、いずれも上代大和民族にはなじまない音韻ばかりである。この第一篇「言語・音韻編」でも記述したように、言語活動の初期段階では畳語表現が多い。そのような日本人の遥かな先祖たちに馴染まない音韻は使われず、残った『つ』が、日常的に使われ、動作表現の一部となって、『つつ』が成立したものと考えるのが自然である。

『つつ』の接続は、動詞・助動詞『す・さす・しむ・る・らる』の連用形に付く。また、

その意味用法は、

① 動作の継続・進行・反復を表す。《…シ続ケル・…ヲ繰リ返シテ・ソノママ…シテ・…マタ》＝『大空は梅のにおいに霞みつつ曇りもはてぬ春の夜の月《大空ハ、梅ノニオイニ霞ミ続ケテ照ルノデモナク曇リ過ギモシナイデ、オボロナ春ノ美シイ月夜ダ》新古・40』。『月影さやうの人にはこよなく透けて、珍しと思ひて書き撫でつつ、うち泣くを、いとあはれに見捨てがたく思へど、急ぎゐて行かるる心地、いと飽かずわりなし《月影ニ白ク照ラサレテイルオ姿ハ、ソノヨウナ身分ノ人ニハ見エズ、私ガオ見舞イニ来タコトヲ珍シク思ッテ、私ノ髪ヲ繰リ返シテ撫デナガラ、ヒドク泣イテイルノヲトテモ哀レニ感ジ、置イテユクノヲ可哀ソウニ思イマシタガ、急イデ兄ニツレテ行カレル気持チハ、後ロ髪ヲヒカレル感ジデ、ドウシヨウモアリマセンデシタ》更・大井川』。

② 動作の同時・並行＝《…シナガラ同時ニ・…ニシタガッテ》＝『白き鳥の嘴と脚と赤き、鴫の大きさなる、水の上に遊びつつ魚を食ふ《白イ水鳥ノ、嘴ト脚ダケガ赤ク、鴫ホドノ大キサノ鳥ガ、水ノ上ヲ浮カビナガラ同時ニ、トラエタ魚ヲ食ベテイルノガ見エル》伊・9』。『軒を争いし人のすまひ、日を経つつ荒れ行く《豪華サヲ争ッテ建テタ邸宅モ、日ガ立ツニシタガッテ荒レ果テテユク》方・2』。口語の『ナリ』が、この①・②の継続・進行、同時・並行の用語である。

③ 単純接続＝《…テ（デ）》＝『高声に念仏百反ばかり唱へつつ、「南無」と唱へる声とともに、続いて海へぞ入りける。兵衛も石堂丸も同じく御名を唱へつつ、続いて海へ

ぞ入りにける。《大声デ念仏経ヲ、百回ホド唱エテ、「南無」ト唱エルト同時ニ、海中ニ入水サレタ。兵衛入道モ石堂丸モ、同ジヨウニオ名前ヲ唱エテ、続イテ海中ニ入水シタ》平・10・惟盛入水』。

④余情・詠嘆＝和歌の文末に付き感情表現に用いられる。《…ダナア・…ノヨウニ感ジラレルヨ》＝『秋の田の刈穂の庵の苫をあらみ吾衣では露にぬれつつ《秋ノ稲田ノホトリニアル、仮小屋デ番ヲシテイルト、ソノ屋根ニ葺イタ苫ノ目ガ粗イノデ、私ノ着物ノ袖ハ、夜露ニ濡レタヨウダナア》後撰・秋＝百・1＝百人一首の中で「つつ」終止の歌が、ほかに三首もある』。

『ながら』は、上からの接続が複雑である。動詞と、動詞型に活用する助動詞、および助動詞『ず』の連用形にも付く。その他、体言や形容詞・形容動詞の語幹にも付く。さらに、活用語の連体形に付く。最後に他の接続助詞は、体言には付かないのに『ながら』だけは体言だけでなく、副詞にも付く。

『ながら』の成立は、古代に遣われた連体格の『の＝no』の、子音共通現象により生じた『な＝na』＝《目の弧＝まなこ・水の元＝みなもと》などと変化した『な』に、《同胞・同族》の古語である《はらから・うから》の『―から』が付いて成立したという説が一般的である。その根拠を窺がわせる例を古歌で見ると、例えば万葉集の巻の十六の『由縁ある雑歌』の中に、竹取の翁の物語の長歌二首に続いた後に、反歌が続くがその六番に、『あにもあらぬ己が身の故（から）他の子の言も尽くさじ我も頼りなむ《何ノ取リ得モナイツマラナイ私自身ノ身ノウエニ、他ノ人ノ言葉ヲ使ワナイデクダサイ。私モ従イマスカラ》万・3799』。また古今和歌集で観ると、『あひ見ぬも憂きもわが身のから衣思ひしらずも解くる紐かな《会イタイ人ニ出会エナイデ、ツライ思イヲスルノモコノ吾身ユエノコトデ、シヨウノナイコトダ。会エルハズモナイコトモ知ラズニ解ケテシマウ衣ノ紐デアルヨ》古・808』。

したがってその意味用法は、

① 同時並行の接続＝《…ナガラ》＝『大きなる鉢にうず高く盛りて、膝もとに置きつつ、くひながら書をも読みけり《大キナ鉢ニ山盛リニシテ、膝モトニ置イテ、食ベナガラ本ヲ読ンデイタ》徒・60』。

② 確定条件の逆接＝《…ノニ・…デモ・…ケレドモ》＝『昔男ありけり。身はいやしながら、母なむ宮なりける《昔アル男ガイタ。ソノ身分ハ低イケレドモ、母ハ皇族ノ内親王デアッタ》伊・84』。『我とのみ契らずながら同じ江に住むは嬉しきみぎはとぞ思うふ《私ヒトリニ約束ヲシテハクレナカッタケレドモ、同ジ入リ江ニ静カナ暮ラシヲスルノハ、嬉シイ身ノ上ト思イマス》大・147』。

③ 無変状態の順接＝《…ノママ・…ト変ワラズ》＝『しき変へずありしながらに草枕塵のみぞ居るはらふ人なみ《旅ノ仮宿デ、床モ敷キ変エズソノママデアルガ、床ノ塵ヲ払ッテクレル人モ他ニハイナイノデ、塵バカリガ積モッテイル》大・140』。

④ 総体的状態の順接＝数詞に付く場合が多い。＝《…トトモニ・…全体ニ》＝『全て折々に付けつつ、一年ながらをかし《ソレゾレスベテソノ季節ゴトニ、一年ヲ通シテ全体

ニ趣ガアッテヨイ》枕・49』。

口語の『ナガラ』も接続については文語と同じである。意味用法は、

① 同時並行の接続助詞＝『本ヲ読ミナガラ食事ヲスル・歩キナガラ携帯電話ヲシテイル』。

② 無変化状態＝『イツモナガラヨク予習ガデキテイル・昔ナガラノ風景ダ』。

③ 慣用的用法＝『僭越ナガラ・オ粗末ナガラ・ハバカリナガラ・シカシナガラ・トハ言イナガラ・サルコトナガラ』など。『ナガラ』と同じ用法に、『泣イタリ笑ッタリ・飲ンダリ歌ッタリ』や、『私ト顔ヲ合ワセルナリ握手ヲ求メタ・テレビヲツケタナリ部屋ヲ出テ行ッタ』などの時に遣う『タリ』や『ナリ』がある。

と・とも・ど・ども・に・を・が・ものを・ものから・ものの・ものゆゑ

『と・とも』は、もともと格助詞であった『と』が、直前の語句を受け、その事柄を具体的に説明し、後の語句につなぐときに不確実で、確定的でないことも含めて取り上げることにより、仮定的な機能が使われ、接続助詞となった。その『と』に、係助詞の『も』が付いて、接続助詞の『とも』が成立したが、奈良時代には『と』の用例はほとんど見当たらない。平安時代になると、

① 逆接仮定条件＝《タトエ…テモ・タトエ…デハアロウガ・カリニ…シテモ・確カニ…シテハイルガ》などに相当する。＝『さしたることなくて人のがり行くは、よからぬ事なり。様ありて行きたりとも、その事はてなば、とく帰るべし《コレト言ウ用事モナイノニ、人ノ許ヘ行クノハヨクナイコトダ。用事ガアッテ行ッタトシテモソレガ済

ンダラ早ク帰ルノガイイ》徒・170』。『かくさし籠めてありともかの国の来ばみな開きなむとす《タトエコノヨウニ厳重ニ閉メキッテ籠ッテイテモ、アノ国ノ人ガ来レバミナ開イテシマイマス》竹・9』。

② 逆接強調条件＝『ささなみの志賀の大曲淀むとも昔の人にまたも逢わめやも《志賀ノ大曲ハ昔ト同ジヨウニ、確カニ淀ンデハイルガ、昔ノ大宮人ニマタ会イタイモノダナア》万・31』。

『と・とも』は、動詞型・形容動詞型に活用する語の終止形、また形容詞型に活用する語、および打消助動詞『ず』の連用形に付く。

［補注］『と・とも』の判別法は、前の語が体言かそれとも、活用語なのかで、格助詞と接続助詞の判別をする。

『ど・ども』は、ともに逆接の助詞で、活用語の已然形に付く。『ど』は、すでに決まっている前提条件を示し、逆の関係で後文に続ける確定条件法の用法がある。＝《…ノニ・…ダガ…ケレドモ》＝『男も女も恥かはしてありけれど、男はこの女をこそ得めと思ふ《男モ女モ互イニ恥ズカシソウニシテイタケレドモ、男ハコノ女ヲコソ妻ニシヨウト思ッテイタ》伊・23』。『文を書きてやれども、返り事せず《手紙ヲ書イテ届ケサセタケレドモ、ソノ返事モナカッタ》竹・8』。

［補注］『ども』には、接続助詞のほかに、接尾語として遣われる。接尾語の『ども』の用法は、

① 複数の接尾語＝名詞などの後に付く。

②謙譲の『ども』＝話し手（書き手）のことに関する語に付く。

③呼びかけの『ども』＝地位が書き手（自分）より低い人物について呼びかける言葉。

『に・を・が』ともに、格助詞をはじめ、その他にもある語で、判別の厄介な語である。まず『に』であるが、上の語からの接続は、活用語の連体形に付く。格助詞の『に』も同じ接続をするが、格助詞の方は、体言にも接続する。接続助詞の『に』は、格助詞の『に』から、派生的に成立した助詞である。『に』は、助詞だけでなく、前出した形容詞連用形や、後に出てくる助動詞『なり・ぬ・ず』などにも出てくる語である。それらの判別が適切に出来なければ、正しい口語訳は難しい。この点については、助動詞のところで詳述する。

接続助詞『に』の意味用法は、

①単純接続＝《…スルト》＝『かぐや姫怪しがりて見るに、鉢の中に文あり《かぐや姫ハドウモオカシイト思ッテ、鉢ノ中ヲ見ルト、中ニ手紙ガアル》竹・3』。『…かく歌ふを聞きつつ漕ぎ来るに、黒鳥と言ふ鳥、岩の上に集まりをり。《…コノヨウニ歌ウノヲ聞キナガラ、舟ヲ漕イデクルト、黒鳥トイウ鳥ガ岩ノ上ニ集マッテイル》土・一月二十一日』。

②逆態接続＝《…ノニ・…ケレドモ》＝『いらへもせで居たるを、「などいらへもせぬ」と言へば、「涙のこぼるるに、目も見えず、物も言はれず」と言ふ《返事ヲシナイデイルト、「ドウシテ返事ヲシナイノカ」ト聞クノデ、「涙ハナガレルノニ目ガ見エズ、物モ話セナイ」ト言ウ》伊・62』。

③　原因・理由＝《…ナノデ・…ダカラ・…ノタメニ》＝『このことを嘆くに、鬚も白く、腰も曲がり、目もただれにけり《コノ悲シミノタメニ、翁ハ急ニ髯モ白クナリ、腰モ曲ガリ、目モタダレテシマッタ》竹・9』。

④　偶然条件＝《…スルト・…トコロ》＝『…修行者あひたり。「かかる道はいかでかゐまする」と言ふに、見し人なりけり。《…一人ノ修行者ガ来ルノニアッタ。「コノヨウナ山道ニドウシテイラッシャルノデスカ」トイウノヲ聞クトタマタマ、以前ニ会ッタコトノアル人デアッタ》伊・9』。

『を』は、活用語の連用形に付く。時には体言にも付くことがある。『に』と同様、格助詞にも『を』はあるが、『を』の発生は、人間が踊りを表現するときに、自然派生的に動物的な感動感動詞の『を』が、相互会話力の成長するうちに、動作の目的や対象を示す言葉として発展し、目的格の助詞となった。それからかなり長い時を経過して、漢文訓読が盛んに行われるようになった頃から格助詞として、定着した。しかし文の前後関係において、逆接関係を示す場合も『を』を使うようになり、格助詞の『を』から派生的に、接続助詞としての逆接関係を表す用法が盛んに使われるようになった。したがって、『に』と同様、『を』の判別も難しい助詞のうちの一語である。

接続助詞『を』の意味用法は、

①　逆接確定条件＝《…ケレドモ・…ノニ》＝『冬籠り思ひかけぬを木の間より花と見るまで雪ぞふりける《今ハ冬籠リノ季節ナノニ、木ノ間カラハマルデ、桜ノ花ガ散ルヨ

ウニ、雪ガサンサント降ッテイルナア》古・331』。『二つなきものと思ひしを水底の山の端ならで出づる月影《月ハ二ツハナイモノダト思ッテイタケレドモ、山ノ端ダケデナク、コノ池ノ底ニモ美シイ月ガ輝イテイルヨ》古・881』。

② 単純接続＝《…ノヲ・…カラ》＝『白露の色は一つをいかにして秋の木の葉をちぢに染むらむ《白露ノ色ハ、一ツデアルノヲドノヨウニシテ、秋ノ木ノ葉ヲイロイロナ色ニ染メルノデアロウ》古・257』。『孫晨は冬の月に衾なくて、藁一束ありけるを、夕べにはこれに伏し、朝には収めけり。《孫晨ト言ウ人ハ、冬ニナッテモ掛ケ布団ガナク、藁一束アッタノヲ、晩ニハソレヲ掛ケテ寝テ、朝ニハ取リ片ヅケテ置イタトイウ》徒・18』。

③ 順態接続＝《…ノデ》＝『夕月夜おぼつかなさをたまくしげ二見浦は明けてこそ見め《今ハタ暮レ時デ辺リノ様子モハッキリシナイカラ、景色ガスバラシイトイウ二見浦ノ景色ハ夜ガ明ケテカラ見ヨウ》古・417』。『いよいようたげに鳴くを、懐に入れて眺めゐ給へり《マスマスカワイゲニ鳴クノデ、柏木ハ猫ヲ懐ニ入レテ眺メナガラ座ッテイラッシャル》源・若紫』。

『が』の接続は、活用語の連体形につく。平安時代に中ごろまでは、格助詞（特に連体格）として用いられた。文中で、述語の主語となる形を明確にしたい場合には主格の『が』は用いられたが、主体が明瞭な場合には省略されることが多かった。例えば、万葉集の3000番以前の歌などには、連体格の助詞は多用されているが、4000番以降の歌や、竹取物語・源氏物語の頃になると、語句と語句を結ぶ接続助詞の機能を持つようになり、さらに、室町・江戸時代になると、普通に主格の助詞として遣うようになった。文末に用いて逆接の意味を示す時にも使ったが、この用法は次第に終助詞として派生した。

このように多種に使われた『が』の判別には、連体形接続の『が』との間に、形式名詞の《…の…こと…もの》が入るか入らないかによって見分けられる。格助詞の『が』は、その項で既述したように、接続は、体言・準体言に付く。したがって、『が』の前にこれらの形式名詞を入れてみて、意味が通じれば、その『が』は格助詞であり、通じなければ接続助詞として判別する。

接続助詞の『が』の意味用法は、中世文学以降のものに多くみられる。

① 単純接続＝《…『ガ』》＝『我は、この四五百年を過ぎての昔の人にて候らひしが、人のために恨みを残して、今はかかる鬼の身となりて候。《私ハ、コノ四五百年モ昔ニハ人間デアリマシタガ、人ニ恨ミヲカッテ、今ハコノヨウナ鬼ノ身ニナッテシマイマシタ》宇・134』。

② 逆態接続＝《…ナノニ・…ダガ》＝『おのれは風呂に唯一人あると言ふたが、この群衆は常より多いは何事ぞ《オ前ハ風呂ニ唯ヒトリ入ッテイルト言ッタノニ、コノ群衆ハイツモヨリ多イノハドウイウコトダ》伊曽保・天草』。

③ 仮定の逆接＝《カリニ…ダロウガ・タトエ…ダトテ》＝『八百屋であろうが前菜売りであろうが、おめいにつかまってはいかねへ《タトエ八百屋デアロウガ野菜売リデア

ロウガ、オ前ニツカマッテハシヨウガナイヤ》浮・滑』。

がに・がね

上代に、程度・状態《…ホドノヨウニ・…シソウニ》、目的や自他への願望《…ガタメニ・…スルヨウニ・…シテホシイ》の接続助詞があった。特に『がね』は、和歌の文末表現しか見られないので、予想・希望《…シテホシイナア・…ダロウナア》という意味用法の終助詞と見る説も多いが、『がに』とともに、この接続助詞の中で取り上げておく。古今和歌集以降の平安文学で、歌末に遣われているような例が見当たれば、終助詞と見るべきである。また、中古文学以降の、文中・文末に、名詞の直後に遣われた『がに・がね』は、接尾語と見るのが良い。＝『道に逢ひて咲まししからに降る雪の消えなば消えぬがに恋ふとふ吾妹《道デ逢ッテ、アナタハ微笑マレタ。タダソレダケノコトナノニ、降ル雪ノヨウニ、今ニモ命ガ消エテシマイソウナホドアナタガ恋シイコトダ》万・624』。『丈夫の弓上（ゆずえ）ふり起し射つる矢をのち見む人は語り継ぐがね《勇士ガ弓ノ先ヲ振リ立テテ射タ矢ヲ見タ人ハ、後ノ世ノ人タチニ語リ伝エルダロウナア》万・364』。

『ものを』の成立から見ると、形式名詞の『もの』に、確認・確定の格助詞『を』が付いてできたが、文末に遣われるようになり、認定・意志・感情が強く示され間投助詞化し、この『を』が形式名詞の『もの』の内容を確認する意味から《確カニ…デアル、シカシ…》という逆接的に遣われるようになった。したがって、『ものを』には、この逆接の確定条件接続と、《…ナノデ・…モノダカラ》になる順接の確定条件接続の二通りの用法がある。

また『ものを』は、その成立上《―を》に、意志・感情が含まれることから、終助詞としても使われた。＝『やすらはで寝なましものを小夜ふけてかたぶくまでの月を見しかな《オイデニナラナイコトガ分カッテイレバ、迷ワズニ寝テイタコトデショウガ、モシモオイデニナルノデハナイカト思イ、西ノ空ニ月ガ傾クマデオ待チシテイマシタ》後拾・恋2＝百・59』。『…使ふ人、古御たちなど「君の御心ばへは、あはれなりけるものをあたら御身を」など言ふ《…召使イヤ、老女タチマデガ「殿ハアンナニオ優シクテイラッシャタノニ、尼ナドニナッテ惜シイ御身ヲ」ナドト言ウ》源・蓬』。『春の野に若菜摘まむと来しものを散り交ふ花に道は惑ひぬ《春ノ野原ニ、若菜ヲ摘モウト思ッテヤッテ来タノニ、多クノ美シイ花ビラガチリ敷イテイルノデ道ヲ迷ッテシマッタ》古・116』。

『ものの』の成立も、『ものを』と同じく、確定している事柄・事実を示す形式名詞『もの』に、格助詞『の』が付いたもの。＝《確カニソウデハアルモノノ》と確認した上で、《…ガシカシ・…トハイウモノノ・…ケレドモ》と後に、思わしくない結果を導く確定の、逆接条件を示す。《―の》には《―を》と異なり、情意性がないので、終助詞には使われない。その点で『ものの』は、平安時代に入ると、韻文では文中に遣われるようになり、文末での感情表現は見られなくなった。散文中心の接続助詞である。万葉集などではまだ文末にも使われていた。＝『うつせみに世の人ごとの繁ければ忘れぬものの離れぬべらなり《世間ノ人ノ噂ガ非常ニ広マッタノデ、ソノ女性ヲ忘レハシナイガ二人ノ関係ハ離レテシマイソウダ》古・716』。『空飛ぶや鳥のもがもや京まで送り申してとび帰へるものの《空ヲ飛ブ鳥デアリタイモノダナア。モシ鳥ダッタラ、都マデオ送リシテ飛ンデ帰ッテクルノダガナア》万・876』。

『ものから』の成立も、前の二語と同様形式名詞『もの』に、原因・理由の格助詞『から』が付いた語で、《…デアルニ決マッテイルノデ》という意味であるが、当然の前提として述べる気持ちが強く働き、《当然だが》という既定の逆接条件を表す。＝《…ケレドモ・…ノニ・…シカシナガラ》の意味になる。近世以降になると、既定の順接条件にも使われるようになった。＝『てなど拙からず走り書き、声をかしくして拍子とり、いたましうするものから、下戸ならぬこそ、男はよけれ《筆跡ナドモ見苦シクモナクスラスラト書キ、酒ノ席ナドデハ声モヨク拍子モトッテ、遠慮シテイルヨウニ見エナガラモ、マッタクオ酒ガ飲メナイワケデハナイノガ、男トシテハヨイモノデアル》徒・1末』。

『ものゆゑ』の成立は、形式名詞が二語ついて接続助詞に遣われるようになった。上代では、逆接《…ケレドモ…ナノニ》だけであったが、その用例は少ない。平安時代になると、『ゆゑ』が接続助詞に用いられ、その意味の上から、順接《…ナノデ・…ノダカラ》にも使われるようになった。＝『恋すれば…さりとて人にそはぬものゆゑ《恋ヲスルト…ダカラト言ッテ、ソノ人ニイツモ寄添ッテオラレルモノデハナイノニ》古・528＝接続詞の項に既出』。その後『ものゆゑ』は順接の用法が、次第に多くなるという推移がみられる。『ものゆゑに』が平安末期から使われたが、その意味用法は、『ものゆゑ』と同じである。ただ語の末尾に『に』が付いただけ、少し勢いが強く感じられる。

【設問一―B】

1．次の文中に使われている接続助詞を取り出して、その意味用法を後の語群から選んで、その記号で答えなさい。

『違ったことをしている人間同士が集まって雑談するのが楽しいのと同じように、読む本もなるべく職業や専門から離れたものが面白い。仕事の関係で読む本は、本来は読書と言えないであろう。サラリーマンが経営の本を読んだり、教師が下調べの必要で参考書を読んだりするのには、愉しみなどはありようがない。したがって、これは読書ではない。しかし、こういう業務用の読書を取り去ってしまって、読書をしていると断言できるおとなが十人のうちはたして何人あるだろうか。』＝《外山滋比古『ことばのある暮らし』より》。

（意味用法の語）ア継続　イ並列　ウ習慣＝重複がある。

2．次の『徒然草《19段》』の文中にある二重傍線の接続助詞に注意しながら、後の口語訳文中の空所（A）から（E）に、前の古文中の傍線部（ア）から（オ）の語も含めて、訳文を完成しなさい。

『やうやう夜寒になるほど、雁鳴きて来る頃、萩の下葉色づくほど、わさ田刈りほすなど、取り集めたることは、秋のみぞ多かる。また野分の朝こそをかしけれ。（ア）言ひ続くれば、みな源氏物語・枕草子などに、（イ）ことふりにたれど、同じことまた今更に言はじとにもあらず。思しきこと言はぬは、腹抜くるる（ウ）わざなれば、筆に（エ）まかせつつ、あぢきなきすさびにて、かいやり棄つべき（オ）ものなれば、人の見るべきにもあらず。＝《口語訳》＝シダイニ夜モ寒クナッテクル時分、雁ガ鳴イテヤッテ来ル頃、萩ノ葉ガ下ノホウカラ黄色クナッテユク時季、早稲ノ田ヲ刈リ取ッテ干シタリナド、何モカモ一緒ニナッテ、シミジミトシタ季節感ヲ味アウコトハ秋ガ一番多イ。マタ台風ノ翌朝ガ実ニ秋ラシクテヨイ。コノヨウニ（A）、ミナ源氏物語ヤ枕草子ナドニ、（B）、古人ト同ジコトヲ、マタ事新シク言ッテハイケナイト言ウコトデモナイ。思ッテイルコトヲ言ワナイノハ、腹ガ張ッタヨウナ（C）、ソレニコノ私ガ書イテイルモノハ、筆ニ（D）ツマラナイ慰ミ書キデ、結局書イテハ破リ捨テテシマウ（E）、他人ガ読ムハズモナイヨウナモノデアル。』

3 副助詞

いろいろな語に付いて、意味を添えたり副詞のように次に来る用言を修飾したりする助詞。以下に取り上げる副助詞についても、語源の面から見てみると、その副助詞の根源には、実質的な意味合いが込められていて、書き手の主観的な心理描写となっているために、おのずとその言葉が使われたと考えられる。

文語には、『ばかり・まで・だに・さへ・すら・のみ・など・し・しも・しか』があり、口語には、『ハ・モ・コソ・ダケ・グライ・サエ・デモ・シカ・ホド・マデ・キリ・カ・ヤラ・バカリ・ナリ・ナド・ダッテ・ズツ』がある。

まず、口語の副助詞、

シカ・キリ・マデ

いくつかの中から一つを取り上げて、限定することにより強調する副助詞。

『シカ』は、種々の語に付き、限定の用法を示す。＝『昨日ハ、一時間シカ勉強シナカッタ。』の例の『シカ』の後には、必ず打消語を伴う。

『キリ』は、種々の語（体言や動詞、助動詞＝レル・ラレル・セル・サセル・他の連体形など）に接続し、物事の範囲・数量や状態の限定を表す。＝『広イ教室ニ二人キリニナッタ。彼トハ昨日別レタキリ会ッテイナイ。』

『マデ』も、種々の語に付く。＝体言・副詞・あるいは活用語の連体形および、助動詞（レル・ラレル・セル・サセル・タ・ナイ）、格助詞（カラ・ノ・ニ・ヘ・ト・デ）や、接続助詞（テ）及び、副助詞（クライ・バカリ・ズツ・ホド・ナド・ヤラ）などに付き、さらに文節の後について副詞的な働きもする。これら副助詞の三語は限定の用法が中心である。＝『チョットソコマデ行ッテキマス。コウマデ褒メラレテハ照レチャウヨ。三日デ読メナイマデモ五日ナラ読メルダロウ。チョット陣中見舞イニ立チ寄ッタマデデス。私ノ家ニマデ来タヨ。目的地ニ着クマデガ大変ダ』。

ダケ・バカリ・ホド・クライ

限定のほかに程度を表す用法がある。

『ダケ』は、種々の語（体言と用言、および助動詞＝（レル・ラレル・セル・サセル・タ・タイ・ナイ）などの連体形に付き、事柄の限度・限定を表し、また《…ダケニ…ダケアッテ》と複合して、予想外の結果を表す。＝『コノコトハ君ニダケ言ッテオクヨ。コノ設計図ダケデハ耐震建築ニハナラナイ。サスガ都会ダケニスゴイ人ダ』。

『バカリ』も、種々の語（体言・用言、および助動詞＝（レル・ラレル・セル・サセル・タ・ダ・ナイ・ヨウダ・ラシイ）などの連体形に付く。さらに格助詞（ニ・ヘ）、接続助詞（テ）に接続する。その意味用法は、

① 物事の数量や、原因・理由などを限定する。＝『即席モノバカリデナク、モット栄養ヲ考エタ食事ヲシナサイ。昼ノ休憩時間ハ、ワズカ四十分バカリシカナイ。少シ油断シタバカリニ、優勝ヲ逃シタ』。

② ある動作の進行やその程度結果を表す。＝『飛ビ跳ネンバカリノ喜ビヨウデアッタ。ハゲシイ部活ガ今終ワッタバカリデ疲レテイル』。「バカリ」を強調する場合には、『バッカリ』と促音化表現をする。

『ホド』は、体言と活用語、および一部の助動詞（レル・ラレル・セル・サセル・ナイ・タ・タイ・ソウダ）などの連体形に付く。その用法には、程度と比較がある。＝『昼食後二十分ホド休ムト楽ニナルヨ。彼ホド練習スル者ハイナイ。』

『クライ（グライ）』は、前の副助詞同様、体言と、活用語および一部の助動詞の連体形に付く。その用法は、

① 事柄や動作の、状態について程度を表す。＝『中学生ニモ十分解ルクライノ内容デス。風邪ヲヒイタクライデハ休ンデハイラレナイ。』。

② 数量の程度・概略を表す。＝『君ノ学校マデアト何キロクライアリマスカ。ソウデスネ、1キロクライデショウ。』。

文語の副助詞　のみ・ばかり・まで・など

副助詞は限定を表すが、それぞれに微妙な違いがある。

『のみ』は、本来格助詞『の』に、名詞の『み＝身』が付いた語で、《そのもの自身》を一つ取り上げて強調し、他と厳しく区別する。＝『因幡国に何の入道とか言ふものの女、かたちよしと聞きて、人あまた言ひわたりけれども、この女ただ栗のみ食ひて、さらに米のたぐひを食はざりければ、かかる異様の者、人に見ゆべきにあらずとて、親許さざりけり。《因幡国ニ何某ノ入道ト言ウモノガイタガ、ソノ娘ノ器量ガイイト言ウ評判ヲ聞イテ、大勢ノ人ガ次カラ次へと結婚ヲ申シ込ンダケレドモ、コノ娘ハタダ栗バカリヲ食ベテ、全然穀物ヲ食ベナカッタノデ、コンナ風変ワリノ者ハ夫ナド持ツベキデハナイト言ッテ、親ハ承知シナカッタソウダ》徒・40』。『御心のみまどはして、去りなむことの哀しく耐えがたく侍るなり《帝ノ御心ヲダケ迷ワセ申シ上ゲテ、天上へ去ッテシマワナケレバナラナイコトガ悲シクテ、耐エ難ク存ジ上ゲテオリマス》竹・10』。＝限定の用法。

『八重桜は、奈良の都にのみありけるを、この頃ぞ世に多く侍るなる《八重桜ハ、モトモト奈良ノ都ニダケアッタモノデアルノニ、コノ頃ハ、世間ドコニデモアルヨウデアル》徒・139』。＝区別の用法。

『ばかり』は、動詞『計る』から出来た語で、物の大きさや量などが、どれほどなのか推量する気持ちが基本にあることから、大まかな範囲や、状態の程度を推量する用法があった。平安時代になって、この推量の用法がすたれ、限定の意味が生じて定着した。『のみ』と『ばかり』の違いを見ると、前記したように、『ばかり』には、「大まかな範囲や状態の程度を推量する」＝《…クライ・…ホド・…ゴロ》＝が、『のみ』は、特別なものに限定する意味が強い。＝『法師ばかり羨ましき者はあらじ。『人には木の端のやうに思はるるよ』と清少納言が書けるもげにさることぞかし。《法師クライ羨マシイモノハ他ニハアルマイ。「世間ノ人カラハ、木ノ切レ端ノヨウニツマラナイモノノヨウニ思ワレテイル」ト、清少納言ハ枕草子ニ書イテイルノモ、ナルホドソノヨウナモノダヨ》徒・1』。『かくばかり恋ひむとかねて知らませば妹をば見ずぞあるべくありける《コレホド深ク恋シクテ、ドウニモタマラナクナロウトイウ事ガ前カラワカッテイタナラバ、妹ト逢ワナイデイルベキデアッタ》万・3739』。『さるに、十二月ばかりに、とみのこととて、御文あり。驚きて見れば、歌あり。老いぬれば去らぬ別れのありと言へばいよいよみまく欲しき君かな　かの子、いたううち泣きて詠める。世の中に去らぬ別れのなくもがな千代もと祈る人の子のため《ソノヨウニシテ過ゴシテイルウチニ、十二月ノ頃ニ、急ナ用事ダト言ッテ、母カラオ手紙ガ届イタ。子供ハビックリシテ中ヲ見ルト歌ガ入ッテイタ。「年ヲ取ッテシマウト、ドウシテモ避ケラレナイ別レガアルトイウコトダカラ、一層アナタニオ会イシタクナリマシタ」ト言ウ歌ヲ見テ、ソノ子ハ、タイソウ泣キナガラ次ノ歌ヲ詠ンダ。「コノ世ノ中ニハ死別ト言ウ避ケガタイ悲シミガナケレバイイノニ、私ノ親ガ千年モ生キテイテホシイト、願ッテイル人ノ子デアル私ノタメニ」》伊・84＝接続詞の項に前出』。

『ばかり』には、他にも、上限の程度《…ニスギナイ…ダケ》や、下に打消しを伴って、最高であることを示す程度の用法《…ホド・…ナモノハナイ》がある。また《…ダケ》の意味の限定に遣われることもある。＝『露をなどあだなるものと思ひけむ吾身も草におかぬばかりを《今マデ露ナドモロイモノダト思ッテイタガ、ドウシテソノヨウニ思ッテイタノダロウ。自分ノ身ダッテタダ、露ノヨウニ草ノ上ニオカナイダケナノニ》古・860』。『今こむと言ひしばかりに長月の…《アナタガ今スグニ行コウトイッタバカリニ、私ハナガイナガイ九月ノ…》古・691＝副詞の項に前出』。

『など』は、代名詞『何』＋格助詞『と』＝『なにと＝nanito』の、母音（i）の脱落により『nanto＝なんと』になったが、当時（ン）の表記はしなかったので、「など」と濁音化して成立した助詞。こうして出来た『など』には、例示・引用と強調・婉曲の用法がある。＝『…蛍の多く飛びちがひたる。また、ただ一つ二つなど、ほのかにうちひかりて行くもをかし。雨など降るもをかし。《…ホタルガタクサン飛ビ交ッテイルノハ趣深イ。マタソウデハナクテ、ホンノ一匹カ二匹ガ、カスカニ光リナガラ飛ンデユクノモイイ。イツモナラバ、雨ガ降ル夜ハ嫌ナモノデアルガ、蛍ガ飛ブ夜ノ雨ハ、マッタク嫌ナ感ジモナク、ムシロ夏ノ夜ノ良イ風情ダト思ワレル。》枕・1＝名詞の設問に前出』。＝この例文には、『など』が二語使われているが、前の『など』は例示・引用の用法で、後の『など』は強調・婉曲の用法である。平安時代になると、『のみ』に代わって、『ばかり』が限定の副助詞の主流として多用されるようになった。

［補注］同じ例示を表現する『など』と『ども』の相違点。

① 例示を表す場合には、『など』は副助詞であるが、『―ども』は接尾語であり、品詞とは見ない。

② 『など』の例示には異質のものも取り上げられているが、『―ども』の例示には同質のものばかりである。

なお、『―ども』については42頁に、他の用例の記述列挙。また、『ど』とともに一品詞として、接続助詞にも『ども』がある。

『まで』は、名詞『目＝ま』に格助詞『の』が付いて、範囲・程度などを表す時に遣う名詞『手』の三語が約まって成立した語と言われている。これには諸説があり一定していないが、この見方が最も『まで』の意味用法の観点から見て、適確と考える。つまり、自己の力の及ぶ範囲の状況に至る過程＝限界を意識し、そこまでの範囲《…マデ》を表す。その範囲が予想以上の場合は程度《…ホド・…クライ》を表し、さらにそれでも足らない場合に添加《…サエ・…マデモ》の用法が使われる。『まで』の接続は、体言、および用言の連体形に付く。＝『天飛ぶや鳥のもがもや京まで送り申してとび帰るものを《空ヲ飛ブ鳥ニナリタイモノダナア。鳥ダッタラ都マデモオ送リシテスグニ飛ビ帰ルノダガナア》万・876』。『朝ぼらけ有明の月と見るまでに吉野の里に降れる白雪《ホノカニ夜ガ明ケルコロ、タダ有明ノ月ガホンノリト見エルホドニ、吉野ノ里デハ真ッ白ナ雪ガ降ッテイルヨ》古・332＝百・31』。

すら・だに・さへ

三副助詞は、よく似た語であるが、時代によって使用頻度がかなり違っている。

まず、『すら』は、上代では文末に打消表現を伴って、程度の類推《…デサエ・…デナイノニ》が使われた。『すら』は、指示代名詞『そ』に、接尾語の『ら』が付いて成立した語で、上代では特例的なものを指示し、現代語の『サエ』に近い意味を表した。一般的には、強調《…サエ・…マデ・…デモ》、他と比較の上《…ナノダカラ・マシテ…ハ当然デアル》強調する用法、また、最小条件《セメテ…ダケデモ》の用法もある。

『だに』は、成立が「直に・只に」の約音変化によって成立した語であり、下に命令・願望・仮定の語が来て、最小限《唯ソレ一ツダケ》の意味が強い。しかしそれとは逆に《幾許（ここだ）》の『だ』に、状態を表す格助詞『に』が付いた語で、下に打消や反語が来て、《…サエ・セメテ…ダケデモ》など最小限の類推の意味に遣われる場合もある。この副助詞の成立については一定していない。『すら』と同様、最低条件の用法もある。＝『恋ひ恋ひて逢へる時だに愛しき言尽くしてよ長くと思はば《オ互イニ恋シアッテ、二人デ逢ッテイル時クライセメテ愛シイ言葉ダケデモ言イ尽クシテクダサイ。コレカラモ二人ノ恋ヲ続ケヨウト思ウナラバ》万・661』。『夢にだに見えぬと我はほどけども…《セメテ夢ニダケデモ見ヨウト思ッテ、私ハ心ヲアレコレ巡ラスノダケレドモ…》万・772=副詞の項に前出』。時代が中古に下ると、『すら』は日本文学には見られなくなり、漢文訓読に多く見られるようになる。さらに、鎌倉時代に移ると、『すら』に代わって、『だに』が多く使われた。=『法華堂なども今も侍るめり。これもまたいつまでかあらむ。かばかりのなごりだに無き所どころは、おのづから礎ばかり残るもあれど、さだかに知れる人もなし《法華堂ナドモマダアルヨウデゴザイマス。シカシコレマタイツマデ残ッテイルコトデショウ。コノ程度ノ遺跡サエモナイ所ニハ、自然、礎石ダケ残ッテイルトコロモアルガ、ソレガ何デアッタノカハッキリシッテイル人モイナイ》徒・25』。『ひと所だにあるに、また前駆（さき）うち追はせて、同じ直衣の人参り給ひて、これいま少しはなやぎ、さるがう言などし給ふを、笑ひ興じ…《大納言オヒトリダケデモ恥ズカシイノニ、ソノウエ先行ク車ヲ追イカケテ、大納言ト同ジ直衣ノ関白道長モイラッシャッテ、大納言ヨリ少シ明ルク冗談モ言ワレルノヲ、女房タチハ笑イ興ジ…》枕・184=接続詞の項に前出』。

『さへ』の成立は、『添へ』が語源になっているので、ある事柄の上に、さらに他の事柄が添加《ソノ上ニ・…マデモ》されることを表現するときの副助詞で、室町末期の文献から、現代に至るまでこの用法がある。その前の鎌倉時代には、極端な例を挙げて他を類推《マシテ…デサエ》させる用法があった。=『…からすのねどころへ行くとて、三つ四つ、二つ三つなどと飛びいそぐさへあはれなり…《…カラスガネグラヘ行コウトシテ、三羽四羽、二羽三羽ナドト連レダッテ、急グヨウニ飛ンデユク景色サエ（ダケデモ）風情ガアル…》枕・1＝前出』。＝この頃の『さへ』は『だに』と区別がなくなってきている。その後現代まで使われるのは、《他ノモノハトモカク、ソレダケハ》と、最小限の条件を限定・強調する語としての用法が一般的になっている。

口語の副助詞　サエ・デモ・ナリ・ダッテ・ヤラ・ズツ

『サエ』は、体言および、活用語の連用形に付く。また助詞の『ヲ・ニ・テ』などに付くこともある。意味用法は、

①例示・類推を表す。＝『君サエ分カラナイト言ウノニドウシテ僕ニ分カルハズガナイ。コンナコト子供デサエデキルダロウ。私ニ知ラセテサエクダサレバ、スグニデモオ届ケシマシタノニ。』。

②添加・充足を表す。＝『台風ダケデナク、地震サエ起ッテ大災害ニナッタ。アノ国ハ貧困ノ上ニ、疫病サエ発生シタ。』

『デモ』は、体言・副詞《少シ・チョット》・および用言の連用形に付く。また格助詞の『ガ・ヲ』以外と、接続助詞の『デ』にも付く。その用法には、

①物の限定。＝『一休ミシテオ茶デモ戴キマショウ。少シデモ食ベテ帰ッテ下サイ。』。

②一例を挙げて他を類推させる。＝『子供デモデキルコトダ。』。

『ナリ』も、種々の語（体言や、用言の連体形、および一部の助詞など）に付く。現代語の『ナリ』は、平家物語以降、江戸文学に遣われていた『なりとも』の意味を受けた用法

がある。
①並列・列挙されたものの中から選択する用法。＝『歌ウナリ踊ルナリ、ソレゾレノ得意ナモノヲ披露シヨウ。部長ナリキャプテンナリニ一言断ッテオイタ方ガイイヨ。彼ハ僕ト会ウナリ握手ヲ求メテキタ。煮ルナリ焼クナリ好キナヨウニ』。
②例示的な支持・限定の用法。＝『陽気ガイイカラドコヘナリト行ッテラッシャイ』。
『ダッテ』は、助動詞『ダ』に、格助詞『ト』と接続助詞『テ、』が複合して成立した語。種々の語に付く。意味用法は、
①列挙を表す。＝『体ノ大キイ子ダッテ小サイ子ダッテ練習次第ダ。都会ダッテ田舎ダッテ今は車ガ多イカラ気ヲツケルコトダ。スキーダッテスケートダッテ滑レルヨ』。
②否定・反論を表す。＝『私ニダッテデキナイコトナイヨ。加藤君ダッテソリャア怒ルヨ』。
『ヤラ』も、『ナリ』と同じように、かなり古くから使われていた言葉で、時代と共に変容し続けて、現代語にまで成熟してきた副助詞である。つまり、古語の『や十らん』の（ン）の回避により『やら』となり、鎌倉時代に成立した語と言われている。接続は、体言と副詞と、形容動詞の語幹および、活用語の連体形などいろいろな語に付く。用法は、
①不確実性を表す。＝『何ヤラ不満ソウダ。ドウヤラ居ナイラシイ。誰ヤラ来タヨウダ』。
②並列の用法。＝『歌ウヤラ踊ルヤラ大騒ギダッタ。子供ヤラ年寄リヤラ体カノ弱イモノガ被害ニアッタ』。

『ズツ』は、数詞や、一部の副詞に付いて、

①　数値的同等表現を示す。＝『五人ズツ六列ニ並ビナサイ。各自二個ズツ取ッテ下サイ。』。

②　事柄の進行状態を示す。＝『少シズツ覚エヨウ。』。

文語の副助詞に、しがある。上古の時代からよく遣われていた。『し』の語源は、指示代名詞の『其（し）』である。

『し』は、種々の語に付いて、強意・指示の気持ちを表す。口語訳としての一定の訳語はない。文の内容により、その文のニュアンスによって表現する。＝『夢にだに見えむと我はほどけども逢うはずし思へばうべ見えざらむ《夢ニダケデモ見ヨウト、私ハアレコレ巡ラシテミルノダガ逢ウコトガデキナイ。思ウダケデハ本当ニ夢デモ見エナイモノダナア》万・772』。『柵越えに麦食む…相見し子らしあやに愛しも《垣越シニ麦ヲ食べテイル…アッタダケノアノ子ガ、タトエヨウモナク愛ラシイナア》万・3537＝情態副詞の項に前出』。『春雨にふるは涙か桜花散るを惜しまぬ人しなければ《春雨ガ降ルノハ涙ナノカ。桜ノ花ガ散ルノヲ惜シマナイ人ハ一人モイナイカラ》古・88』。＝この『し』は、平安時代後半になると、「あまたしあれば」のように接続助詞『ば』を伴ったり、係助詞『ぞ・こそ・か・は・も』の直前について、『―しぞ・―しは・―しも』として遣われることが多かった。このような場合に『し』は間投助詞と見る説もある。このように『し』については、諸説あり、明確ではないが、ただ初めにも既述したように、種々の語に付いて、語調を整え、意味を強調するという点で、学校文法では『しも』なども含め、副助詞とみている。＝『しかりとてそ

むかれなくに事しあれば…《ソウダカラト言ッテ出家遁世モデキナイノニ、何カ事ガアルト…》古・936＝感動詞の項に前出』。『名にし負はばいざこと問はむ…《名前トシテソノ名ヲ持ッテイルナラバ、サア尋ネテミヨウ…》伊・9＝感動詞の項に前出』。『いとかくしもあらじと思ふに…《マッタクコウシテ息ガ絶エテシマウコトハアルマイト思ウノダガ》伊・40』。『誰しか求めて折りつる春霞たち隠すらむ山の桜を《タレガマアヤッテキテ折ッテ行ッタノカ春霞ガ美シイ桜ノ花ヲ見セマイトカクシテイタノデアロウノニ、山ノ桜デアルノニ》古・58』。＝これらの点から見ると、『し』も上代から遣われていた助詞で、『よ・や』と同じ間投助詞と見る意見がある。平安時代になると、和歌文学に遣われたが、散文にはほとんど見られない。

『しも・しか』はこの副助詞『し』に、強調の係助詞『も・か』が付いて、平安後期ごろから使われるようになった一語の副助詞と見る。『しも』は、前の語を強めて指示し、『し』よりもさらに強く表現する機能を持つ。

[補注]　古典に表現された『し』には、多くの語＝文字＝がある。概略列挙すると、[『し』の判別]。

①　『男もすなる日記といふものを、女もしてみむとてするなり《男モ書クトイウ日記トイウモノヲ、女デアル私モ書イテミヨウト思ッテ書クノデアル》土・門出。』＝サ変動詞『す』の連用形。

②　『居明かして君をばまたむぬばたまのわが黒髪に霜は降るとも《夜ヲ明カシテアナタ

ノオ帰リヲ待トウト思ッテイル。タトエ私ノ黒髪ニ霜ガ降リヨウトモ》万・89』。＝サ行四段活用動詞の連用形活用語尾。

③『荒磯（ありそ）越す波は賢し　しかすがに海の玉藻の憎くはあらで《荒イ磯ヲ超ス波ハ恐ロシイ。デモ海ノウツクシイ藻ガ、憎イワケデハナイノデ》万・1397』。＝上は、形容詞『かしこし』の終止形活用語尾。下は、副詞『しかすがに《ソウハ言ッテモ・サスガニ》の第一音節。

④『出でて行きし日をかぞへつつ今日今日と我を待たすらむ父母らはも《出テ行ッタ日ヲ数エナガラ、今日ハ帰ッテクルダロウカ今日コソハト、私ノ帰リヲ待ッテオラレルコトダロウ。父母ハナア》万・890』。＝過去の助動詞『き』の連体形。

⑤『京に行かしますれば…《京ヘオ出カケニナッテイラッシャルノデ…》』。＝尊敬の助動詞『す』の連用形。

⑥『…眼交（まなかい）にもとなかかりて安眠（やすい）しなさぬ《…目元ニチラツイテ少シモ安眠サセナイコトダ》万・802』。＝強意の副助詞。『安眠』は名詞。副助詞の『し』は種々の語に付く。などがあるので口語訳の時に判別力を発揮したい。

口語には『シ』だけの用法では副助詞としては認めていない。学校文法では接続助詞《並列》にだけ『シ』を認めている。限定の副助詞として『シカ』は認められているが、『シ・シモ』は副助詞から外れている。強調表現として、文語的な表現の中で、例えば、『今シガタ・身ニシ覚エズ』などの言い方は特別な時であるが、『も』とともに使われることはかなり今日でも多い。『シカ』は『僕シカ分カラナイコトダヨ。君ニシカ教エナイヨ。数学シカ勉強シナイ』、『ナキニシモアラズ。今シモ爆発シソウダ。必ズシモ行クトハ限ラナイ』などの『しも』の用法は、『シカ』とほとんど文法的意味合いに変わりはないと思われる。

口語 ハ・モ・カ・コソ

文語の機能と違いその語に付く文節が、他の文節に係り、影響を与える文語のような働きはない。話し手や、書き手の気持ちを表している。これらの助詞は、いろいろな語に付いて、副詞のように下の語句の用言に係り、その状態や程度を示すが、文末にまで影響を与えないから、副詞ほどの重みはなく、副助詞に入れられる。まず、『ハ』は、体言・副詞、および活用語の連用形に付き、格助詞・副助詞の一部（ニ・ヘ・ト・デ・カラ・ヨリ・マデ・ナド・ホド・ダケ・バカリ・クライ）などにも付く。その用法には、

① 主題の提示と叙述の範囲の限定を表す。＝『桜ノ花ハ美シイ。コノ本ハモウ読ミマシタ。』。

② 多くの物の中から特別なものを取り出し提示・区別する。＝『桜ノ花ハ大好キデス。コノ枝ハ折レテイル。』。

③ 条件の提示を表す。＝『コンナニ弱クテハ使イ物ニナラナイ。病ミ上ガリデハ参加シナイ方がイイ。』。

『モ』の接続も、『ハ』と同じ。用法は、『ハ』は、多くの物の中から、一つを選んで提示するが、『モ』は、それと類似するものがほかにもあることを前提にする点が異なる。＝『今日モマタ雨カ。水仙ノ花ノ香リモイイネ。町マデ行カナクテモコノ村ノ店ニアルヨ。』

『カ』も、種々の語に付き、文中に遣われる。その用法は、

① 不確かな情況を表す。＝『何カ言イタソウナ様子ダ。コノ花ヲ持ッテキタ人ハダレカ知ラナイ?。友達ノ家ニ行クトカ言ッテイタヨ。』。

② 並列事情の中からの選択。＝『行クノカ行カナイノカ、車ハ出発スルゾ。成功スルカドウカマダ分ラナイ。』。

『コソ』は、係助詞の項でも記述するが、古語の指示代名詞『こ』と『そ』の二語が融合して使われるようになった言葉。この語は、現代まで残った語であるが、本来の機能上、その語の後の文に対して、意味や条件に付いては強調するが、『か』と同じように、文末表現への形態的影響はないので、係助詞とはみなさず副助詞の範疇におかれる。この『コソ』も、種々の語に付いて、慣用表現にも使うが、文意を強調する用法が主軸である。＝『コノ問題コソ難シイト思ワレル。君ノ考エガ分カッテイタカラコソアノヨウニ発言シタンダ。手当モシナイデハマスマスヒドクナリコソスレ治リハシナイ。多クノ者ガ我コソハト駆ケ上ガッテイッタ。』

【設問一—C】

次の二つの文中にある傍線部の副助詞はどの語にかかっているか。その受ける部分を取り出して答えなさい。

1．『人間が心に思うことを他人に伝え、知らしめるには（ア）、いろいろな方法があり

ます。例えば、悲しみを訴えるのには、悲しい顔つきをしても（イ）伝えられる。物が食いたい時は手まねで食うまねで食う様子をして見せても分かる。その他、泣くとか、うなるとか、叫ぶとか、にらむとか、嘆息するとか、殴るとか言う手段もありまして、急な、激しい感情を一息に伝えるのにはそういう原始的な方法のほうが適する場合もありますが、しかし、細かい思想を伝えようとすれば、言語によるほかは（ウ）ありません。言語がないとどんなに不自由かということは、日本語の通じない外国へ旅行してみると分かります。なおまた、言語は他人を相手にするばかり（エ）でなく、一人でものを考えるときにも（オ）必要であります。《中略》それから、他人の話すのでも（カ）、自分の言おうとすることを一遍心の中で言ってみて、しかるのち口に出すこともあります。普通、我々が英語を話す時は、先ず日本語で思い浮かべ、それを頭の中で英語に訳してからしゃべりますが、母国語で話す時でも（キ）、難しい事柄を述べるのには、しばしばそういうふうにする必要を感じます。』＝《谷崎潤一郎『文章読本』より》

2．

常に仕うまつる人を見給ふに、かぐや姫の傍に寄るべくだに（ア）あらざりけり。こと人よりはけうらなりけり、と思しける人の、彼に思しあはすれば、人にもあらず。かぐや姫のみ（イ）御心にかかりて、ただ独り住み給ふ。《中略》かやうに、御心をたがひに慰めたもうほどに、三年ばかり（ウ）ありて、春の初めより、かぐや姫、月の面白く出たるを見て、常より（エ）ものの思ひたる様なり。《中略》翁、『…菜種の大きさおはせしを、吾が丈たち並ぶまで（オ）養ひたてまつる吾が子を、何人か迎へきこえむ。まさに許さんや』。《中略》かぐや姫のいはく、『…ここにはかく久しく遊びきこえて、ならひたてまつれり。いみじからむ心地もせず。悲しくのみ（カ）ある。されどおのが心ならず、まかりなむとする』と言ひて、もろともいみじう泣く。遣はるる人々も、年ころならひて、たち分かれなむことを、心ばへなど（キ）貴やかに美しかりつることを見ならひて、恋しからむことの堪えがたく、湯水飲まれず、同じ心に嘆かしがりけり。』［竹取物語八］より＝『次の口語訳は問題文の参考です』

＝《イツモミカドノソバニオ仕エスル女官タチオ御覧ニナルニツケテモ、カグヤ姫ニ比ベテ見ルト、全ク傍ニヨリツケナイホドノ美シサノ違イガアル。

帝ノ傍ニオ仕エシテイル女官タチハ、ソレゾレニ自分ハ他ノ女官ト違ッテ美人ダト思ッテイル女官ニシテモ、帝ハ、カグヤ姫ト思イ比ベラレルトトテモ人トシテ比べ物ニハナラナイ。帝ノ心中ニハ、今ハカグヤ姫ノコトバカリガ、深ク大キク偲バレテイテ、タダオ一人デ悶々ト、オ暮ラシニナッテイラッシャル。《中略》コノヨウニシテオ互イニ、オ心ヲ慰メテオラレタガ、ソノウチニ三年バカリノ年月ガ過ギタコロ、フト春ノ初メコロカラ、カグヤ姫ハ、月ガ美シク出テイルノヲ眺メテハ、日頃トハ違ッテ深クヒドクモノ思イニフケッテイル様子デアッタ。《中略》翁ハ、『…カグヤ姫ガ、マダホンノ菜種ホドノ大キサデアッタコロカラ、私ノ背丈ニ立チ並ブホドニマデオ育テシテキタ私ノ子ヲ、イッタイダレガ迎イニ来ルトイウノデスカ。ソンナコトハ断ジテ許シハシナイゾ』《中略》カグヤ姫ガ言ウコトニハ、『…ココデハコンナニ長イ間遊ンデ下サッテ、慣レ親シンデマイリマシタ。私ハ今アノ月ノ世界ニ帰ルノハ少シモウレシクハアリマセン。タダ悲シイバカリデス。シカシ自分ノ本心デハナク、ドウシテモ帰ラナケレバナリマセン。私ニハドウスルコトモデキズ、仕方ナク帰リマス』トイッテ、姫ハ、翁ヤ嫗ト一緒ニナッテ激シク悲シミ泣イタ。姫ノ家ノ使用人タチモ、長イ間姫トモ慣レ親シミ、姫ノ気心ヤ性格ノ上品デ美シカッタコトガ思イ出サレテ、今コレデオ別レシヨウトイウコトハ、悲シサニ堪エガタク、湯水サエ喉ヲ通ラナイホド同ジ気持チデ、一緒ニ嘆キ悲シンダ。》

4 係助詞

副助詞と同じように、下の用言に係って一定の機能を示す。しかし、副助詞は、係助詞のようにかかり方が明瞭ではない。係助詞の研究については、すでに江戸時代から深められてきている。先ず、本居宣長が、『詞玉緒』・『てにをは紐鏡』により、『て・に・を・は』の中には、「係辞」とそれを受ける「結辞」のあることを、多くの古典から実証した。その後七十年ほど後に、萩原広道が宣長の「係辞・結辞」を補足して今日の「係結法」の元を論証し、現代に至って、山田孝雄の「係助詞・係結法」に整理された。

ア．鳥のみ空飛ぶさまをかし。＝（副助詞）

イ．鳥は空飛ぶさまをかし。＝（係助詞）このア・イ共に限定を表している。しかし文が後に続くと、

ウ．鳥のみ空飛ぶさまをかしければ人みな仰ぎ見る。の「鳥のみ」が係る語は《をかしければ》であるが、

エ．鳥は空飛ぶさまをかしければ人みな仰ぎ見る。の「鳥は」が係る語は、《みな仰ぎ見る》である。つまり、

係助詞は、文が長くなっても文末に係って、一定の影響を与える。＝これを『係り結びの法則』という。この点から係助詞の発生は、感動感動詞であった言葉がはじめに来て、その余韻が後の文にまで影響し『係り結び』という陳述を及ぼし、強調する助詞である。

また、副助詞と係助詞が同時に遣われた時には、係助詞の方が下に付く。＝『山までは見ず。』＝副助詞（まで）＋係助詞（は）』の文は成立する。↓『山はまで見ず。』＝係助詞（は）＋副助詞（まで）』の文は成立しない。同様に、格助詞と係助詞との関係でも、『空には灰を吹きて…』＝格助詞（に）＋係助詞（は）』の句は成立する。↓『空はに灰を吹きて…』＝係助詞（は）＋格助詞（に）』の句は成立しない。このように、格助詞との関係においても、係助詞は常に格助詞の下に来て後の文に機能する。

文語の係助詞　は・も・ぞ・なむ・や・か・こそ

口語では、『ハ・モ・コソ』は副助詞に、『カ・ゾ・ヤ』は終助詞に入れている。つまり、学校文法では、口語には係助詞は設定しない。

『は』は、文中の主語となる語を示すので、格助詞のように機能するが本来、他の語との区別をしていくつかの中の一つを取り上げる。下の述語と強く関係し、文末まで呼応して、他の語との対比・取立・強調と、順接の仮定条件を表したりするので、格助詞に入れない。

この『は』は格助詞『を』に続くと、濁音化して『をば』となる。また係助詞の『は』は打消の助動詞『ず』に付くと、漢文訓読調に『ずンば』と撥音を伴って濁音化する。しかし、平安文学の仮名文学では、『ん』は表記されず、『ずば』になっているが、この『ば』は係助詞の『は』である。『ずば』の形の中に、打消助動詞『ず』に付いた条件接続詞の『ば』がある。これを強調の係助詞『は』と見分けるには、『ば』を取り除いて意味がさほど変わらなければ係助詞である。＝『遅れ居て長恋せずば［打消＋係助詞］御園生の梅の花にもならましものを《遅クマデ座ッテ残ッテイテ、イツマデモ恋シク思ウヨウナコトヲシナイデ、アナタノ園生ノ梅ノ花ニナッタラヨカッタノニ》万・864』。『仏造る真朱足らずは［打消＋条件接続助詞］水たまる池田の朝臣が鼻の上を掘れ《仏像ヲ造ルノニ、モシ赤イ絵ノ具ガ足リナイナラバ、池田ノ朝臣ノ鼻ノ上ヲ掘リナサイ》万・3841』。

『も』は、『は』との違いは、『は』は多くの中から一つを選んで、他と区別する場合に遣われるが、『も』は、多くの中に同じものが、他にもあることを含めていう時に遣われる

係助詞である。従って『も』の意味には、
①列挙。《…モ…モ》。②例示。《…モ・…モマタ》。③添加。《…モ・マタ・ソノ上》。
④最小の願望。《セメテ…ダケデモ・…ナリトモ》。⑤強調。《…モ・…マデモ》。⑥詠嘆。
《…モ・…モマア》。と用例は多い。

つまり『も』は、『は』よりも指定する範囲が広く、そこから余情・詠嘆的表現にまで広がっていく。この二つの係助詞の用例は古く、平安時代になって接続助詞の例が少しずつ見られ、鎌倉時代になって確立した。＝『清少納言が書けるも、げにさる事ぞかし《清少納言ガ書イテイルノモナルホドソノヨウナコトデアル》 徒・1』。『見渡せば花も紅葉もなかりけり…《コノ海岸ノ風景ヲズウット見渡シテ見テモ、春ノ花モ秋ノ紅葉モ何モナイナア…》 新古・363』。『あるにも過ぎて人は物を言ひなすに、まして…《事実アルコト以上ニワザト誇張シテ、人トイウモノハ物ヲ言イクルメルノニ、オマケニ…》 徒・73＝情態副詞その他に前出』。＝ともに強調の用法。

また『も』には、前後に打消助動詞『ず』や否定語『なし』などを伴って、多くの場合強調法になり、《…シテモ全然・…トイウモノハ…ナイ》などの口語訳が当たるような用法がある。＝『人はいさ心も知らず…《アナタハ、サア心モ全ク分カラナイ…》 古・42＝応答感動詞の項に前出』。『来ぬと言ふも来ぬ時あるを来じと言ふを来むとは待たじ来じと言ふ《アナタガ行クト言ッテモ来ナイ時ガアルノニ来ナイト言ッタノダカラ、私ハ全然待ツ気ハアリマセン。アナタガ来ナイト言ッタノダカラ》 万・527』。『見渡せば花も紅葉もなかりけり浦の苫屋の秋の夕暮れ《コノ浦ノ景色ヲズウット見渡シテ見ルト、春ノ花モ、秋ノ紅葉モ何モナイ。タダ浦ノ苫屋ガ一ツ見エルダケノコノ秋ノ夕暮レノ風景ノワビシサモマタ素晴ラシイモノダ》新古・362＝文の修辞法ほかに記述』。

『は』・『も』は、他の係助詞のように、結びに対して特定の活用形を要求しないのに、係助詞に位置づけられるのは前記したように、下に来る述語に結び付き、不確実な気持ちを含んで呼応するからである。＝『後に付きたる車の、暇もなかりければ、池に引き寄せて立ちたるを見給ひて、実方の君に、「消息を次々しう言ひつべからむ者ひとり」と召せば、いかなる人にかあらむ、ゑりて率ておはしけり《後デ来タ女ノ車ヲ止メル隙間サエモナカッタノデ、池ノ近クニ引キ寄セテ止メタノヲ、義懐（よしちか）ノ君ガゴ覧ニナッテ、実方ノ君ニ、「連絡ヲ正シク言イ伝エルコトノデキルモノヲ一人」トオ呼ビニナルト、イッタイドンナ人ダロウカ、選ンデ連レテイラッシャッタ》枕・35』。

『ぞ』は、指示代名詞の『そ（其）』が語源であるので、本来は清音であったが、奈良時代から平安時代にかけて濁音化した。したがってある事柄について相手に『ソレ＝そ』と指示・指定する時に遣われた。例えば、『吾ぞもの言ふ』を強調して、倒置法を用いて『もの言ふは吾ぞ』と指定表現をして強調していた。このまま『ぞ』で文が終結すれば終助詞的用法になるが、そのあとに文が続く場合には、その文末に影響を与える表現方法をとった。すなわち、結びの語に影響し、係り結びの関係＝この『ぞ』の場合は結びの語が連体形終止になる＝を成立させて係助詞となる。＝『もとの住家に帰りてぞ、さらに悲しきこと多かるべき《モト住ンデイタ家ニ帰ルト、今更ノヨウニ、イロイロナコトガ思イ出サレテ悲シイコトガ多イモノダ》徒・30』。『畝傍山昼は雲と居夕されば風吹かむとぞ木の葉さやける《畝傍山ハ、昼ノ間ハジットシテイテ雲ニ囲マレテイルガ、夕方ニナルト山ノ木ガ風ニ揺レテ、木ノ葉ガサヤサヤト音ヲ立テテ動イテイルヨウニ思ワレル》記・中』。

『ぞ』が文中で、後に続く語の接続により、『ぞ』の結びが連体形にならず、後の語に続いていく場合がある。この状況を『結びの流れ［結びの解消］』という。＝『はるかに隔たるところありぬべきぞわびしきや《遠ク離レタ感ジガスルノハ誠ニシヨウノナイコトデアルナア》徒・12』。

また『ぞ』の前に『と』を伴って、文末語が略されることがある。多くの場合『…とぞあらむ・…とぞ言はむ』などとなる。＝『飼ひける犬の、暗けれども主を知りて飛びつきたりけれとぞ。《実ハ自分ガ飼ッテイル犬ガ、モウ暗クナッテイタケレドモ主人ヲ知ッテ飛ビツイテキタノダトイウ事ダソウダ》徒・89』＝この後に『言ひける』などの詞が省略されている。このような場合を『結びの省略』という。中には今日も使っている断定的な指定表現《…ダゾ・…ナノダ》で、強調する場合がある。このような使い方は、口語にしか使わないので、『ゾ』は終助詞に入れられている。

文語では先にも記述したように、本来濁点を使わなかったので、『そ』か『ぞ』かはっきりしない場合もあった。＝（二一一頁「ばかり」の項参照）「…」と清少納言が書けるも、げにさるものぞかし。《「…」ト清少納言ガ書イテイルノモ、ナルホドソノヨウナモノデアルナア》＝この文末の『ぞ』と『かし』の間に、『ぞ』の結びとなるはずの『あらむ』が省略されている。完全に表記するならば『ぞあらむかし』である。

また『ぞ』の前に、疑問語が来た場合、『ぞ』で終止して、その疑問を強調する。平安文学の会話部分によく遣われた。このような『ぞ』は終助詞に入れるという見方もある。＝『…いかならむとするぞ。《イッタイドウナルコトデアロウカ》竹・6』。『よべは、いづくに隠れ給へりぞ《昨夜ハ、イッタイドコニイラッシャッタノデスカ》堤・桜』。

『なむ』は、上代文学に多用されていた『なも』が元で、＝『三輪山をしかも隠すか雲だにも情けあらなもかくさふべしや《美シイ三輪山ヲソノヨウニ隠スノカ、セメテ雲ダケデモ思イヤリガアッテホシイモノダ、私ノ嘆キヲ知ッタナラバ、ソノヨウニハ隠サナイダロウニ》万・19』などのように、相手に伝えたい事柄を、優しく断定する気持ちを含めて使われていた。また、結びの省略の例であるが、＝『よく見て参るべきよしの給はせつるになむ、参りつる。《帝カラカグヤ姫ノ美シサヲ、ヨク見テクルヨウニ仰セツカリマシタノデ、参上イタシマシタ》竹・8』。『…身はいやしながら、母なむ宮なりける。《…身分ハ低イママデハアルガ、ソノ母デアル人ハ宮様デアッタソウダ。》伊・84』。『かの草を採みてつけぬれば、すなはち癒ゆとなむ。《アノ草ヲ採ンデツケルト、スグサマ治ルトイウコトダ》徒・96』＝それぞれの『なむ』の下に、『言ふ・効く』という言葉が省略されている。

平安時代以降になると、『なむ』の使用が増えてくる。特に和歌文学には多くなった。『なむ』も係助詞であるから結びの語に制約を及ぼし、強調するが、係り結びを成立させる他の係助詞の中では、その度合いは最も弱い。その点から、『なむ』の結びの省略が多くなっていると思われる。また文中の『なむ』を外しても、その文意の叙述にはあまり関係しない。

上代で使われていた『なも』が、そのまま変化もなく続いてきたものかどうかは、その地方の古い文献を精査しなければ決定的なことは言えないが、尾張・三河地方では、今日でも高齢者の間での会話の中では、優しさを含めた断定の終助詞的用法が日常的に《…デスハナモ》と語られているのを聞く。標準語の《…デスネ・…デスヨ》の意味である。

[補注]『なむ』には、『結びの流れ(解消)』や『結びの省略』があり、またいろいろな『なむ』があるので、口語訳上要注意の語である。＝「なむ」の判別。
① 係助詞か、終助詞かの判別。＝『花なむ咲きける《花ガ咲イタヨ》・深き心を人は知らなむ《自分ガコノヨウニ深ク思ッテイル気持チヲワカッテホシイナア》』の、二文で観ると、係助詞の『なむ』は、上の語が体言やいろいろな語に付いて強意を示す。他の係助詞と同じように、外しても文意上あまり変わらない。だが、下の『なむ』のように、前の語が動詞四段『知ら』の未然形である。このような『なむ』は、[他への希望]を表す終助詞(詳述は終助詞の項で)であって、外したら文が成立しない。
② 終助詞の『なむ』か、助動詞『な』と『む』の二語かの判別＝『共に行かなむ《一緒ニ行ッテホシイ》』は、前の語『行か』が、①の後の例と同様四段の未然形から付いているので、[他への希望]の終助詞である。それに対して、『必ずきなむ《キット来ルニ違イナイ》』の場合の『なむ』は、前の語がカ変の連用形であるから、『な』は完了の助動詞『ぬ』

の未然形である。未然形に続く『む』は、推量の助動詞である。従って形の上では未来完了形になっている。この場合、前の語の活用形が未然形か連用形か区別できない動詞（上一・下一・上二・下二段活用形の場合）は、前後の内容から、［他への希望］か［推量］か判別する。

③　ナ変活用動詞『死ぬ・往ぬ』の未然形活用語尾に、推量の助動詞『む』が付いた語の判別＝『花の下にて春死なむ《桜ノ花ノ下デ、春ニ死ニタイモノダ》』＝最後の『む』の前は、ナ変動詞『死ぬ』の未然形である。その動詞に推量の助動詞の［意志］の用法『む』が付いた語である。

『や』の発生は、本来相手に呼びかける時に発した呼掛け感動詞で、大和ことばの初期から使われていた語の一つ。時代が下って、平安時代になると、話しかける間投助詞として機能し、文節の間に遣われて、感動・余情を表現する助詞となった。『を』や『よ』と同じ言葉であった。『や』は『を・よ』に比べて、相手に呼びかけたときにその語感、語の勢いが強く感じられるため、不確かなことを《…カ》と聞きただしたり、自分の疑念をはっきりさせるために、《…カドウカ》と尋ねたりする意味が強くなり、疑問・反語の係助詞化し、『や』が文中にあると、文の結びは『ぞ』と同じく連体形止＝［第二終止法］になる。『や』は、相手に優しく柔らかい感じで問いかける時に遣われる。（や＝ya）の（y）音は、すでに［音韻編］でも述べたように、（h・w）音とともに、微弱な音質が根底となっている。＝『…「さてその文のことばは」と問ひ給へば、「いさや、異なることもなかりきや」…《…

「ソシテ撫子ニ添エタ消息ノ言葉ハドウデアッタノカ」ト源氏ノ君ガオ尋ネニナルト、「サアドウダッタノデショウカ、別ニ変ッタコトモアリマセンデシタヨ」…》源・箒＝感動詞に前出』。『名にし負はばいざこと問はむ都鳥吾が思ふ人はありやなしやと《都鳥ヨ。ホントウニ都トイウ言葉ヲ名前ニ持ッテイルナラバ、都ノコトヲヨク知ッテイルハズダカラ、サア尋ネテミヨウ。私ガ恋シク思ッテイル人ハ、今モ都デ無事ニ暮ラシテイルノカドウカト》伊・9＝感動詞の項に前出』＝疑問の用例。

［補注］（や）の判別法。

①『や』の終助詞的用法。＝『…少しかこつかたも、我とひとしからざらむ人は、大方のよしなしごと言はむ程こそあらめ、まめやかの心の友には、はるかに隔たるところのありぬべきぞ、わびしきや《…何カ不平ヲ訴エルトイウコトデモ、自分トマッタク一致シナイ人ハ、普通ノドウデモイイヨウナコトヲ話シテイル間ハイイトシテモ、マジメナ話ニナルト、ドウシテモ真ノ心ノ友ニハ大キナ隔タリガアルモノダトイウコトハ、マコトニ侘シイコトダ》徒・12』＝文末に遣われて、詠嘆の終助詞的な用法。

②『や』の「結びの省略」。＝『…大方は知りたりとも、すずろに言ひ散らすは、さばかりの才にはあらぬにやと聞こえ、おのづから、誤りもありぬべし《…タイテイノ場合、知ッテイテモムヤミニシャベリ散ス人ハソレホド大シタ才能ハアルマイトイウ風ニ聞コエ、自然間違イモアルニ違イナイ》徒・168』＝『や』の直後に『あらむ』が省略。『大納言、南海の浜に、吹き寄せられたるにやあらむと、息づき伏し給へり《大納言ハ、

南海ノ浜ニ吹キ寄セラレタノデハナイカトタメ息ヲツイテ横ニナッテオラレタ》竹・6』＝『や』は、前に断定の助動詞『なり』の連用形『に』と、後に『あらむ』との間に遣われることが多い。

③『や』の、疑問か反語かの判別。＝多くの場合、結びになる文節が省略されていることがあるが、口語訳するときに、その結びの語句を補わなければ意味が通じないことが分かる。その時、いったん疑問で訳し、それを強く否定するのが反語の解釈法である。反語法は強い否定形である。

『か』の成立も、指示代名詞『か（かく・かれ）などの』に由来していると考えられ、自分自身はっきりしない疑問《…カ》・疑念《…カドウカ》の形を強め、それが否定を表す反語の意味《…ダロウカイヤ…デハナイ》を持つようになり、さらに他に対しての願望《ドウシテ…ナノカ何トカシテホシイ》を表す終助詞に代わっていく。『か』は『や』と同じように疑問の用法はあるが、『や』の子音が微弱なのに比べると、『か』の子音は破裂音で、相手の耳にも聞き質され、詰問されているように強く厳しい感じを与える〔『日本語を科学する』の第一篇＝日本語の特性＝参照〕。それだけに疑問の気持ちは『や』よりも『か』の方が強い。＝『昔、をとこ女、いとかしこく思ひかはして、異心なかりけり。さるをいかなる事にかありけむ、いささかなることにつけて世の中を憂しと思ひて、出でていなむと思ひて、かかる歌を詠みて、物に書きつけける。《昔アル男ト女ガイタ。互イニ深ク思イアッテイテ、ウワツイタ気持チハナカッタ。ソレナノニドウシタコトカ、ホンノ些細ナコトデアッタノデアロウ、気持チノ行キ違イデ、女ハ夫婦ノ関係ガ嫌ニナッテ、家ヲ出テ行ッテシマオウト思ッテ、コンナ歌ヲ詠ンデ、家ノ障子ニ書キツケタ》伊・21＝接続詞の項に前出』。

『か』にはまた疑問の気持ちを含み、並列の用法もある。＝『君やこし我や行きけむおもほえず夢か現か寝てかさめてか《アナタガ来ラレタノカ私ガ行ッタノカハッキリトハ覚エテイマセンガ、夢ダッタノカ現実ダッタノダロウカソレトモ寝テイルウチダッタノカ目覚メテイル時ダッタノダロウカモ覚エテイマセン》伊・69＝古・645』。＝上の句の『や』は係助詞ではなく、並列の間投助詞である。下の句の四語の『か』は、疑問・疑念を含む並列の係助詞である。

『か』が文中にあって文意を強調し、文末に強く作用して係り結びの法則を成立させ、結びの語は連体形で終止［第二終止法］する。

［補注二］『か』の終助詞的用法。

① 文末に来て、疑問・疑念を表す。『石見のや高角山の木の間よりわが振る袖を妹見つらむか《石見ノ国ニ在ル高角山ノ木ノ間カラ、私ガ振ル袖ヲ妻ハ見テクレタダロウカナア》万・132』。

② 『か』に付く『なる・ある・侍る・言ふ・聞く』などの結びの省略。＝『いと心苦しく思ふはまことか《タイソウヒドク思イ悩ンデイルトイウノハ本当デアルノカ。》＝文末に《ある》の省略。

③『か』に付いた係助詞『は』が文末に来ると、反語法になることが多い。＝『命は人を待つものかは《寿命ハ人間ヲ待ッテイルダロウカ、イヤ待ッテハイナイ》徒・188』。

『か』のみならず、係助詞にはすべての語に、終助詞的用法があることは前述したとおりである。それは係助詞の発生上から見て、感動詞的な語であることから来ている。

［補注二］『か』と『や』の相違点。

①疑問語の付き方。＝『か』は上に、『や』は下に付く。＝『誰か・いづれか』・『信濃やいづこ』。

②活用語の付き方。＝『か』は連体形から付くが、『や』は終止形から付く。

③共に、疑問の用法があるが、『か』は強く、否定的表現を表し、『や』は優しく、肯定的表現を表すことが多い。＝『…妹見つらむか《愛スル妻ハ見タデアロウカ。オソラク見テハイナイダロウ》』・『妹や見つらむ《愛スル妻ハ見タデアロウカ。オソラク見タデアロウ》』。

［補注三］『か』の疑問か反語かの判断。

『いずれの山か天に近き。《ドノ山ガ天ニ近イノカ》竹・10』。＝疑問の用法。『けしからむ心ばへはつかふものか《不都合ナ考エ方ヲシテ良イモノダロウカ。イヤ良イモノデハナイ》徒・114』。＝反語。

［補注四］『か』・『や』の上代の用法。＝奈良時代には、この二語に同じ係助詞の『は・も』が付いて、反語・疑問によく遣われた。＝『そこらの燕、子産まざらむやは。《タクサン

イル燕ノ中ニ、子ヲ産マナイ燕ガイナイハズハナイ》竹・7』。『銀も黄金も玉も何せむに勝れる宝子にしかめやも《銀モ金モ玉モ何ノ役ニ立トウカ、何ヨリモ尊イ宝デアル子供ニ及ブモノガアロウカ、アロウハズハナイ》万・803』。『嘆きつつひとり寝るよの明くる間はいかに久しきものとかは知る《アナタノオイデニナルノヲ待チ焦ガレテ、嘆キナガラ空シクヒトリ寝ノ夜ガ明ケルマデノ間、ドンナニカ長クテ辛イコトカ、アナタハゴ存知デショウカ、イイエゴ存ジナイデショウネ》拾遺・恋4＝百・53』。＝ともに反語の用例。

『ぬば玉の夜さり来れば巻向の川音高し嵐かも疾き《夜ニナッテクルト、巻向川ノ川音ガ大キク響ク。嵐ガ激シイノダロウカ》万・1101』。＝疑問の用例。

『こそ』の成立は、指示代名詞『こ＝此』に、『そ＝其』が付いて出来た語であるから、話題として取り上げたことを相手に強調して指示し、互いの共通の話題とする働きを持つ。《…ガ一番…デアル、…コソガ…デアル》。

文語の『こそ』には、係結法があり、『こそ』は基本的にはその文末は已然形で終止「係り結びの法則」する。＝『思はむ子を法師になしたらむこそ心苦しけれ。ただ木の端などのやうに思ひたるこそ、いといとほしけれ（枕・7＝程度副詞の項に前出＝口語訳略）。『散ればこそいとど桜はめでたけれ憂き世に何か久しかるべき《惜シマレテ散ルカラコソ桜ハ一層価値ノアルモノデアル。コノツライ世ノ中ニ長ク続クモノナンテ、イッタイ何ガアロウカ、美シク咲イテサット一度ニ散ッテシマウノモモットモナコトダ》伊・82』＝《下の句の『何か…べき』は前頁『か』の例》。『吉野川よしや人こそつらからめ早く言ひてしことは忘れじ《ヨシ、アノ人ハタトエ自分ニハツラカロウトモ、私ハ以前ニ約束シタコトハ忘レテハイナイヨ》古・794』。

文末が、『こそ』の結びとして活用語の已然形で終止せず、次の文に続いていく場合にやはり、結びの流れ（結びの解消）がある。『こそ』の係り結びが成立したのは、平安時代になってからである。奈良時代に万葉集などでは、特に形容詞や形容動詞は、その已然形が確立していなかったので、結びが已然形になってはいなかった例が多い。奈良時代における『こそ』は、未然形（こせ）・終止形（こす）・命令形（こそ）と活用していた。また文内容から、文末語が想像できるような場合には、『こそ』で終止する［結びの省略］がある。その判断は、『こそ』の後に、『あれ・侍れ・候へ』などを補って《…デアロウ・…デアリマス・…デゴザイマス》と口語訳する。動詞の未然形に条件接続助詞『ば』が付いた形に、『こそ』が続いて中止した場合、強調の意味合いをさらに強め反語の用法になることがある。＝『…有らばこそ』の言い方は、《アロウカ、イヤアルハズハナイ》という反語の意味である。

もぞ・もこそ・てもや・か・こそ

もぞ・もこそ・てもや・か・こそなどは、上代から使われていた。特に『もぞ』は、上の体言およびそれに準ずる語や、副詞を受け下の述語との関係を強調する《…テモ…テモ》の意味を表した。＝『立ちて思ひ居てもぞ思ふ紅の赤裳裾引き去にし姿を《立ッテイテモ思イ、座ッテイテモ思ウ。紅色ノ赤イ裳裾ヲ引イテ行ッタアナタノ姿ヲ》万・2550』。このような『もぞ・もこそ』の用例は、平安時代になると、係助詞『も』に同じ係助詞が付いた複合語と見ているのでこれらは特に係助詞一語とは見ていないが、本来、『も』が含み持つ漠然とした不確かな範囲がさらに広がって、不安・懸念《…ニナッタラ困ルナア・大変ダナア》の意味を表し一語として遣っていた。＝『門よくさしてよ、雨もぞ降る、御車は門の下に…《門ヲシッカリト閉メテヨ。雨ガ降ルト困ルカラネ。オ車ハ門ノ下ニ入レテ。…》徒・104』。

『もこそ』も『もぞ』同様、強調の連語になった語である。＝『…我は、心持ち少し例ならず、心細きときは、あまたの中に、まづ、とり分きて、ゆかしくも頼もしくもこそ、おぼえ給へ…《…私ハ、気持チガイツモト違ッテ、寂シイ時ニハ子供タチノ多クノ中デ、タレヨリモ真ッ先ニ、コトサラ柏木トモ会イタクモアリ頼モシクサエモ思ッテイナサル…》源・若菜下』。

また『ても』は、接続助詞『て』に、係助詞『も』が付いた複合語である。逆接の仮定《タトエ…シテモ》・確定《…ケレドモ・…ノニ》条件を表す。前の二語に比べると、接続助詞の機能が強い。＝『朝夕の宮仕へにつけても、人の心をのみ動かし、恨みを負ふつもりにやありけむ《朝夕ノ宮ズカイニツケテモ、周囲ノ女房タチノ気ヲモマセテバカリデ、恨ミヲ受ケテイタノガ、重ナッタカラデアロウカ》源・桐』。

【設問一ーD】 後の二問に答えなさい。

1．次の文中の傍線部（ア～キ）の係助詞に対する結びの語を一語取り出して、それぞれの係助詞を取り外した場合の文に書き換えなさい。

『おびただしく鳴りとよむほどに、もの言ふ声も（ア）聞こえず。かの地獄のわざの風なりとも、かばかりにこそ（A）はとぞ（イ）おぼゆる。家の存亡せるのみにあらず。これを取り繕ふ間に、身を損なひ、かたはづける人、数も知らず。この風、未の方に移り行きて、多くの人の嘆きなせり。辻風は常に吹くものなれど、かかることや（ウ）ある。ただ事にあらず、さるべきもののさとしか、などぞ（エ）疑ひ侍りし。《中略》またいとあはれなること侍りき。去りがたき妻・をとこ持ちたるものは、その思ひまさりて深きもの、必ず先立ちて死ぬ。その故は、わが身は次にして、人をいたはしく思ふあひだに、稀々得たる食ひ物をも（オ）、かれに譲るによりてなり。

されば、親子あるものは、定まれる事にて、親ぞ（カ）先立ちける。《中略》かくしつつ数も知らず死ぬることを悲しみて、その首の見ゆるごとに、額に阿字を書きて、縁を結ばしむるわざをなむ（キ）せられける。』（方・2）＝［口語訳・参考］＝《暴風ニヨッテ、モノスゴク鳴リ響クノデ、人ノ話ス声モ聞コエナイ。仏教デ話ニ聞イテイルアノ地獄ノ業ノ風モ、キットコノクライ激シイダロウト思ワレル。家ガ壊レナクナッテシマウバカリデナク、壊レタ家ヲ修繕シテイルウチニ、カラダヲ損ネテ、不具ニナル人、数エ切レナイホドデアル。《中略》マタタイソウ感動サセラレルコトモアッタ。《コノヨウナ不慮ノ災害ノ時ニハ》ドウシテモ離レラレナイ妻ヤ夫ノ有ル者ハ、ソノウチノ愛情ノ深イモノノホウガ、必ズ先立ッテ死ヌモノダナア。ソノ理由ハ、ワガ身ハ後ニシテ、先ズ愛スル相手ノ事ヲ思ウカラ、珍シク手に入レタ食料デモ、愛スル相手ニ譲ルカラデアル。ソレダカラ、親子ノアル人ハ、言ウマデモナク決マッタヨウニ親ノホウガ先立ッテ逝ッタ。《中略》コノヨウニ無数ノ人ガ死ヌノヲ悲シンデ、ソノ頭ヲ見ルタビニ、額ニ阿ノ字を書キ付ケテ、仏縁ヲ結ビ成仏ノ手ガカリニシヨウトシテ居ラレタ。》（【解答欄】は省略）

2．右の『方丈記』文中の二重傍線（A）『こそ』の結びは書かれていないが、どういうことばが省略されているか、

① その結びの位置の前後の語を1語ずつ示して答えなさい。
『　　』と『　　』の間。

② その省略されていると思われることばを答えなさい。
『　　　　』。

5 終助詞

主として分の終わりに付いて、疑問・感動・強意・禁止・命令・反語などの意味を表わす助詞で、その文の陳述を決定付ける語であり、口語訳上、重要な付属語である。

文語には、『か・も・な・そ・なむ・ばや・てしが・にしが・がな・もがな・かも・かな・かし・ね』などがある。

口語には、『カ・ナ（ナア）・ゾ・ノ・サ・ヨ・ネ（ネエ）・ワ・ヤ・トモ・コト・カシラ』などがある。

文語の終助詞『か』は、

① 文末にあって、体言および活用語の連体形に付いて、詠嘆《…ダナア…ヨ》を表す。＝『故郷を峰の霞はへだつれど望むる空は同じ雲井か《故郷《都》ヲ振リ返ッテミテモ、私ガ超エテキタ峰々ノ霞ガ都ト私トノ間ヲ遮ッテイテ、都ハ見エナイガ今私ガ眺メテイル空ハ、都ニ居ル紫ノ上ヤ藤壺ヤ、春ノ宮ヤタ霧タチ、ミンナモ眺メテイル空ト同ジナノダナア》源・須磨』。

② 打消助動詞『ず』の連体形『ぬ』に付き、文中の係助詞『も』を受けて、願望《…テ欲シイ・…テクレナイカナア》を表す。＝『わが命も常にあらぬか昔見し象（きさ）の小川を行きて見むため《私ノ命モイツマデモナイガ、永久デアッテホシイナア。昔見タ象ノ小川ヲモウ一度行ッテミルタメニ》万・332』。

［補注一］『か』の係助詞か終助詞かの判別。＝疑問・反語の意味になる方が係助詞、詠嘆・願望の意味になる方が終助詞という点で識別するのがまず第一点目で、ともに文末に遣われている場合には、係助詞の方は、最後の叙述が省略されている場合が多い。従って、文末の陳述を補わなければならない方は係助詞であると見ればよい。これは文の前後関係から判断しやすく、省略部分が疑問や反語の意味で補うことに気付くであろう。それと対照的に文末まで、詠嘆や願望の意味で完成している場合に遣われている『か』は終助詞と判断する。

口語の終助詞『カ』には、その用法として、［疑問・質問・反語・詠嘆・勧誘・依頼］などの用法がある。反語の用法は、『ソンナ事アルモノカ』のように、『モノカ』の形で使われることが多い。また、勧誘の用法も、『ソロソロ行ッテミマショウカ』、依頼の用法は『話シテクレマセンカ』と、話し手の、言葉の表現上は、勧誘・依頼しているが、聞き手の方には柔らかく質問したり、両者の間では反語的な要素も含んだりしている。基本的には、あまり細かく分類せず疑問一つにまとめてもよい使い方である。学ぶ中・高校生には簡潔明瞭が良い。

［補注二］口語の副助詞『カ』と終助詞『カ』の識別。＝文中に遣われる『カ』は不確実・選択の副助詞で、文末に遣われている『カ』は、疑問・反語・感動・依頼・勧誘の終助詞と見る。

［補注三］文語の『か』の、疑問か反語かの識別。＝『いづれの山か天に近き《ドノ山ガ

天ニ近イノカ》竹・10』は、疑問の係助詞。『これを待つ間なんの楽しびかあらむ《老イヤ死ヲ待ッテイル間、何ノ楽シミガアロウカ。イヤ楽シミナンテアリハシナイ》徒・74』の様に、一度疑問を持って問いかけ、それを否定するのが反語法である。だから反語は強い否定法である。疑問か反語かの判別は、単なる疑問か、それとも強い否定なのかで見分ける。

しか・しが

しかの成立は、過去回想の助動詞『き』の連体形『し』に、前項の終助詞『か』が付いた複合助詞と見られる。完了の助動詞『つ』の連用形『て』に付いて願望を表す。《…シタライイナア・…デキタライイノニナア・…タイモノダナア》＝『竜の馬を今も得てしかあをによし奈良の都に行きて来むため《昔、竜馬ガ出タト言ウガ、私モソレヲ探シテ、今スグ手ニ入レタイモノダ…》万・808』。

［補注］『しか』の判別。

① 副詞の『しか＝然』。＝『古もしかにあれこそ…《昔モソウデアッタカラコソ…》』。

② 強意の間投助詞『し』に、疑問の終助詞『か』の付いた二語。＝『東路の佐野の山中なかなかに何しか人を思ひ初めけむ《東路ノ佐野ノ山中ト同ジヨウナ言イ方ノ、中途半端デイイ加減ニ、ドウシテアノ人ヲ思イ始メタノデアロウカ》古・594』。

③ 願望の終助詞。＝『まそ鏡見しかと思ふ妹もあはぬかも玉の緒の絶えたる恋の驚きこの頃《逢エタライイノニト思ウアノ娘ハ、逢ッテクレナイカナア。一度切レタ恋モマ

タシキリニ、思ウコノゴロデアル》万・2366』。

④　過去の助動詞『き』の已然形の『しか』。＝『昨日こそ早苗とりしかいつの間に稲葉そよぎて秋風の吹く《ツイ昨日早苗ヲトッテ植エタバカリダト思ウノニ、イツノマニカモウ稲葉ガソヨイデ、秋ノ風ガ吹クヨウニナッタノダナア》古・172』。

『しが』は、上代で清音で使われていた『しか』が、平安時代になって完了の助動詞『つ・ぬ』に付いて遣われているうちに濁音化した助詞で、その意味用法は『しか』と同じである。《…シタイモノダナア・…デキタライイナア》＝『春霞たなびく野辺の若葉にもなり見てしがな「人もつむやと」《春霞ガ棚引ク野ノ若葉ニナッテミタイモノダナア。人ガ摘ムトイウソノ抓ムコトヲシヨウト思ッテ》古・1031』。

『かも』の成立を見ると、自分でもはっきりしない疑いの気持ちを表す係助詞『か』に、一つだけでなく、大きなグループや同種のものも多く取り上げて示す係助詞『も』が付いて出来た複合の終助詞。その意味用法は、

①　詠嘆・感動《…ダナア》。＝『天の原ふりさけ見れば春日なる三笠の山に出でし月かも《広ク遠イ大空ヲハルカニ仰ギ見ルト、今出テクルアノ月ハ、故郷ノ春日ニアル三笠ノ山ニ昔出テイタアノ月ト同ジナノダナア》古・406＝百・7』。

②　疑問《…ナノカ・…ダロウカ》。＝『筑波嶺に雪かも降らる否をかもかなしき子ろが布ほさるかも《筑波山ニ雪デモ降ッタノカナア、イヤソウデモナイノカナア、ソレトモ私ノイトシイアノ子ガ布ヲ干シテイルノカナア》万・3351』。

③ 反語《…デアロウカイヤ…デナイ》＝『渡し守船出し出でむ今夜のみ相見てのちは逢はむものかも《渡シ守ガ船出ヲスル今夜船ガ出ルソノ時ダケニ逢ッテ、ソノ後ハモウ逢ワナイノダロウカ、イヤソウデハナイデアロウ》万・2087』。

④ その他、願望《…テホシイナア・…シテクレナイカナア》の意味にも使われている。多くの場合完了の助動詞『ぬ』に続く。＝『春日なる三笠の山に月も出でぬかも佐紀山に咲ける桜の花の見ゆべく《春日野ノ三笠ノ山ニ月ガ出テクレナイカナア、佐紀山ニ咲イテイル桜ノ花ガ見エルヨウニ》万・1887』。

[補注] 文語の助詞に『かも』は二語ある。本来は、係助詞『かも』の項で説明したように、二語の係助詞『か』と『も』の複合係助詞であり、意味用法も既述したとおりであり、文中に遣われる語で、終助詞の『かも』とは異なる。＝『足引きの山鳥の尾のしだり尾の長々し夜を一人かも寝む《山鳥ノアノ垂レ下ガッタ尾ノヨウニ、長イ長イ秋ノ夜ヲタダ一人デ寝ナケレバナラナイノダロウカ（寂シイコトダナア）》拾遺・恋3＝百・3』。＝この『かも』は、上代、万葉集などによく遣われたが、中古になると、疑問の係助詞『か』＋詠嘆の係助詞『も』＝複合した連語の係助詞。詠嘆の終助詞に入れない説もある。

『かな』の成立は、詠嘆を示す係・終助詞『か』＋詠嘆の終助詞『な』＝感動を声に出し文末に用いて実感のこもった強い詠嘆《…ダナア・…ナコトダナア》。奈良時代の『かも』に代わって平安時代からこの『かな』の方がよくつかわれるようになった。＝『時鳥鳴くや五月のあやめ草あやめも知らぬ恋もするかな《時鳥ガ鳴ク五月ニ咲クアヤメ草ノ、ソノアヤメトイウ名前トオナジヨウニ、物ノ分別モ分カラナクナルヨウナ、無茶ナ恋ヲスルモノダナア》古・469』。『嬉しくもの給ふものかな《嬉シイコトヲオッシャテ下サルモノダナア》竹・2＝感動文の項に前出』。

『がな』は、奈良時代に『もが』・『もがも』・『がも』で使われていたが、終助詞の『がも』が平安時代になると、『がな』の用例が多くなり、のち定着するのと時期を同じくして、『もがも』の用語で使われていたが、詠嘆の終助詞として『もがな』で定着した。他にも、『てしがな・にしがな』の複合の終助詞が、願望の用法に遣われていた。＝『この蟹やいづくの蟹百伝ふ角鹿の蟹……斯もがと吾が見し子ら斯くもがと吾が見し子に《コノ蟹ハドコノ蟹ダ、ハルバル遠イ角鹿…《今の敦賀》ノ蟹ダ。……コウモアリタイトネガッタソノ人。コウモシタイト願ッタ私ガ逢ッタ子ニ…》記・中・歌謡』。『天飛ぶや鳥にもがもや都まで送り申して飛び帰るものを《天ヲ飛ブ鳥デアリタイモノダナア。モシ鳥ダッタラアナタヲ都マデオ送リイタシテ飛ビ帰ッテクルノダノニナア》万・876』。『世の中に去らぬ別れのなくもがな千代もと祈る人の子のため《コノ人間世界ニドウシテモ避ケラレナイ死別トイウトモノガナイトイイノニナア。千年モ長生キシテホシイト願ッテイル子供ノタメニ》伊・84＝前出』。『…いにしへの事など聞こえけり。さても候ひてしがなと思へど、公事どもありければえ侍らはで、…《昔ノコトナドヲ思イ出シテオ話シ申シ上ゲタ。ソレニシテモ右馬守ハイツマデモオ側ニ居タイト思ッタガ、正月ノコトデ宮中ノ行事モ多イ時ダッタノデ、ソレモカナワズ…》伊・83』。『いなや、この落窪の君のあなたにの給ふことに従はず、あしかんなるはなぞ、母なかんめれば、いかでよろしく思はれにしがなとこそ思はめ《イヤサ、コノ落窪ノ君ガアチラノ北ノ方デ、言ワレルコトニ従ワナイデ、悪イトイウ先ホドノ話ハドウデシタカ。母親ガナイノデスカラ、ドウニカシテ北ノ方カラハ悪クナイヨウニ思ワレタイト思ウノガ良イ》落・1』。

『はも』＝『は』は、文中の主語となる語を取り上げて、その文のそれ以降に述べる事柄のテーマとする働きを持つので本来係助詞で、『も』は一つだけではなく、他に同類があることを表す。やはり係助詞であるが、文末に遣われて感動・詠嘆《…ヨ・…ダナア》を表す終助詞の用法が生じた。その場合、活用語の連体形や終助詞の『も』、間投助詞の『や』が付いた形で使われる。＝『さねさし相模の小野に燃ゆる火の火中に立ちて問ひし君はも《山々ガ立チ並ブ相模ノ国ノ、野火ノ中ニ私タチ二人ハ燃エル火ニ囲マレナガラ立ッテイル。トテモ危ナイ状態デシタガソノ時アナタハ、私ノ安否ヲ心配シテ、火ノ中ニ居ナガラ私ヲ探シテクダサッタアナタデシタヨ》記・中』。この文末の『は—も』はともに終助詞。

『はや』も『はも』と同じように、主に上代に多く遣われた。＝『三度嘆かして、吾妻はや、と詔り給ひき《倭建命ハ、三度モタメ息ヲツイテ、海ニ沈ンダ乙橘ノ姫ヲ偲ンデ、アア吾妻ヨト仰セニナッタ》記・中』。＝『はも・はや』の他にも、係助詞の文末用法として遣われていた『かも・そも』などは、文末に来て、詠嘆《…ダナア・…ダヨ》を表す終助詞である。

『も』は、『は』と同様、本来は事柄に対しての推測・強調するので係助詞であるが、文末に来て、詠嘆《…ダナア・…ダヨ》を表す場合が多くなり定着して、終助詞に入れられている・＝『妹と来し敏馬の埼を還るさに独りし見れば涙ぐましも《妻ト一緒ニ来タ敏馬ノ埼ヲ、今帰リ道デ、独リ見ルトハ何トモ涙グマシイコトダ》万・449』。『柵越しに麦食む子馬の…あやに愛しも《垣根越シニ麦ヲ食ベル子馬ノヨウニ、…タトエヨウモナク可愛イナア》万・3537＝副詞『あやに』の項に前出』。『亀の尾の岩根を止めて落つる滝の白玉千代の数かも《亀山ノ岩ヲ伝ッテ落チル滝ノ、アノ限リナイ水ノ白玉ハ、天皇ノ歳ノ数ナノカナア》古・450』。

『もがな』は、係助詞『も＋か』が、終助詞化して『もが』となり、さらに、終助詞『な』が付いて出来た終助詞である。『もがな』は、平安時代以降によく遣われた語で、実現には難しいことに対する願望を表し、上代だけに遣われた。《…デアレバイイガナア・…ダトイイノニナア》。上代では『もがも』で使われていた語の変形である。＝『世の中に去らぬ別れのなくもがな千代もと祈る人の子のため《人間ノ世ノ中ニ、ドウシテモ避ケラレナイ死別トイウ別レガナイトイイガナア。千年モソノ子ノタメニ親ハ生キテイテ下サレバヨイノニ》伊・84』。奈良時代には、願望の終助詞『も』が付いて強い願望の複合終助詞である。この接続は、『もが』と同じであるが、助動詞打消の『ず』の連用形、副詞や一部の助詞にも付く。＝『我が妻も絵に描きとらむ暇もが旅ゆく我は見つつしのばむ《妻ノ絵ヲ書キ写ス暇ガホシイナア、防人トシテ旅立ツ私ガソノ絵ヲ見テ、思イ偲ビタイモノダナア》万・4327』。体言や形容詞、助動詞『なり』連用形、副詞、助詞に付く。この『もがも』にさらに、終助詞の『な』が付いた『もがもな』や、間投助詞の『や・よ』が付いた『もがもや・もがもよ』などの複合終助詞が、奈良時代には使われていた。＝『み空行く雲にもがもな…《大空ヲ流レテイク雲デアッタライイガナア》万・3510』。『天飛ぶや鳥にもがもや…《大空ヲ飛ブ鳥デアッタライイガナア…》万・876』。『…石ぐる水にもがもよ…《…私ガ岩ヲ潜ル水デアッタライイガナア…》万・3554』。

『な・そ』終助詞の『な』にはいくつかの用法がある。

① 文が終結した形に付いて、感動の声を発する時に遣われた。その点で自己の感動・詠嘆を、相手に言いかけたり、呼び掛けたり、念を押したり歌謡の終わりの囃子ことばであった《…ナア・…ダヨ・…ソウダロ》。＝『花の色は移りにけりないたずらにわが身世にふるながめせしまに《桜ノ花ノ色ハ、早クモ色アセテシマッタナア。咲イタ甲斐モナク長雨ガ降リ続イテ、タダボンヤリト物思イニフケッテイルウチニ、花ノ時期ハ過ギテ行ッタネ》古・113＝百・9』。口語の『ナ』で、言い切りの形に付いて、感動・詠嘆を表す場合に遣われているのも、上代から使われ続けていたこの終助詞の『な』である。＝『暑イナ・ヨク働クナ・痛カッタロウニナ・早ク来ルトイイナ』などの『ナ』である。また今日では、遠慮気味に願望したり、断定したり、勧誘・願望・依頼（弱い命令）などにも使われる。＝『雨ガ止マナイカナ・逢エルトイイナ・ソレハダメダナ・後悔シナイナ・コレデイイヨナ・オ上ガリナサイナ』。

② 文語では、文の終わりに付いて強い禁止の意味に遣われる。＝『我亡くなりぬとて、

口悔しう思ひくずほるな《タトエ私ガ死ンダトテモ、意気地ナク望ミヲ捨テテハナラヌゾ(イイナ分カッテイルダロウ)》源・桐』。『過ちすな。心して降りよ。《失敗スルナ。ヨク注意シテ降リロヨ》徒・109』。

『な』に続いて、動詞型の語の連用形を間に置いて『そ』を伴う禁止の副詞は、この禁止の終助詞よりも、相手に優しく表現する気持ちが含まれている。＝『夏山に鳴く時鳥心あらばもの思ふ我に声なきかせそ《コノ夏山ニ鳴ク時鳥ヨ。モシ思イヤリノ心ガアルナラバ、物思イニ沈ンデイル私ニ、声ヲ聞カセルナ。私モ悲シミニ耐エラレナクナルカラ》古・145』。

③ 文末の言い切りの語に『な』を用いたのは、相手は自分よりも下位にある人物であって、強い禁止令として使用している。口語におけるこの『ナ』の用法は、江戸時代頃からで、それまでは文末に遣われることは少なかった。中世以降の口語文中に見られるようになるまでは、文中に遣われて禁止を表した。

上代の文献、万葉集などに多くみられる『な』に、文中文末の、未然形に付いて自己の強い願望の意味に遣われた。＝『この岡に菜摘ます子　家聞かな…《コノ岡デ若菜ヲ摘ンデイラッシャル娘サンドコノ家ノ人カ聞キタイナア…》万・1』。『妹が門いや遠ぞきぬ…袖は振りてな《イトシイ妻ノ家ガイヨイヨ遠ザカッテシマウ…袖ヲ降リタイナア》万・3389＝前出』。

④ 右の③と同様上代語で、文末に来て未然形に付き、自己の希望を相手にも誘い掛ける

勧誘の意味にも使われている。＝『にぎたずに船乗りせむと…今は漕ぎ出でな《ニギタズデ船ニ乗ロウト思ッテ…今コソ舟ヲ漕ギダソウヨ》万・8』。

『そ』は、平安中期以降から副詞『な…そ』の『な』が落ちて、『そ』だけが文末に来て禁止の意味に遣われるようになった。＝『もの知らぬことなの給ひそ《物ノ道理ノ分ラナイヨウナコトヲオッシャイマスナ》竹・9』。このように使われていた『な…そ』の『そ』は、サ変の命令形という説もあるが、上代では禁止表現に『な』だけで、『そ』を伴わない用法が多かった。しかし、平安時代になって、『な＋動詞連用形＋そ』の形が成立し、平安末期ころから『そ』は禁止の終助詞として文末に残り、強調表現の働きをするようになった。

なも・なむ・ばや

『なも』は、上代において万葉集に、願望・推定・強意などの用法でよく遣われた。平安文学ではほとんど使われなくなったので、学校文法から外されている語である。＝『三輪山をしかも隠すか雲だにも情けあらなも隠さふべしや《美シイ三輪山ヲソノヨウニ隠スノカ、セメテ雲ダケデモ思イヤリガアッテホシイモノダ、私ノ嘆キヲ知ッタナラバソノヨウニ隠シハシナイダロウニ》万・18』。『何時はなも恋ずありとはあらねどもうたてこの頃恋し繁しも《イツモコンナニ人ヲ恋シイト思ッタコトハナイノニ、イツモト違ッテ恋シサガ激シク、シキリニアナタノコトガ恋シク思ワレルナア》万・2877』。この2例の『なも』は強意の係助詞。『うべ子なは吾に恋ふなも立てと月の流なへ行けば恋しかるなも《可愛イアノ子ガ私ニ恋ヲシテカラ今マデニ、モウ幾月カ過ギタノデ、今モ恋シイコトデアロウ》

万・3476』。この歌は、巻十四の東歌の中の一首で、方言の多い分かり難い内容であるが、二つの『なも』はともに現在推量の助動詞で、一般的には『らむ』で表現されるのが普通なところである。これらの『なも』は中・高校生の教科書にはまず扱われないが、この項で触れておく。

『なむ』は、右の終助詞『なも』から変形した上代語である。活用語の未然形に付いて、他に対して誂え望む時に遣われる。万葉集の中では、『なも』よりも『なむ』が一般的な終助詞として遣われている。平安時代になると和歌文学だけでなく散文にも盛んに使われたが、平安後期に至ると、散文ではあまり使われまくなって、もっぱら、和歌文学の終助詞になっていく。＝『小倉山峰のもみじ葉心あらば今ひとたびに御幸またなむ《小倉山ノ峰ノモミジ葉ヨ、モシオ前ニ心ガアルナラバ、モウ一度、天皇ノオ出カケガアルマデ、散ラナイデ待ッテイテホシイナア》拾遺・雑秋＝百・26』。

『ばや』は、接続助詞の『ば』に、係助詞の『や』が付いて出来た語である。平安時代からよく遣われるようになった。動詞および動詞型に活用する助動詞の未然形に付いて、

① 自己の願望《…シタイ・…デキタライイナア》＝『五月来ば鳴きも古りなむ時鳥まだしきほどの声を聞かばや《時鳥ガ山ヲ出テ、里ノ方へ降リテクル五月ニナッタラ、ソノ声モモウ古クナッテイルダロウ。ソノヨウナ声ニナラナイウチニ、キレイデ美シイ声ガ聞キタイモノダ》古・138』。

② 『あり・侍り』など存在を表す動詞に付いて、他への願望《…シテホシイナア・…ガアッ

テホシイモノダナ・…デアレバイイガナ》＝『…かう思ひけり、と見え奉るふしもあらばや、と…《コノヨウニアリガタク思ッテイルトイウ気持チガ、オ分カリイタダク機会デモアレバイイガナア、ト…》源・早蕨』。

［補注］『ばや』の識別。＝接続助詞『ば』＋係助詞『や』の二様の見分け方—

① 未然形から付いた『ばや』＝《モシ…ナラバ…シヨウ》の形。＝『心当てに折らばやおらむ初霜の置き惑わせる白菊の花《今朝ノ初霜デ庭一面ガ真ッ白ダ。咲イテイル白菊ノ花ガ分カラナイガ、アテ推量デイイカラモシ折レルモノナラバ折ッテミヨウ》古・277＝百・29』。＝『折る』の未然形に付いた『ば』であるから、接続関係だけで判断すると、願望の終助詞と見間違える。第一句の『心当てに＝（アテズッポウニ・イイ加減ニ・大体ノ検討ヲツケテ）などの意味合いの句である）』意味から、接続助詞『ば』に、仮定条件法があることを思い出してほしい。その『ば』に付いた『や』か係助詞であり、文末の語句［結びの語］に影響を与える［係結法］がある。この歌ではすぐ下の『折らむ』の『む』に係っている。したがってこの歌は第二句が結び［倒置法］となっている。

② 已然形から付いた『ばや』＝《…デアルカラ…ナノデアロウカ》のかたち。＝『思ひつつ寝ればや人の見えつらむ…《思イナガラ寝タカラ恋シイ人ヲ夢ニ見タノデアロウカ…》古・552＝接続助詞「ば」の項に前出』。『ばや』の直上の『寝れ』は、下二段動詞『寝（ぬ）』の已然形である。已然形に付く『ば』は、確定条件の接続助詞である。『や』は右の

①と同様係助詞で、次に続く『見えつらむの『らむ』（推量の助動詞連体形）』に係っている。だからこの和歌は第三句、すなわち上の句で切れているので、下の句から解釈し『見えつらむ』が結びの句になるように解釈すれば、倒置法でなく平叙文になる。

『や』─『らむ』が係り結びになっている。

かや・がや・かし

『かや』の成立は、終助詞『か』に間投助詞の『や』が付いた語。上代では、感動・詠嘆を表した。＝『ますらをにして、うれたきかや《男トシテ嘆カワシイナア》紀・神武』。鎌倉時代まで下ると、係助詞の『か』に、間投助詞の『や』が付いて複合し、疑問の終助詞の機能を表すようになった。＝『一曲を奏で舞うとかや《一曲ヲ奏デ、舞ウノハドウダロウカナア》謡・羽衣』。多くの場合『と』に付いて、『とかや』の形で、不確実な訝る感じの疑問に使われていた。＝『しだの某とかや知るところなれば、秋の頃聖海上人その他もあまた誘ひて「いざ給へ、出雲拝みに…《志田ノ某トイウモノガ自分ニ知行スルトコロナノデ、アル年ノ秋ノ頃、聖海上人ヤソノ他多クノ人ヲ誘ッテ、「サアイラッシャイ、出雲へ参詣ニ…」》徒・236』。

『がや』の成立は、終助詞『が』に、間投助詞『や』が付いて、念を押し確認する気持ちを表す終助詞的用法として遣われた。特に、近世に成ってから使われるようになったので、文語の終助詞として、学校文法では入れられていない。＝『勤め奉公せいでも今ここに百両の金があるがや《勤メテ奉公ナドシナクテモ、今ココニ百両ノ金ガアルガドウダ》伎・

幼稚子』。
『かし』の成立を見る時、平安時代の散文中の会話文には使われているが、和歌文学にはほとんど見られない。その点から日常的な話し言葉として遣われ、係助詞『か』に、副助詞の『し』が付いて、話を確認し、念を押して締めくくるという働きのある終助詞である。＝『恋しくば来ても見よかしちはやぶる神のいさむる道ならなくに《恋シケレバヤッテキテオ逢イシナサイヨ。男女ノ恋ハ神ガ禁止スルモノデハナイノデスヨ》伊・71』。平安時代頃から、係助詞『ぞ』に付いて、『ぞ—かし』の形で押念の終助詞として文末使用が多くなった。鎌倉時代にはあまり見られないが、室町時代に下ると、『命令形』に付いたり、『ぞかし』のように『かし』の付いた形の言い方が多くなっている。＝『吾はこの頃わろきぞかし《私ハ幼クテマダ顔立チハヨクナイヨウデス》更・物語』。

『ね』上代だけに遣われた願望の終助詞と見られる語で、その語源は、打消助動詞『ず』の、ナ系列の『ぬ』の已然形であると思われる。＝『吉野川行く瀬の早みしましくも淀むことなくありこせぬかも《吉野川ノ流レユク早瀬ノヨウニ、止マルコトナクイツモ便リヲ届ケテホシイナア》万・119』。『わが命も常にあらぬか昔見し象（さき）の小川を行きて見むため《私ノ命も長クアッテホシイナ。昔見タ象ノ小川ヲモウ一度行ッテ観ルタメニ》万・332』。＝この二例のように、打消の語であったものが、相手に対して訴え望む意味に遣われるようになった。従って接続も活用語の未然形に付いている。それが、万葉集の編集の後期になると、『…急けく還し給はね本の国辺に《…ドウカ速ヤカニオ返シクダサイ国元へ》万・

1020』。『玉葛さきく行かさね…《ドウカ御無事デ行ッテキテクダサイ…》万・3204』。

口語の終助詞は、他の語や文節に関係することなく、話し手に、疑問・感動・詠嘆・禁止などの気持ちを表現する。

『カ』は、体言や、活用語の連体形に付く。意味内容は、疑問を基本に、他の用法にも使われる。＝『コレハ君ノデスカ・ドコマデ読ミマシタカ・今カラ僕ノ家ニ来マセンカ』。＝単純な疑問の例。『コンナニ遅クオ邪魔シテイイデショウカ』＝反語的疑問の例。『イイヨ、サア、行コウジャナイカ』。＝軽い命令。『ソウカ。モウ一〇時ナノカ』。＝自己確認の用例。『マタ明日ニシヨウカ』。＝勧誘的表現の例。

『ナ』は、動詞および、動詞形に活用する助動詞の終止形に付いて、強く禁止する。『授業中私語ヲスルナ。勝手ナ事ヲ言ウナ。コンナニ遅クマデ、夜遊ビヲスルナ』。

『ゾ』も、活用語の終止形に付いて、強意を表す。『サア、始メルゾ。今日ハ特訓ダゾ。付イテコレナイ者ハ選手カラ外スゾ。二〇秒以上ノ者ハアト二本走ルゾ』。

『ノ』は、活用語の連体形に付き、質問・断定の意味を表す。『明日オ邪魔シテイイノ。アノ本マダ借リテテイイノ。イイニ決マッテルジャナイノ』。

『サ』は、種々の語に付いて、強意を表す。『補欠ニナッテモ仕方ガナイサ。君ナラ選バレルサ。今ハ自信ガナイノサ。』

『ヨ』も、『サ』と同様、種々の語に付いて、強意を表す。『僕モ正選手ニ成レタヨ。一緒ニ頑張ロウヨ。ソウイウコトニナレバ塾ハヤメナケレバナランヨ。』＝強意の表現の中に、確認や呼掛けの用法が含まれている。また『ヨ』には、上一・下一段活用動詞の第二次語幹に付いて（現在ではまだ、この命令の終助詞までを含めて、上一・下一段活用の命令形としている）強い命令を表す。『両手ヲ使ッテ確実ニ受ケヨ。防火扉ハシッカリ閉ジヨ。』。『サ』と『ヨ』は共に強調の終止であるが、『サ』にはやゝ投げやり的感情が含まれ、不誠実さが感じられる。『ヨ』は確認しながら誠実な気持をもって断定的に強調している。

『ネ』も、種々の語に付き、確認と、感動・依頼の用法がある。『君ガ今度選バレタ加藤君ダネ。素晴ラシイ走リ方ダネ。僕ト一緒ニ走ッテクレルヨネ。』。

『ヤ』も、種々の語に付き、勧誘・感動や呼掛けに遣われる。『モウ休モウヤ。君ノスピードハスゴイヤ。太郎ヤ、加藤君ガ来テクレタヨ。』。

『ワ』は、活用語の終止形に付いて、軽い感動・断定や主張を表す。『アア、困ッタワ。ヤッパリ行クノヤメタワ。明日、アナタト一緒ニ行ケナクナッテシマッタワ。』など今日使われる終助詞の『ワ』は、女性語として遣われている。

『コト』名詞からの転成語で、『ワ』と同様感動や断定・主張の女性語である。『マアキレイナコト。コレカラ一緒ニ食事シマセンコト。全然厳シサノナイコト。』。

『カシラ』この語も女性中心の話し言葉に遣われる終助詞であるが、成立は、疑問の終助詞『か』＋動詞『知る』の未然形＝副助詞と見る説もあるが、自問の時にも遣う終助詞と見るのが良い。『アノ選手誰カシラ。アナタ調ベテクレナイカシラ。今何時カシラ。コレカラゴ一緒シテイイカシラ』。

『トモ』は、活用語の終止形に付いて、強意を表す。『君ニ着イテ来テモラワナクテモ、コノ地図サエアレバ独リデ行ケルトモ。イヤイイトモ。モチロン行クトモ。』

『ノニ』は、逆接助詞の転成によって使われるようになった語で、予想外の気持ちを表す終助詞。従って基本的には、活用語の連体形に接続するが、形容詞・形容動詞や言い切りの語にも付く。『アレホド注意シテオイタノニ。記録ガ伸ビナイハズハナイヨアレダケ練習シテイタノニ。モット早ク帰レバ会エタノニ。』のように、後に『…残念ダナア、…惜シイナア』などの言葉が残っている余情止め。

【設問一―E】

次の1・2の文中から、終助詞を『　』に選び出し、その文法的意味・用法を後の語群から選んで、（　）内に記号で答えなさい。《なお、語群については、口語・文語共通》。

1．口語の終助詞に付いて、

①たとえ海水浴でも、雨が降るといやだな。「　　」（　　）

②雨が降るようだから、登山は中止したの。「　　」（　　）

③山の雨は危険だから中止は当然だよ。「　　」（　　）

④鈴木君は私の山好きを少しも分かっていないね。「　　」（　　）

⑤この天候ならば、山は危険だから中止は当然さ。「　　」（　　）

2．文語の終助詞に付いて、

①『風吹けば峰に分かるる白雲の絶えてつれなき君が心か《風ガ吹クト峰デ分ケラレタ白雲ガ、行方モ分カラズ耐エテシマウヨウニ、アナタハマッタク思イヤリノナイ人デスネ》古・601』。　「　」（　）

②『…下る時に、軒たけばかりなりて、「過ちすな。心して下りよ」と言葉をかけ侍りしを…《…高イ木ニ登ッテイタモノガ、降リル時ニ、軒ノ高サホドマデ降リテキタ時ニナッテ、「過チヲシテケガヲスルナヨ。注意シテ降リロヨ」ト、アト少シトイウ時ニ言葉ヲ掛ケマシタガ…》徒・109』。　「　」（　）

[文法的意味・用法の例語＝重複もある]

ア．命令　イ．断定　ウ．詠嘆　エ．禁止　オ．強調　カ．念を押す

6 間投助詞

文節の切れ目、語句と語句の間、あるいは文末に投げ入れる助詞で、感動・呼掛・念を押す意味を示す語。

口語では、ナ・ネ・サ・ソの他に、ヨ・ガ・ヤ・ヤラなど、列挙・選択・累加などの意味を表し、文節と文節の間に遣われて、並立の働きをする助詞もあるが、列挙・並列を表す場合は接続助詞に、下に来る用言に係っていく助詞は副助詞に、またそのあとの語を省略し、呼掛けや押念に遣われる助詞は、終助詞に加える方法で分散し、学校文法では、口

語に付いては間投助詞を設定しない。

　文語では、古代に遣われたよ・や・し、奈良時代のを・ゑ・い・ろ、鎌倉時代以降のがなが、強意・感動・呼掛・押念などを表す間投助詞である。文語の間投助詞の語数は少なく、助詞としての認定も最も遅れて設定された。

『よ』は、種々の語に付いて、呼掛・押念などの意味に遣う。＝『少納言よ。香炉峰の雪いかならむ。《少納言ヨ。香炉峰ノ雪ハドウデショウ》枕・299』の例は、文の冒頭の固有名詞に付いた呼掛の用法。間投助詞の『よ』はもともと呼掛・掛け声の『や』から母音変化により文字化され、相手に働きかけ、その応答を待つ気持ちを表している。その点から見ると、上一・上二・下一・下二・サ変の動詞の命令形活用語尾『―よ』も、本来は間投助詞であったのであろう。＝『世の中よ道こそなけれ思ひ入る山の奥にも鹿ぞ鳴くなる《コノ世ノ中ハマア、逃レテ行ク道ハナイノダ。思イ詰メテ入ッテ来タコノ山ノ奥ニモ、ヤハリツライコトガアルノカ、鹿ガ物悲シソウニ鳴イテイルノガ聞コエル》千・雑中＝百・83』。の『よ』は、強調の用法であるが、『雪消えよ《雪ヨ消エロ》』の『よ』は、下二段動詞『消ゆ』の命令形活用語尾である。また、『籠もよみ籠持ち　ふ串もよみふ串持ち　この岡に菜摘ます子…《籠ネイイ籠ヲ持チ、土堀道具モネイイ道具ヲ持ッテ、コノ岡ノアタリデ若菜ヲ摘モウ　トシテイル娘サン…》万・1』の例に見られる『よ』は、助詞の『も』に付いて『籠も、掘串も』→『立派ナイイモノダヨ』と褒めたたえている感情（詠嘆）が伝わってくる。また、上代語としてよく遣われていた、空間的・時間的起点や、動作作用の、経由・手段・

比較などに遣われていた格助詞の『ゆ・ゆり・よ・より』のうちの『よ』（格助詞の項参照）との識別にも要注意の助詞である。＝『はしけやし吾家（わぎへ）の方よ雲居立ち來も《懐カシイ故郷ノ私ノ家ノ方カラ雲ガ立チ込メコチラノホウヘヤッテ来ルヨ》記・中・望郷』の『よ』は、空間的起点を示し、名詞に付いていることから見て格助詞である。

『や』は、文頭に来る語句の末尾に付いて、相手に対して呼掛たり掛け声をかけたりする言葉が、文の間に入って、並立の意味に遣われ、それぞれの意味用法を添えるので、間投助詞である。『や』も多く、各『や』の識別法を列挙する。

① 文頭語句の末尾や、文末に来て強く呼掛ける場合に遣われている『や』は、種々の語に付くので、学校文法では間投助詞とみなしている。（文の構成上から見て終助詞とする説もある）。＝『ここにありて筑紫や何処白雲の棚引く山の方にしあるらし《ココニ在ッテ筑紫ハドチラダロウ。白雲ガ棚引イテイルアチラノ方ダロウ》万・574』。『まそ鏡見飽かぬ君に遅れてや朝夕に寂びつつ居らむ《見飽キモシナイアナタニ残サレテ、毎朝夕寂シクウチ沈ンダ気持チデイルコトデショウ》万・572』の『や』は、自問自答したり呼びかけたりしていて、疑問や反語には使われていないので、係助詞ではなく間投助詞である。

② 文中でいくつかの名詞を並べ、それぞれに付いて並立を表す『や』も間投助詞である。＝『悪しげなる柚や梨やなどを懐かしげに持ちて食ひなどもあはれに見ゆ《マズソウナ柚ヤ梨ナドヲ大事ソウニ手ニ持ッテ、食ベテイル様子ヲ見テイルト、何トモ心ニ思

ワサレルモノガアル》蜻・上』。

③反語や強い疑問に使われている場合の『や』は係助詞である。＝『大和恋ひ寝の宿らえぬにこころなくこの須崎廻りにつる鳴くべしや《大和ガ恋シクテ眠レナイノニ、コノ須崎ノ湾曲シタ岬ノ宿デ、ドウシテ鶴ガ悲痛ナ鳴キ声デ鳴クノデアロウカ、少シモ眠レナイ》万・71』の例は、反語の係助詞である。この例のように、疑問・反語の用法で口語訳しなければならない助詞『や』は係助詞である。

④江戸期に遣われている『や』の中には、間をおかずに、直ちにことが進行する即時の『や』が使われるようになり、今日でも遣われている『や』もある。＝『夏休ミニナルヤイナヤ部活ガ始マッタ。』などの「や」は、終助詞としている。

⑤また、江戸時代に盛んに詠まれた連歌・俳諧に遣われる『や』は、間投助詞である。この『や』は意味の上ではいったん切れて、間を含み、場面や状況を転換させる働きを持っている。このような機能を持つ言葉を［切れ字］と言って、『や』の他に『けり・かな・らん・ぞ』など、助詞や助動詞その他の語十八字が使われた（『文芸編』で詳述の予定）。

『を』には、これまでに取り上げた助詞に、格助詞と接続助詞がある。前述したように、『を』は、もともと感動詞から転成した語であると考えられている。文中・文末の種々の語に付いて、感動・詠嘆・強意の意味を表す。＝『あな（感動詞）に（断定助動詞『なり』連用形）や（係助詞）し（副助詞）え（呼応の間投助詞）男を（感動の間投助詞』＝『あなにやしえを乙女を《マアナント雄々シイ男性デショウ。マアナント美シイ女性ナンダロウ》記・上』

＝古事記初めの、伊弉諾・イザナミの命が出会い、柱を回って顔を見合わせ、共に感動しあった時に互いに口から出た言葉であり、互いに愛情を確認する場面。『萩が花ちるらむ小野の露霜に濡れてを行かむさ夜はふくとも《萩ノ花ガ散ッテイルノデアロウ野原ノ露ヤ霜ニ濡レテモイイヨ、サア行コウ。タトエ夜ガ更ケヨウトモ、待ッテイル妻ノ許ヘ》古・224』。＝強調・感嘆の終助詞、四句切の歌。

［補注］『を』の判別。

① 対象の格助詞＝体言及び活用語の連体形に付く。＝『吾を待つと君が濡れけむ足引きの山の雫にならましものを《私ヲ待ツト言ッテアナタガ濡レテシマッタトイウソノ山ノ木カラ、落チル露ニナレバヨカッタト思ッテオリマス》万・108』。

② 時間の変化を示す格助詞＝接続は①と同じ。＝『霞立つ長き春日を挿頭（かざ）せれど…《霞ノ立ツ長イ春ノ日ヲカザシテイルケレドモ…》万・846』。

③ 順接の接続助詞＝活用語の連体形および体言に付く。＝『君により言の繁きを故郷の飛鳥の川に禊しに行く《帝ノコトニヨッテ、人ノロガウルサイノヲ避ケ、故郷ノ飛鳥ノ川ニ禊ニ行ッテキマス》万・626』。

④ 逆接の接続助詞＝接続は③と同じ。＝『御園生の竹の林に鶯はしき鳴きにしを雪は降りつつ《御園ノ竹林デ鶯ガ寒クテシキリニ鳴イテイルノニ、雪ハ降リ続イテイル（鶯ハサゾ寒イコトダロウナア）》万・4287』。

⑤ 感動・強調の間投助詞＝文中・文末の種々の語に付く＝『生まるれば遂には死ぬるも

のにあれば今ある間は楽しくをあらな《生マレテキタモノハ最後ニハ死ヌモノデアルカラ、セメテ今生キテイル間ハ楽シクアリタイモノダナア》万・349』。このように、まず接続により判別し、それに加えて、文前後の意味によって判断する。

『い』は、奈良時代の文献には多くみられるが、平安時代になると、漢文訓読や、仏典に見られるだけになった。従って、学校文法にはこの『い』は取り上げられていない。間投助詞としての『い』は、主語や、連体修飾語と被修飾語の間（名詞・活用語の連体形）に付いてつかわれ、強意の意味を表した。＝『否と言へど語れ語れと詔らせこそ志斐いは奏せ強語と言る《イヤダト申シマスノニ、話セ話セト繰リ返シテオッシャルノデ、志斐ハ仕方ナク申シ上ゲマス。ダノニ強語ダトオッシャイマス》万・237』。『青柳の糸の細しさ春風に乱れぬい間に見せむ子もがも《青柳ノ枝ノ精妙ナコトヨ。春風ニ乱レナイソノウチニ、コドモニモコノ柳ノ枝ガ風ニナビク美シサヲ見セテヤリタイナア》万・1851』。

『ろ』は、奈良時代に中央と、東国地方（万葉集の東歌）の文献にだけ見られる語で、その後の文献にも出ていない。
① 感動・詠嘆を表す場合には、種々の語に付く。＝『日下江の入り江のはちす花蓮身の盛り人ともろしきかも《日下江ノ入リ江ニ、蓮ノ花ガ咲イテイル。花盛リノ蓮ノヨウニ、今ヲ盛リト麗シイ人ヲ見ルト年老イタ私ノ身ニハ、遠イ昔日ガ思イ出サレテウラヤマシイコトダナア》記・下』。
② 訴え・命令を表す場合には、動詞の命令形に付く。＝『草枕旅の丸寝の紐絶えば吾

手と付けろこの針持ちし《旅の途中ハ、着物ヲ着タママデ寝ルノデ、着物ノ紐ガヨク切レルガ、モシ切レタラ私ノ手ト思ッテツケテクダサイ。コノ針ヲ持ッテ。》万・4420』。現代語の、上一・下一・サ変動詞の命令形活用語尾の（—ロ）は、この上代語の『ろ』につながっていると考えられる。また、万葉集の東歌によく見られる＝『…愛しき子ろが布干さるかも《…イトシイアノ子ガ布ヲ干シテイルノカナア》万・3351』などの『ろ』は、接尾語であって助詞ではない。

『ゑ』も、『い・ろ』と同じように、奈良時代の文献に見られるだけで、その発生の過程も明らかではない。主に活用語の終止形に付くほか、種々の語に付いて、詠嘆・感動を表す。平安時代にはすでにこの用例はなく、遣われなくなっていた。＝『世の中は恋繁しゑやかくしあらば梅の花にもならましものを《コノ世デハ恋ガシキリニ心ヲ乱スモノダナア。コンナコトナラ梅ノ花ニナッタラヨカッタノニナア》万・819』。『石見の海角の恨みを…人こそ見らめよしゑやし浦は無くともよしゑやし潟は無くともいさな取り…《石見ノ国ノ浜辺ニ…人ハ見ルデアロウ。カリニソウダトシテモイイノダヨ。タトエ潟ハ無クテモ、クジラ取リヲスルカライインダヨ…》万・135』のように、下に同じ詠嘆の間投助詞が来て、『ゑや・ゑやし』の形で使われ、感動表現をさらに強調して使うことが多い。この歌のように『よしゑやし』と言う当時の慣用句で使うことが多く《タトエドウデモ・エイドウニデモナレ》など放任の感動詞と見る説もあるが、許容・容認の副詞『よし（従し）』に、間投助詞『ゑ』と『やし』が付いて《タトエ…シヨウトモ…ダナ》という詠嘆表現を表す複合語であると見るのが良い。

【設問一―F】

次の文中に、間投助詞があれば、『　』に取り出し、その文法的意味用法を、後の語群から選んで、その記号で、（　）内に答えなさい。

①いかでなほ、少し僻事見つけてをやまむと、ねたきまで…《ドウカシテヤハリ、少シデモ間違イヲ見ツケ出シテ、ソノ時ニヤメヨウト、惜シイクライニマデ…》枕・23』。『　　』（　　）

②『「あないと験なしや」とうち言ひて…《「マア、少シモ効キ目ノナイコトヨ」トツブヤイテ……》枕・25』。『　　』（　　）

③鸚鵡、いとあはれなり。人の言ふらむことをまねぶらむよ。《オオムハ大変珍シイ鳥デ面白イ。鳥デアリナガラ、人ノ言ウコトヲ真似スルソウダヨ》枕・41』。『　　』（　　）

④『「…御簾の前にて、人にを語り侍らむ」とて立にき《「…御簾ノ前ニ居ル女房ノ皆サンニ披露シマショウ」ト言ッテ立ッテ行ッタ》枕・87』。『　　』（　　）

［文法的意味用法］

ア．呼掛・詠嘆　　イ．確認　　ウ．強調　　エ．押念　　〈重複あり〉

【設問一―助詞総合】

次の文中から、助詞を『　』内に取り出して、その種類を（　）内に記入し、文法的意味用法を＝の下に答えなさい。

①『キティーへ。図書館から、『現代の若い女性をいかに考えるか』と言う、いかにも気をそそるような題の本を借りました。今日はこのことについてお話ししたいと思います。この本の著者は〝今どきの若いもの〟を徹頭徹尾、批判の対象にしていますが、かといって、若い世代を十把ひとからげに、〝ろくなことが出来ない〟と弾劾しているわけではありません。◎その反対に、もしも若い世代がその気になれば、より偉大で、より美しく、より良い世界をつくる力を持ちそなえているのに、本当の美についての思いを致すことなく、ただ浅薄な物事に心を奪われている、と慨嘆しているのです。《アンネ・フランク（アンネの日記＝1944年7月15日の日記より）》

『　　』（　　）

②『なほ行き行きて、武蔵の国と下つ総の国との中にいと大きなる川あり。それを隅田川と言ふ。その川のほとりに群れ居て、思ひやれば、限りなく遠くも来にけるかなとわびあへるに、渡守、『早船に乗れ。日も暮れぬ。』と言ふに、乗りて渡らむとするに、皆人ものわびしくて、京に思ふ人なきにしもあらず。◎さるおりしも、白き鳥の嘴と脚のあかき、鴫の大きさなる水の上に遊びつつ魚を食ふ。京には見慣れぬ鳥なれば、

人みな見知らず。渡守に聞けば、「これなむ都鳥」と言ふを聞きて、名にし負はばいざ事とはむ都鳥わが思ふ人はありやなしやと　と詠めりければ、舟こぞりて泣きにけり《ナオ旅ヲ続ケテ行クト、武蔵ノ国ト下総ノ国ノ国境ニ大キナ川ガ流レテイル。ソノ川ヲ隅田川トイウ。ソノ川ノホトリニミンナガ連レ立ッテ座リ、ココマデ来タコトヲ振リ返ッテ思イ返スト、ヨクモコンナニ遠イトコロマデ来タモノダナト互イニ、旅愁ノ寂シサヲシミジミト語リ合ッテイルト、渡シ守ノ船頭ガ、『サア、早ク船ニ乗リナサイ。日ガ暮レテシマウヨ』ト言ウノデ、ミンナハソノ船ニ乗リカケタガ、コノ大キナ川ヲ越エルト、マサニ都カラ遠ク離レテ、東国地方ニナルノデ、都ニハソレゾレ思ウ人ガナカッタワケデハナク、イッソウ旅ノ侘シサガ身ニシミテ嘆イテイルヨウデアッタ。チョウドソノ時、白イ鳥デ、クチバシト脚ガ赤イ鴫ノ大キサホドノ鳥ガ、水ノ上デ遊ビナガラ魚ヲ取ッテ食ベテイタ。京デハ見カケナイ鳥ナノデ、皆ソノ鳥ノ名ヲ知ラナカッタ。渡シ守ニ聞イテミルト、『コノ鳥コソ都鳥ト言ウノダ』ト言ウノヲ聞イテ男ハ、「都ト言ウ名ヲ持ッテイルナラバ都ノコトヲヨク知ッテイルダロウ、都鳥ヨ。オ前ニ聞キタイガ、私ガ都ニ残シて来タアノ人ハ、元気デイルダロウカドウダロウ」ト、歌ヲ詠ンダノデ、船ニ乗ッタ連レノ人タチハ皆泣キ出シテシマッタ》伊・9』。

『　』（　）

二節　付属語（助動詞）

一、活用のある付属語

　助動詞は用言や体言、その他の語について、色いろな意味を添える活用のある付属語。種類は、接続の仕方・活用の種類・意味によって概括的に分けられる。
まず、意味用法の面から見たとき、「意味用法による分類」学校文法では助動詞の分類をまず意味を主体として分類する。《自発・可能・受身・尊敬、使役（・尊敬）、打消、過去、完了、推量、打消推量、伝聞・推定、希望、断定、比況》の十一種の意味と、十六の用法に分類したのを基本にして、各助動詞についてさらに的確な、それぞれの場面での意味を補足する。

　次に、活用の面から見て、「活用による分類」右記による分類に従って分けられた助動詞の活用を見ると、《四段型、下二段型、サ変型、ラ変型、ク活用型、シク活用型、タリ活用型、ナリ活用型、特殊型》に分けられる。

　最後に、接続の面から検討して、「接続による分類」意味によって分けられた（文語＝古語）十一種の助動詞三十語（現代語）十二種十九語の上の語からの接続を見て分けている。まず、活用しない語に付く助動詞のうち、体言（連体形にも）に付くものは（文語）断定の『たり・なり』、口語『デス・ダ』、（文語）比況の『ごとし』、（口語）『ヨウダ』と、推量の『ラシイ』

がある。活用する語にだけ付くものでは、未然形に付く助動詞＝（文語）『る・らる・す・さす・しむ・ず・む・むず・まし・まほし・じ・り（四段の命令形・サ変の未然形につく）』、（口語）『レル・ラレル・セル・サセル・シメル・ナイ・ヌ・ウ・ヨウ・マイ』。連用形に付く助動詞＝（文語）『き・けり・つ・ぬ・たり・けむ・たし』、（口語）『タ・タイ・マス・ソウダ（連用形に付いた「ソウダ」は様態の助動詞）』。終止形に付く助動詞は、連体形や他の語にも付く。特に終止形に付く助動詞は、ラ変形の語には連体形から続く。（文語）『らむ・めり・らし・べし・まじ・なり（＝終止形に付いた「なり」は伝聞推定の用法）、《まじ・なり》はラ変型には連体形からも付く）』、（口語）『マイ・ソウダ（伝聞の「ソウダ」は終止形に付く）』。命令形に付く助動詞には、（文語）の『り（四段活用動詞に付く場合）』だけである。

以上、意味用法・活用・接続の三方面から、助動詞の発生・時代による変化、接続による用法の相違、音韻による影響などから分析を深め、中・高校生の学習の参考になるように、可能な限り教科書に採り上げられている例文を引用した。

1 自発・可能・受身・尊敬の助動詞

自発＝『る（ゆ）・らる』

まず、この助動詞の発生から考えると、大和時代では、自然には人間の力は全く及ばず、自然への驚異・崇拝の念が強く、そのままを述べた時の用法が自発の用法であったと考えるのは、第一篇の「言語音韻篇」でも記述したことである。『そうしようと思わないのに自然にそうなってしまう』と言う感じを表す助動詞で、後の意味の受身・可能・尊敬に先立って『る・らる』は自発の用法で遣われていた語であったと考えられる（受身が本来の用法という異説もある）。『る・らる』が付く直前の語には『思ふ・偲ぶ・泣く・嘆く・驚く』など心情語が多い。自分で押さえようとしても抑制できない心情が自然に発生するのが自発である。先の『動詞の活用の種類』の項で記述したように、現代語の『上一・下一・カ変・サ変』の第二次活用語尾を、この自発の『る・らる』と見なせば、『上一・下一』は『無変化動詞』として整理される。

上代語では『ゆ』が使われていた。＝『瓜食めば子ども思ほゆ栗食めばまして偲ぬばゆ…《瓜ヲ食ベテイルト子供ノコトガ自然ト思イ出サレル栗ヲ食ベテイルトナオ一層恋シク思イ出サレル…》万・802』。『らゆ』は自発の例として使われたものは見られない。自発は「る・らる」。『…児らは愛しく思わるるかも（…アノ子ハカワイクテ、自然ニ思イ出サレルナア）万・3372』、『名を聞くよりやがて面影推し量らるる心地するを…《人ノ名前ヲ聞クヤ否ヤスグニソノ人ノ顔ツキガ自然ト想像サレル気ガスルガ…》徒・71』、『住みなれしふるさと限りなく思い出でらる《住ミ慣レタモトノ家ガコノ上ナク、ヒトリデニ懐カシク思イ出サレル。》更・野辺の笹原』。

『る（ゆ）・らる（らゆ）』の活用は、ともに下二段であるが、接続は、『る』は四段・ナ変・

ラ変活用動詞の未然形に付く。然し『らる』は、四段・ナ変・ラ変動詞以外の動詞及び使役の助動詞『す・さす・しむ』の未然形に付く。

口語の例を挙げれば、『色々ナ事ガ思イ出サレル（直哉＝和解）』、『女房持チノ男ノ許へ来タコトガ悔イラレタ（秋声＝爛）』。『《かれ（豹）には無数の格子があるようで／その背後には世界はないように思われる》リルケ「世界名詩集」より＝「豹」』。

可能＝自分の意志・感情・力量に関係なく、自然に周りからの作用を受けてそれに、対抗なし得た情態を表すことばとして『る（ゆ）・らる（らゆ）』が遣われていた＝『…見るに知らえぬ良人の子と《…見テスグニ知ルコトガデキタ。ヨイ身分ノ子供デアルト。》万・853』、『妹を思ひ眠（い）の寝らえぬに…《イトシイ妻ノコトヲ思ッテ眠ラレナイノニ…》万・3665』を初め同3678・3680・3684・3735などに見られる）『らゆ』の例は、『眠の寝らえぬ』と言う使い方で、固定した慣用句のように遣われている。『…つゆまどろまれず明かしかねさせ給ふ《…少シモオヤスミナルコトガデキズ、夜ヲ明カシカネテオラレル》源・桐』、『弓矢して射られじ《弓矢デ射ルコトハデキナイダロウ》竹・9満月の夜』など多くの場合『ず』を伴なって『不可能』の用法になる。

口語でも、鴎外や漱石の小説に使われているのを見る。＝『…オトウトハカミソリヲヌイテクレタラ死ナレルダロウカラ…（森鴎外「高瀬舟」）』、『…コノ青年ノ頭ハ牛ノ脳味噌デ一杯詰マッテイルトシカ考エラレナイノデアル（夏目漱石「それから」）』。＝これらの例文にも見られるように、『る・らる』は、平安時代では、後に打消語を伴なって強調して使われることが多い。

受身＝『る（ゆ）・らる』

奈良時代には受身の意味にも『ゆ』が使われていた。＝『青山をよぎる雲のいちしろく吾と笑まして人に知らゆな《青イ山ヲヨギル雲ノヨウニハッキリト自分デ微笑マレテ人ニ知ラレナイヨウニシテ下サイヨ。》万・688』。平安時代には『る・らる』の用法には、

① 他動詞の目的語が主格（人物）になり、動作、作用の直接的に他から受ける本来の、受身の意味を表す用法。＝『姑に思はるる嫁の君《姑ニカワイガラレル嫁ハメッタニイナイ》枕・75』・『めなもみと言う草あり。くちばみにさされたる人、かの草揉みてつけぬれば、すなはち癒ゆとなむ。《メナモミトイウ草ガアル。蝮ニ咬マレタ人ハ、ソノ草ヲ揉ンデ、付ケルト直チニ治ルトイウコトデアル。》徒・96』・『秋来ぬと眼にはさやかに見えねども風の音にぞ驚かれぬる《秋ガ来タトハ目デハマダハッキリト分カラナイケレドモ吹ク風ノ音ニフト暑イ夏ガ過ギヤット涼シイ秋ニナッタノダナアト気付カサレタコトダ》古・169』

② 他動詞に付いて、その他動詞の目的格になる受身は、単純な形の上での受身でその主語は人を一般化・抽象化したり品物であったりすることが多い。このような受身の形を『非情の受身』などと言う場合がある。＝『硯に髪の入りてすられたる《硯ノ中ニ髪ノ毛ガ入ッタママ擦ラレタノハ大変不愉快ダ》枕・28』。『…「人には木の端のように思はるるよ」と、清少納言が書けるも、げにさることぞかし。《…「世間ノ人カラ

ハ木ノ切レ端ノヨウニツマラナイモノト思ワレルヨ」ト、清少納言ガ枕草子《第五段》ニ書イテイルノモ、ナルホドモットモナコトダ。》徒・1＝程度副詞「げに」の項に前出』。

③ 自動詞に付いて、動作作用の利害関係（主に被害・迷惑の）を表す受身の用法で、『迷惑の受身』などと言われることもある。＝『…南海の浜に吹き寄せられたるにやあらんと息つき伏し給へり《…南海ノ浜辺ニ吹キ寄セラレタノデハナイカト、溜息ヲツイテ横ニナッテオラレタ》竹・6』。

口語の場合は、受身の『レル・ラレル』の、『レル』は、五段・サ変の未然形に、『ラレル』の方は、上一・下一・カ変動詞と、助動詞の『セル・サセル』の未然形から続く。口語の受身には命令形に使われる可能・自発・尊敬があるが、その他はない。＝①『子供ガ先生ニ褒メラレル』。②『大キナ成果ガ見イダサレル』。③『遠足ノ途中デ雨ニ降ラレル』。

尊敬＝『る・らる・す・さす』。＝対人関係において話し手の相手（行為の主体者＝尊敬すべき対象）の動作に付けて敬意を表す。この用法は、奈良時代には『らる』ではなく『らゆ』の方が遣われていた。平安時代になってから『らる』となり、一般的に使われ始めた用法である。平安時代が古典文法の基準であるため『らゆ』は略されている。

口語の尊敬助動詞『レル』は動詞五段とサ変の未然形に、『ラレル』は動詞上一・下一・サ変の未然形に接続する。ただし、五段の『アル』には、『レル・ラレル』も、『セル・サセル』も接続しない。さらに、『書ケル・読メル・話セル・聞コエル・見エル』など可能動詞には、受身の用法はない。＝『かぐや姫元の形になりぬ。帝、なほめでたく思し召さるることせき止めがたし。かく見せつる宮つこまろを喜び給ふ。《カグヤ姫ハ、元ノ姿ニ変エテ、帝ノ前ニ出ルト、帝ハマスマス姫ヲ立派ダトオ思イニナリ、恋心ヲ止メルコトガデキナカッタ。帝ハ、カグヤ姫ノ元ノ姿ヲ、コウシテ見セテクレタ宮ツコマロニ自分ノ喜ビノ気持チトシテオ礼ヲ仰セラレタ》竹・8帝の求婚』、『…なほ一重梅をなん軒近く植ゑられたりける《…ヤハリ一重咲キノ梅ヲ軒近クニオ植エニナッテイタ》徒・139』。

なお学者によっては、『る』を助動詞と認めず、動詞的接尾語とする説もあるが、学校文法の立場では、『る・らる』ともに助動詞に入れている。補助動詞『あり・をり』、敬意の対象者の『行く・来る』と言う動作の言葉に付いて敬意を表す古語『坐(=ま=座)す・為(す)』から助動詞化したという語源説がある。上代にだけ遣われ、平安時代になると『遣わす・思す』などのように動詞の語尾になる。(上巻171頁「尊敬語」の項に例示)。

上古の『る』は、敬意も相手に対してそれほど深いものでなく親愛の情を表す程度の助動詞であったと思われる。また、『れ給ふ・られ給ふ』の尊敬表現は『給ふ』にあり、その直上の『れ・られ』は、そこまでの語句に関わって、他の意味用法の場合があるので注意することが必要。=『寝られ給はぬままに、《御休ミニナレナイママニ》源・空蝉』=可能=打消『ぬ』を伴なっているので『ニナレナイ』となるが多くの場合、教科書に出てくる『せ給ふ・させ給ふ』と同じように、複合語として尊敬の補助動詞と説明されることがある。その点留意事項の一つである。

『す』の活用は四段型、接続は四段・サ変活用動詞の未然形に付く。特に『思ふ・偲ぶ・聞く』などの未然形に付いた場合には尊敬の用法が多い。＝『…常にと君が思ほせりける《…イツマデモイキテイタイトオ思イニナッテオラレタコトダ》万・206』・『…麗し女をありと聞こして…《…容姿ノキレイナ女ガイルトオ聞キニナッテ…》記・上』。『さす』は下二段型、接続は四段・ナ変・ラ変以外の動詞の未然形に付く（『す』と接続状態が異なる）。先の『（万・1）この丘に菜摘ます児…』及び『（万・11）吾が背子は仮庵作らす草なくば小松が下の草を刈らさね』の尊敬の助動詞『す』は、四段の未然形に付くので、『知らす・聞かす・思はす・織らす』となる所が、『知らす・聞こす・念ほす・識す』となり、また『見る・着る・寝（ぬ）・為（す）』に付く時は、『召す・けす・なす・せす』となる。『思はす』は平安時代に『おぼす』となり、複合語の一語と見なす。あるいは『召す』の場合には、『思し召す』も一語として扱っている。奈良時代では、『す』単独で、四段未然形に付いて尊敬の助動詞として使われていた。平安時代になると、上の語に融合して、下二段化し、多くの尊敬の複合語として用いられるように変化する。（上巻および【敬語法】の項を参照）。

『さす』＝語源は、人称指示代名詞「其（さ・し・そ）」の「さ」に、サ変動詞が付いて成立した。あるいは、四段活用動詞「す」の未然形「さ」に、使役動詞「す」が付いた語、など異説は他にもある。＝『この十五夜は人々たまはりて月の都の人詣で来ば捕えさせむ《コノ十五夜ノ日ニハ多クノ人ニ来テ戴イテ、モシ月ノ都ノ人タチガ来タナラバ捕エテ戴キマショウ（竹・9）』・『さて宇治の里人を召して、こしらへさせられければ、安らかに参らせたりけるが、《ソコデ水車ノ名所デアル宇治ノ里人ヲ召シテオ造ラセニナッタトコロ、ゴク手軽ニ組ミ立テテサシ上ゲタノダガ、（徒・51）』＝『させ』が使役で、直下の『られ』が尊敬。『…弁の御許と言ふにつたへさすれば、消え入りつつえも言ひやらず…《…弁ノオモトト言ウ女房ニ取リ次ガセタトコロ、恥ズカシガッテ消エ入ルバカリ小サイ声ナノデ…（枕・90）》。『…口つきの男にまづ一度せさせよ《口取リ男ニマア一杯飲マセテヤレ…》徒・87』＝上の『せ』はサ変で次に続く『させよ』が使役の助動詞命令形。

使役＝『さす』は『す』以外の活用語から付いて、意味用法は、使役的で、貴人がみずから動作や行為をするのでなく、他人を介して事をさせるようにすることで、その直接の行為者に敬意を表現することにより、貴人の使役者に敬意を現わす形をとっている。その使役の用法が許容の用法となり、受身に使われるほどの消極性が含まれる。『さす』が尊敬として機能するときは、多くの場合『たまふ・おはします・まします・らる』を伴って使われた。＝『古今の歌二十巻を皆浮かべさせ給はむを御学問にはせさせ給《古今集二十巻ノ歌ヲ皆暗誦ナサルコトヲ御学問トナサイマセ》枕・23』＝『給ふ』を後に伴っているから両方とも尊敬の助動詞。室町時代になると終止形に『さする』が現れ、江戸期に至ると『させる』と下一段化し、現代語が芽生えだした。

平安時代では、『す』は男性が学んだ漢文訓読の文章によく遣われ、『さす』の方は一般に女性がよく手にしたかな文学に使われた。

『ます』は、平安時代に用いられた例はないが、平安時代の『まゐる』に使役助動詞『す』

が付いて『まゐらす』という謙譲の補助動詞に融合した語が多用された。その『まゐらす』が次のように推移して、『まゐらす→まうぃらする→まらする→まっする→まっす→ます』の経過を経て、室町・江戸頃から、話し手の相手に対する謙譲の気持ちを現す語として用いられるようになった。従って、学校文法では、『マス』は古典文法には加えられず、口語文法にのみ入れられている。

尊敬の『る・らる』は、尊敬の補助動詞『給ふ』と重ねて使われることはない。『…れ給ふ・…られ給ふ』の場合の敬意は『給ふ』に有るのであって『…れ・…られ』は、尊敬以外の受身・自発・可能のどれかの意味である。『る・らる』とは対照的で、『す・さす』は、尊敬の動詞『給ふ・おはします』などの語と共に使われ、二重の敬意を現す。従って尊敬の主体者は、天皇・皇后以外にも、会話文中ではこの形を遣って、話し手が相手の聞き手に最高の敬意を表していることが読み取られる。＝『いかなるにか夜べより悩ませ給ひてうちやすませ給へり（ドウシタコトデショウカ、姫ハ昨夜カラ悩ンデオラレル御様子デズウット床ニ臥セッテイラッシャイマシタ）竹・8』、『…南殿の宴せさせ給ふ《…（帝ハ）南殿ノ桜ノ宴ヲオ開キニナラレル》源・桐』。

『る・らる』の意味・用法は、全く同じであるが、その接続法は異なっている。『る』は、四段・ラ変・ナ変の未然形につく。しかし、『らる』は、それ以外の動詞（上一・上二・下一・下二・カ変・サ変）と、使役の助動詞「す・さす・しむ」の未然形にも付く。この点が大きな相違点である。

現代文にも『…ナゼ今ノヨウナ卑シイ唄ヲ歌ワレルノダ（金子洋文）』・『ジャック・ルクリュノ家ガ…古イ二階家デアッタコトハ、兄モ知ッテイラレル（芹沢幸治良）』。

［補註1］＝『る』の判別＝基本的に接続の点から判別する。

① 自発・受身などの助動詞の『る』は、四段・ナ変・ラ変動詞の未然形に付く。受身の語の主語は、人である。『非情の物』が主語になる場合は受身以外の用法である。＝『…冬はいかなる所にも住まば住まる《…冬ハドンナ所デモ住メバ住ムコトガデキル》徒・55』＝『る』の直前『住ま』は、マ行四段の未然形。その未然形から付いた『る』。

② 完了の助動詞『り』の連体形の『る』は、四段の命令形とサ変の未然形に付く。＝『…かきつばたを詠める《…杜若ヲ詠ンダ歌》伊・9』＝『る』の直前の『詠め』はマ行四段の命令形（かつては已然形に付くと言われていたが、最近では命令形と言う説が一般的になっている）から付いているので完了の助動詞『り』の連体止（体言『歌』が省略されている）と考えられる。

③ 他の語の一部、または活用語尾の『る』。

例
ア『川をわたる』＝（ラ行四段活用動詞『わたる』の終止形活用語尾）。
イ『流るる水』＝（ラ行下二段活用動詞『流る』の連体形活用語尾）。
ウ『うれしかるべし』＝（形容詞シク活用連体形の一部）。
エ『清げなる女』＝（形容動詞ナリ活用『清げなり』の連体形の一部）。
オ『年ごろ思いつること』＝（完了の助動詞『つ』の連体形の一部）。

カ『ふるさと思ひ出でらる』＝（助動詞自発『らる』の終止形の一部）。

《要点》ア・『る』の付いている語に打消の『ず』を付けてみて、未然形になるならば、その語は用言であることが分かる。

動詞ならば、未然形がア段になるとき四段活用・ナ変・ラ変のいずれかであるが、ナ変・ラ変は語が少ないので覚えられる。ナ変・ラ変以外で未然形がア段になるのは、四段活用動詞と判別する。未然形がイ段になる動詞は上一・上二段である。同様に未然形がエ段になる動詞はサ変・下一・下二段活用であるが、サ変は『す』だけで、下一は『蹴る』だけであるから覚えることは簡単。それ以外で未然形がエ段になる動詞は下二段と判別する（動詞の章参照）。

イ・可能の助動詞『る』は、打消の助動詞『ず』を下に続く場合が多いので判別しやすい。＝『…目も見えずものも言はれず《…目モ見エズ、モノモ言ウコトガデキナイ》伊・62』・『…予は口をとじて眠らんとしていねられず《…自分ハ句作ヲ止メテ眠ロウトシテモ寝ルコトガデキナイ》奥・松』＝不可能の用法。

［補註2］

① 口語の、可能・自発・尊敬に使われる『レル・ラレル』には命令形はない。それに加えて、接続も受身の『レル・ラレル』と少し違っていることを思い出して、意味用法の区別が確実にできるように留意すること。繰り返すまでもないが、『レル』は五段・サ変の未然形に・『ラレル』は上一・下一・カ変の未然形に付く。＝＝口語の『ラ』抜き言葉＝

＝学校文法では、［口語の助動詞『レル』の接続は五段・サ変の未然形に付き、『ラレル』はそれ以外の動詞と、助動詞（セル・サセル）の未然形に付く］。然し日常生活では『渡る・見る・寝る・来る』などの語に可能助動詞を付けて『渡られる・見られる・寝られる・来られる』とはあまり言わずに、『渡れる・見れる・寝れる・来れる』と言って可能の意味を表現している。こういう表現は間違いであるとして［『ラ』抜き言葉］と言っているが、会話のやり取りの中では時に依ると、尊敬・自発・受身などの用法に聞き間違えられかねない場合もある。可能動作の主体者が自分である場合には、むしろ『ラ』抜きの方が相手には謙虚に受け取られることがある。【可能動詞】については、『る・らる』の接続法からはずされて良い。しかし現在では可能の助動詞は五段活用に限るので、【「ラ」抜きことば】の誹りを免れない。五段動詞の「ある」には、『る・らる・す・さす』はつかない。

②

平安時代の敬語表現は、敬意の対象の行為を表す動詞の未然形に『る・らる、す・さす』の助動詞を付けたり、連用形に『給ふ・奉る・侍り』などの補助動詞を付けて表現するのが原則であったが、鎌倉時代に入ると、接頭語の『お・み・御』・動詞『ある・なる・なす』などに名詞・動詞を挟んで『御文あり・御幸なる・御寝なし奉る』などの表現方法がよく遣われ、室町・江戸初期頃から『御…ある』の表現が定型となり『お召しあれ・御座ある』などと表現された。『御座ある』は、二重母音の前母音脱落により『gozaaru → gozaru ＝ゴザル』という言い方を丁寧表現した『ゴザイマス』が成立した。

【設問二—A】

1．次の文中に、受身・自発・可能・尊敬の助動詞が三語使われている。その三語を「　」に抜き出して、それぞれの意味用法を後の（　）の中に、活用形を＝の下にそれぞれ記入して答えなさい。（例文は、河合隼雄の『日本人とアイデンティティ』より）

『日本の作者で子どものためのファンタジーの傑作を書いた人というと、宮沢賢治を思いつく人が多いと思うが、宮沢賢治は、よく知られているように、日本の作家にはめずらしくきわめて理科的な思考のできる人であった。筆者は、宮沢賢治が日本の作家にしてはすばらしいファンタジーを書いたことの一因として、彼が法理的な思考力を身につけていたことがあげられると思っている。（中略）実のところ、子どもたちはファンタジーはファンタジーとして楽しみつつ、それを現実と混同するようなことはしないのである。ウルトラマンの話に感激して、ウルトラマンごっこをし、空を飛んでいるつもりで走り回っているが、本当に空が飛べると思って、二階の窓から飛び出したりはしないのである。

2．次ぎの各文中に、受身・自発・可能・使役・尊敬の助動詞が使われている。その助動詞を（　）内に抜き出し、その用法が、上記の五つの意味用法のうち、どれに相当しているか「　」に記入し、かつその活用形を［　］に答えなさい。

①亀山殿の御池に、大井川の水をまかせられむとて…（徒・51）＝亀山殿ノ御池ニ大

井川ノ水ヲオ引キニナロウトシテ……

②大井の土民に仰せて、水車を作らせられけり。（同右に続く文）＝大井ノ村民ニ命ジラレテ、水車ヲツクラセラレタソウダ。

③冬はいかなる所にも住まる。（徒・55）＝冬ハドンナトコロニデモ住ムコトガデキル。

④…人も今見る人のうちに思ひよそへらるるは、誰もかくおぼゆるにや。（徒・71）＝…話ノ中ノ人物モ、今自分ガ知ッテイル人ノ中デ、アノ人ノヨウナ人ノコトカナアト、知人ヲ比べテ考エラレルノハ、誰モガソノヨウニ思ウモノデアロウカ。

⑤わぬしの問はれむ程のこと、何事なりとも答へ申さざらむや（徒・135）＝アナタガオ聞キニナル程度ノ事ハ、何ダッテオ答エデキナイコトガアリマショウカ、イヤドノヨウナ事デモオ答エシマス。

［解答欄］（【解答欄】は省略）

2 使役・尊敬の助動詞

文語＝『す・さす・しむ』、口語＝『セル・サセル・シメル』。＝『妻の嫗にあづけて養わす《妻ノ老女ニアズケテ養ワセル》竹・1』、『御格子上げさせて御簾を高く上げたれば…《御格子ヲ私ガ傍ノ人ニ上ゲサセテ、御簾ヲ高ク巻キ上ゲタトコロ…》枕・299』、『愚かなる人の目を喜ばしむる楽しみまたあじきなし《クダラナイ人ノ目ヲ喜バセル快楽ト言ウモノハマタ何ノ価値モナイモノデアル》徒・38』。

文語使役助動詞『す』は、その成立過程から考えて、前述したように、上代において行為・作用・動作を表す『為（す）』が使役動詞であって、他の語を伴わず単独で純粋に使役の意味で使われていたという説から理解できる。『す』については、『る』と同様、動詞的接尾語と見る学説もある。

『す・さす』には尊敬の意味もあるが、これは貴人が自分でやる行為を、傍に仕える部下にその行為を行わせて、自分の行為と見なし、周りの人もそのように貴人の行為と認め、尊敬表現として貴人を主体者としているのである。『す・さす』の接続法は、『す』は『る』と同じである（四段・ナ変・ラ変の未然形に接続）が、「さす」は、「す」以外の動詞の未然形に付くだけで、『せ—さす』という場合があるが、この「せ」は使役助動詞ではなく、サ変あるいはサ行下二段活用動詞の未然形である。二重の使役用法ではない。

『す』の使役・尊敬およびその他の『す』の判別法。

① 『妻の嫗に養わす（前例と同じ）』＝（カグヤ姫ヲ養ワセル）使役。

② 『わが夫子（せこ）は仮廬（かりほ）作らす…小松が下の草を刈らさね《私ノ夫ハ仮ノ家ヲ作ッテイラッシャル…小松ノ下ノ草ヲオ刈リ下サイヨ》万・11』＝（作らす・刈らさね）ともに尊敬（尊敬の命令『ね』は丁寧な依頼になる）。

③ ⅰ．『人の声すなり（人ノ声ガスルヨウダ）』＝サ変『す』の終止形。

ⅱ．『心を悩ます（心ヲ悩マセル）』＝他動詞『悩ます』四段活用語尾。

ⅲ．『衣を着す（衣ヲ着セル）』＝他動詞『着す』下二段活用語尾。

下二段動詞に使役の助動詞『す』は続かない。もし使役の助動詞を続けようとするならば、四段・ナ変・ラ変以外の未然形に続く『さす』である。

口語訳をする場合の一般的な判別は、「す・さす」を省いても意味が変わらないような場合は尊敬語と見る。然し、その前文に格助詞「に」、あるいは「をして」のつく登場人物(表現されていない場合もある=文の内容から)が考えられるときに、「す・さす」を省略すると、文意が通じなくなる時の「す・さす」は使役で解釈する。=『…面をふたぎて候へど、始めて御覧じつれば、類なくめでたくおぼえさせ給ひて、「許さじ」とて出でおはしまさんとす。《…袂デ顔ヲカクシテイルトハ言ッテモ、初メテノ時ニヨク御覧ニナッタノデ、ソノ類マレナ美シサニ感服ナサッタ帝ハ、「モウ放シハシナイ」ト言ッテ、カグヤ姫ヲ連レテ外ヘオ出ニナロウトナサッタ》竹・8』=『給ひ』の直前の「させ」=尊敬。

=『妻の嫗にあづけて養はす。《竹取ノ翁ハ、嫗ニアズケテ養ワセタ》竹・1』=使役する対象になる「嫗に」が直前にあるから、この「す」は使役と見る。

[補註1] 使役・尊敬の助動詞『す・さす』の未然・連用形、およびその他の『せ』の判別法。

『る・らる』と同様『給ふ・おはします』など、尊敬の補助動詞に付く場合には、『せ・させ』を含めて『せ給ふ・させおはします』を連語の補助動詞としてしまう説もあるが、必ずしも常にそうであるとはいえないので、そのたびに注意を要する。
① 『…人に聞かせじとしたまひけれど《…人ニ聞カセマイトナサッタケレド》竹』=使役助動詞『す』の連用形。『捕へさせむ《捕エサセヨウ》』=使役助動詞『さす』の未

然形語尾。

② 『笑わせ給ふ《帝ハオ笑イニナル》』＝尊敬の助動詞『す』の連用形。『夕つ方出でさせおはしまして…《夕方ニオ出カケナサイマシテ…》』＝尊敬の助動詞『さす』の連用形語尾＝この『す・さす』を略しても文意が変わらない場合は尊敬。『す』が『給ふ・宣まふ』に付いて使われている場合には、『給はす・宣まふ』を一語の複合語と見なす場合がある。尊敬に用いられている『す・さす』は、下に『給ふ・おはします』など尊敬の補助動詞を伴なって使われることが多いが、そのような場合の『す・さす』は、必ずしも尊敬の用法ばかりではないことに注意が必要である。＝『長恨歌の御絵、亭子の院の書かせ給ひて、伊勢・貫之に詠ませ給へる…《長恨歌ノ御絵デ、宇多天皇ガオ書キアソバシテ、歌人ノ伊勢ト貫之ニ和歌ヲ詠マセラレタノヲ…》源・桐壺』のように、前者の主体者は、宇多天皇であり、尊敬語の二重表現を使っているが、後の『せ給ふ』の『せ』は、天皇が伊勢と貫之に対して歌を詠ませられたという使役表現である。この場合『せ』を省略すると文意が通らなくなる。

③ 『世の中に絶えて桜のなかりせば…《世ノ中ニ全ク桜ガナカッタナラバ…》古・53』＝過去の助動詞『き』の未然形で、事実に反して仮に想像する場合に『…せば…まし』(反実仮想)の慣用的な使い方の一部。

④ 『便りもせず《便リモシナイ》』＝サ変動詞『す』の未然形。

⑤ 『罪せられ給ふ《罰セラレナサル》』＝サ変動詞『罪す』の未然形。

［補註2］『さす』の判別法。

①『す』と同じように、本来は『さす』独自で遣われ（尊敬語を伴わないで）貴人が回りの部下に自分がする動作をやらせる時（使役）の用語であった＝『す・さす』を略して、文意が通じなくなるような場合の『す・さす』は使役の用法。＝『…名を三室戸の斎部（いむべ）のあきたをよびてつけさす』（…翁ハ三室戸ノ斎部ノ秋田ヲ読ンデ名前ヲ付ケサセタ）』・『…僧都の御弟子惟光をよび出でさす《…僧都ノ御弟子デアル惟光ヲ呼ビ出サセタ》』。

②前述したように、尊敬語の『たまふ・おはします・まします』などと共に遣って、その主体者（天皇・皇后など高位の貴人）に対して［最高敬語］をもって尊敬した。＝『主上げにもとて御涙せきあへさせましまさず《主上ハ、本当ニソウダトオッシャッテ涙ヲオ止メナサルコトガオ出来ニナレナイ》』。

③口語の場合『せる・させる』は、尊敬の用法は日常生活上、話し言葉では皆無だが、書き言葉においてもほとんど遣われなくなった。

『しむ』＝前述したように、（129頁）使役動詞『為（す）』の変化した『し』に、意思を示す助動詞『む』が複合した語である。

『しむ』は、平安初期の漢文訓読学習の中で盛んに使われるようになる以前からの用法である。『しむ』が尊敬語として使われるようになったのは、時代が遅れて、他の尊敬語と併用してその用法が生まれた。

『しむ』の接続法は、『る・らる』と異なり、動詞だけでなく、『安からしむ・静かならしむ』

など形容詞・形容動詞の未然形にも付く。この用法も、漢文訓読体の中に多いので、平安末期から鎌倉時代にかけて多用されている。

ア．その用法は古く上代では盛んに遣われ、使役の意味で『しむ』単独でも遣われていた。例『他人よりは妹ぞも悪しき恋もなくあらましものを思はしめつつ《他人ヨリモオ前ガ悪イノダ。恋心モ知ラズニイタノニ、コンナニ苦シイ程オ前ノコトヲ思ワセテイル》万3737』・『怨めしく君はもあるかやどの梅の散り過ぐるまで見しめずありける《アナタハ怨メシイ人デスネエ。オ宅ノ梅ノ花ガ散リ過ギルマデ私ニ見セナイデイタノダヨ》万4496』。

イ．平安時代になると『す・さす』と同じように、尊敬語の『給ふ・おはします・まします』などを伴って［最高敬意］の用法として遣われた。例『をのこどもの中に交りて、夜を昼になして採らしめ給ふ。《家来タチニ交ッテ、昼夜ノ別ナク一日中子安貝ヲオ取リニナッテイラッシャッタ。》竹・燕の子安貝』。この時代『しむ』は使役には用いられなくなり、もっぱら『す・さす』が遣われるようになった。

ウ．室町以降になると、『見る・得る』などに『しむ』が付く場合『見しむる・得しむる』ではなく『見せしむる・得せしむる』となっている。この傾向は近世にまで続く。漢文訓読文にはよく遣われた。

口語の使役助動詞『セル・サセル』＝活用はともに下一段型であるが、接続は『セル』が五段・サ変動詞の未然形に付く。ただし「信ズル・論ズル」の類には着かない。『サセル』は、『セル』以外（上一段・下一段・カ変）の動詞未然形に付く。使役文では、その動作をさせた人・命じた人が、主語である。文面に表れていない場合のヒントである。

ア．尊敬の用法は、『ラレル』を伴って『セラレル』の用法だけである。

イ．使役の用法には、その程度の強弱がある。強い使役の例『一人ノ生徒ニ居残リ学習ヲサセテイル・津波ガ船ヲ沈マセル』。弱い使役の例『買イ物ニ一時間モ付キ合ワサレタ・アマリノ剣幕ニビックリサセラレタ・気ヲモマセル人ダ・泣カセル話サ』など慣用的な言い方が多い。

ウ．使役文の典型は、口語も文語も『誰が↓誰に↓何を↓させる』の形である。内容把握の場合に、この典型を作っている各文節を確実に把握することが大切。

［補註3］

『岩ヲ動カス・正体ヲ現ワス』などの『―ス』はサ行五段活用動詞の終止形で他動詞の活用語尾である。口語に使役の『ス』はない。同じように『見セル』＝（他動詞のサ行下一段動詞一語の終止形）・『見サセル』＝（マ行上一段動詞未然形＋使役の助動詞終止形『サセル』が付いた形）。また同様に『寝カセル』＝（他動詞サ行下一段動詞一語の終止形）・『寝サセル』＝（ナ行下一段活用動詞未然形＋使役助動詞終止形『サセル』が付いた形）。

【設問二—B】

1. 次の文の主語を変えないで、使役文に改めなさい。

①. 先生が黒板に説明を書く。
②. ピッチャーの投球がますます早くなる。
③. お客さんがおみやげのケーキを私たちに下さった。
④. A君がB君たちと一緒に家の前の風景画を描いている。

2. 次の文中に、使役・尊敬の助動詞を一語ずつ『　』に取り出して、その用法を（　）内に記入し、さらにその活用形を下に答えなさい。

①. 妻の嫗にあづけて養はす。（以下全文竹より・1）＝妻ノ嫗ニ預ケテ養ワセタ。
②. 『さりともつひに男あはせざらんやは』と思ふて、頼みをかけたり（同・2）＝『ソウカト言ッテ、アノ姫ニ対シテ翁モ、生涯結婚サセナイトイウコトハナイデアロウ』ナドト五人ノ皇子タチハ思ッテ、マタ希望ヲ持ッタ。
③. 『玉の枝とりになむまかる』と言はせて下り給ふ（同・4）＝『イマカラ玉ノ枝ヲ取リニ行キマス』ト使イノ者ニ伝言サセテ帰ラレタ。
④. 『かしこき玉の枝を作らせ給ひて、…（立派ナ球ノ枝ヲオ造ラセニナッテ…）同・4』。
⑤. 『母屋のうちには、女どもを番にするゑて守らす。（母屋ノ中ニハ、女ドモヲ番人ニオイテ、守ラセル。（同・9）』

3 打消の助動詞

口語では『ナイ・ヌ』が使われる。「ナイ」は、形容詞型に活用するので、命令形はない。形容詞・形容動詞にも付かない。また。五段の「ある」にも付かない。

口語の『ナイ』には、形容詞の『ナイ』もある。『オイシクナイ・美シクナイ・小サクナイ』などの『ナイ』は形容詞の『ナイ』である。『食べナイ・飲マナイ・見ナイ・寝ナイ』などの『ナイ』は助動詞の『ナイ』である。この判別法は、副助詞の『ハ・モ・コソ』が『ナイ』の直前に付くかどうかで見分ける。付かない方が打消の助動詞である。

なお、口語の『ナイ』には、

ア．『ナイ』の活用は、形容詞シク活用型で、連用形には『助詞―テ（―デ）・動詞―ナル』などを続けて中止法になったり、促音化したりするのも形容詞の活用に似ている。＝『授業中ヨソ見ヲシナイデ。』・『体調不良デ部活ニ行カナクッテモイイデスカ』。

イ．『ナイ』には文末にだけ用いられて、打消の意味よりも依頼・勧誘の意味の方が強く感じられるものもある。＝『一緒ニ行カナイ・彼女ニハサーバーヲヤラセナイ』などの用法は、打消の助動詞に加える。

ウ．打消の助動詞『ナイ』は、慣用句の中で使われることが多い。＝『…シテイルカイナイカ・トンデモナイコト・ナニゲナク・サリゲナク』など。

エ．『ヌ』は、現代の話し言葉ではほとんど『ン』と発音されている。ただ、仮定形では『今日中ニ仕上ゲネバナラナイ・カバンノ中モ探サネバナラナイ』など当然・義務表現の直前に遣われ、打消の意味はほとんどなくなったままに慣用的な使い方になっている。

［補註］『ナイ』の判別＝口語の打消助動詞の『ナイ』には、

ア．動詞の直下に来る。＝『来ナイ・シナイ・見ナイ…』。

イ．『ヌ（ン）』に置き換えられる。＝『行カナイ（ヌ・ン）・落チナイ（ヌ・ン）・飛バナイ（ヌ・ン）…』。

ウ．打消の助動詞『ナイ』は、副助詞『ハ・モ・コソ』に続かない。この三点とそれぞれ反対の場合が、形容詞の『ナイ』になることは前記した（形容詞の項）通りである。『ヌ（ン）』は『ナイ』と異なり、現代語においては『ヌ（ン）』は日常語的であり、普通標準語では『ナイ』を使う。ただし、丁寧語の『マス』には『ナイ』は続かない。『マセン』という言い方になる。このように『ヌ（ン）』は、どの活用の形態にも当てはまらない特殊型である。これは、文語の助動詞打消『ず』系を残しているものである。

エ．接尾語の『ナイ』＝『アドケナイ・オボツカナイ・切ナイ・エゲツナイ・ソッケナイ…』。

オ．形容詞＝『汚ナイ・少ナイ・危ナイ・果敢ナイ…』

カ．複合形容詞の『ナイ』＝この場合は（ヌ・ン）に置き換えられる＝『タダナラナイ・ツマラナイ・外ナラナイ・ホットケナイ・待チキレナイ…』。

文語の助動詞打消『ず』の＝最も古いナ系列に、『ぬ』があり、学校文法では、ナ系列の打消は連体形と已然形に『ぬ・ね』を加えているが、未然・連用形も上代ではそれぞれ『な・に』があったが、奈良時代の用例しかないので、『ず』の活用表には取り上げられていない。＝『神風の伊勢の国にもあらましを何しか来けむ君もあらなくに《大津皇子ガオ元気デイラッシャレバ私モ行キタカッタノデスガ、神風モ吹キアナタガオ亡クナリニナッテシマッタ今、ドウシテ私ガ行ケマショウカ。君モモウイナイノニ》万・163』

この「なくに」は、打消助動詞『な』＋漢文訓読（特に論語の『子曰く』と同様、形式名詞の『事・所』などの意味を示す『く』＋助詞の『に』の形。＝『…衣かすべき妹もあらなくに《…着物ヲ貸シテクレルヨウナ妻モイナイノニ》万・75』・『思ふらむ人にあらなくにねもころに…《アナタハ私ヲ思ッテ下サル人デハナイノニ一生懸命ニ…》万・682』《この説明は、名詞の項で「アク説」として説明済み》。＝『しかりとてそむかれなくに事しあればまづ嘆かれぬあな憂世の中《ダカラト言ッテ世間ヲ捨テルコトハデキナイノニ、何カ事ガ起コレバ、マズガッカリシテ、アア世ノ中ハツライモノダト思イ知ラサレルコトダ》古・936』。『…草枕旅にしあれば思ひ遣るたづきを知らに網の浦の海女乙女らが焼く塩の…《…旅ノコトデアルノデ思イヲ晴ラス方法モ分カラナイノデ網ノ浦ノ海女ノ娘タチガ焼ク塩ノヨウニ…》万・5』

ナ系列の連用形『に』は、上代においてのみ『しらに』の形で遣われていた。四段活用動詞未然形『知ら』＋打消の助動詞連用形『に』の形で『知ラナイデ・知ラナイノデ』の意味。＝『山守のありける知らにその山に…《山ノ番人ガイタコトヲ知ラナイデソノ山ニ…》万・401』・『…我が母を捕らくを知らに我が父を捕らくを知らにいそばひ居るよ…《…自分ノ母ヲ捕エヨウトシテイルコトモ知ラナイデ自分ニ父ヲ捕エヨウトシテイルノモ知ラナイデタワムレテイルナア…》万・3239』。

ナ系列には古い文献（万葉集・平安時代の和歌など）には終止形『ぬ』の用例もあるという点からみると、ナ行四段に変化して遣われていた助動詞であると思われる。＝『京には見えぬ鳥なれば…《京ノ都デハ見カケナイ鳥デアルノデ…》伊・9』、『この川、飛鳥川にあらねばふちせさらにかはらざりけり《「コノ川ハ飛鳥川デナイノデ、流レハ、昔ト少シモ変ワッテイナイナア」》土・2月16日』。

その連用形『に』にサ変動詞『す』が複合して成立したと思われるズ系列の『ず』は活用せず、連用形と終止形だけ遣われていた。＝『…鳥なれば皆人見知らず《…鳥デアルカラ人々ハ皆見タコトガナクテ知ラナイ》伊・9』。

連用形の『ず』に補助動詞『あり』が複合して、ザリ系列の打消語『ざり』が成立した。従ってラ変型に活用する「ざり」は、単純否定だけでなく、状態的にも指定・存在的にも、その意味を強めている。＝『物合、何くれと挑むことに勝ちたる、いかでかうれしからざらん《何々合ワセトカ何ヤカヤト、勝負ニ勝ッタノハ、何デ嬉シクナイ事ガアリマショウ、イヤトテモ嬉シイモノデス》枕・276＝嬉しきもの』・『御立せし島の荒磯を今見れば生ひざりし草生ひにけるかも《皇子ガオ立チニナッタ庭ノ荒イ岩組ノアタリヲ、今ミルト以前ハ生エテイナカッタ草ガ生エテ、スッカリ荒レ果テテシマッタナア》万・181』・『はからざるに病を受けて、たちまちにこの世を去らむとする時にこそ、初めて過ぎぬる方のあやまれることは知らるれ。《思イガケナク病気ニ罹ッテ、タチマチコノ世ヲ去ロウトスル時ニナッテ、誰デモ初メテ、過去ノ自分ノ生活態度ガマチガッテイタトイウコトニ気ガツクモノダ》徒・49』・『…思い忍ぶれど、さまざまに、思ひ乱れて『人、木石にあらざれば、みな、情けあり』と、打ち誦して、臥し給へり。《薫君ハ、亡クナッタ浮舟ノコトヲ想イ忍ンデ帰邸シタガ、ソノ後モイロイロト思イハ乱レ「人ハ木ヤ石ノヨウニ非情ナモノデハナイカラ誰モ、ミナ恋慕ノ情ガアルモノダ」ト、独リ言ヲ言ッテ床ニ入ラレタ》源・浮舟＝匂う野宮を訪ね浮船の追憶』。

このように、文語打消『ず』には三系列が有って、特殊な活用になっている。

［補註1］『ざり』についての識別。

前述したようにザリ系列は、『ず』の連用形に補助動詞『あり』がついて出来たが、『ず』の活用表を見ても明らかなように、終止形に『ざり』は入れられていない。つまり古文中から打消助動詞の終止形用法は、『ず』だけで『ざり』の用例は見当たらないので省かれている。

また、ザリ系列の成立については（ず＋あり）の他、係助詞『ぞ』＋補助動詞『あり』が融合して成立したと考えられる例文がある。＝『てる月の流るる見れば天の川出づるみなとは海にざりける《照ル月ガ流レルヨウニ西ノ方ニ沈ンダノヲ見ルト、天ノ川ガ流レ出ル河口ハ地上ノ川ト同ジヨウニヤハリ海デアッタノダナア》土・一月八日』＝この場合『ざり』は『ぞ―あり＝zo-ari』であるから、二重母音の前母音脱落現象により（z-ari＝ざり）になった語である。打消助動詞の『ざり』ではないから、否定的な現代語訳は正しくない。強調の係助詞『ぞ』の置き換えに《ヤハリ》と、夜の大空を流れ落ちる天の川の端が今まさに、目の前で海に接している光景を眺め、貫之が感動的に表現した歌である。また歌の結びには「連体止」と言う修辞法も使っている。それは、文字には表されていないが、係りの『ぞ』を意識し、結びを連体形で締めくくって強調している。

［補註2］『ずは・ずて・ねば・れず』などについて。

ア．『ずは』の用法＝連用形『ず』に係助詞『は』の付いたもので、《…ナイデ…ズニ》の意味。＝『験なき物を思はずは一坏の…《甲斐ノナイモノ思イヲシナイデ一杯ノ…》万・338』。

中世以降の語り物などの文献や、漢文訓読の場合には、強調するために撥音を入れて『ずんば』と表現した。＝『君もし会稽の恩を忘れずんば…《君ガモシ人カラ受ケタ会稽ノ恩ヲ忘レナイノナラバ…》太』・『虎穴に入らずんば虎子を得ず《少々ノ危険ヲ冒サナケレバ大キナ成果ハ得ラレナイ》後漢書・班超伝』。

イ．『ずて』の用法＝連用形『ず』＋接続助詞『て』の付いたもの。《…ナイデ》の意味で、主に上代に用いられ、平安時代には和歌の中で遣われた。平安時代以降の散文では、接続助詞『で』に変化して遣われた。＝『松が枝の地に着くまで降る雪を見ずてや妹が籠り居るらむ《松ノ枝ニ積モッタ雪デ枝ガシナ垂レ、地上ニ積モッタ雪ニ着ク程ノ、大雪ノ風情アル風景を見ナイデ、妻ハ家ノ中ニ籠モッテイルノダロウカ》万・4439」。

ウ．『ねば』の用法＝已然形の『ね』＋接続助詞『ば』の形。《…デナイノデ・…デナイノニ》と順態・逆態両方の遣い方がある。『…安くあらねば嘆かくを止めもかねて…《…安心デキナイノデ深クタメ息ヲツイテイルノヲ止メルコトモデキカネテ…》万・4008』・『秋立ちて幾日もあらねば…《秋ニナッテマダ幾日モ経タナイノニ…》万・1555』。

エ．『れず』の用法＝可能の助動詞『る』の判別で既述したが、《…スルコトガデキナイ》＝不可能の助動詞である。＝『…いらへもせでゐたるを、「などいらへもせぬ」と言へば、「涙のこぼるるに、目も見えず、ものも言はれず」と言ふ《…返答モシナイデイルノデ、「ナゼ返事モシナイノカ」ト言ウト、「涙ガコボレテ、目モ見エズ、モノモ言ウコトガデキナイ」トイウ。》伊・62』。

【設問二—C】

1．次の文中の、ア〜キに『ナイ』について、打消の助動詞以外の語が二語ある。その語の記号を（　）内に記入し、その語の品詞名を『　』内に、さらにその下に活用形を書いて答えなさい。

紅い花を見ても、各人がそれを同じ色に感ずるかどうかは疑問でありまして、目の感覚に優れた人は、その色の中に常人には気が付か（ア）ない複雑な美しさを見るかもしれ（イ）ない。その人の目に感ずる色は、普通の「紅い」という色とは違うものであるかもしれ（ウ）ない。しかし、そういう場合に、それを言葉で表そうとすれば、とにかく「紅」に一番近いのでありますから、やはりその人は「紅い」ということでありましょう。つまり、「紅い」という言葉があるために、その人の本当の感覚とは違ったものが伝えられる。言葉が（エ）なければ伝えられ（オ）ないだけのことでありますが、あるために害をすることがある。返す返すも言語は万能なものでは（カ）ないこと、その働きは不自由なものであり、時には有害なものであることを、忘れてはなら（キ）ないのであります。（谷崎潤一郎『文章読本』より）

2．次の各文は、『竹取物語』から引用した文です。各文中に打消の助動詞があれば、【解答欄】の『　』内に抜き出して、その下にそれぞれの活用形を記入しなさい。

①．『ようなきありきは、よしなかりけり』とて、来ずなりにけり。＝用事モナイノニ出歩クノハ、ツマラナイコトデアル」ト言ッテ来ナクナリマシタ。（2）

②．『何事をか、のたまはん事はうけたまはざらむ…＝『ドノヨウナ事デモオッシャルコトハ全テオ聞キシナイコトガアリマショウカ…（2）。

③．変化の者にて侍りけむ身とも知らず、親とこそ思ひたてまつれ』といふ＝『私ガ変化ノ身ノ者ダトイウコトハ、今ノ今マデ知リマセンデシタ。アナタヲ一途ニ親

ダト思イ込ンデマイリマシタ』トイウ。(2)

④『いづれも御劣り優りおはしまさねば、御心ざしのほどは見ゆべし。…＝五人ノ皇子ハ、ドナタモミナ劣リ優リノアルハズハナイノデ、姫ニ対スル心持チノ一番深イトイウコトノワカル皇子ニ、オ仕エスルコトニシマショウ…(2)

⑤耳にも聞き入れざりければ、言ひかがづらひて帰へりぬ。＝(石造リノ皇子ハ)自分ガカグヤ姫ニ贈ッタ歌ノ返シガナイノデ、ブツブツ不平ヲ言イナガラ帰ッテ行ッタ。(3)

［解答欄］(省略)

4 過去・完了の助動詞

A. 過去

文語『き・けり・つ・ぬ・たり・り』、口語『タ』。

『き』＝成立は古く、同じ過去の助動詞『けり』の略音が語源と言う説がある。従って、カ行系列の『―け(未然)・―き(終止)』とサ行系列の『―せ(未然)・―し(連体)』と、その両系列の『―しか(已然)』が混同した特殊活用をする。ただし現在の学校文法では、未然形の『―け・―せ』は、上代に見られるだけで、平安時代にはすでに遣われなくなったという理由で省かれている。その成立上から見ると、過去回想の『き』には、『き系統(け・き・し)』と『し系統(せ・し・しか)』の二系統が入り混じって遣われていた。＝『十月雨間もおかず降りにせば…《十月ノ雨ノ間モオカズニ降ッタナラ…》万・3214』・『世の中に絶えて桜のなかりせば…《世ノ中ニ全ク桜ノ花ガナカッタナラバ…》古・53』。＝上記の万・古両歌の例のように、『せ』は条件接続助詞『ば』を伴って、『…せば…まし』（事実に反して仮に想像する＝反実仮想＝）の形をとる。

『き』の意味は、自分の過去における直接体験や過去の事実の回想を表す『過去回想の助動詞』である。文中に係助詞がなくても、連体形『し』で終わる『連体終止法』に用いる場合がある。余情止めで詠嘆の気持ちを表している。＝『…暁露に吾が立ち濡れし《…夜明ケ方マデ私ハ立ッテイテ（京に帰るあなたを見送るので）露ニビッショリ濡レテシマイマシタヨ》万・105』・『かやうのことは、ただ朝夕の心使ひによるべし。その人、ほどなく失せにけりと聞き侍りし。《コウシタ日常ノ上品ナ振ル舞イハ、全ク日ゴロノ心掛ケカラ現ワレルモノデアロウ。ソノ人ハ、ソノ後間モナク亡クナッタト聞キマシタ》徒・32』。

［補註1］『き』は活用語の連用形につくが、カ変・サ変の動詞からは特殊接続をする。

① カ変の終止形『来』には付かない。連体形の『し』・已然形の『しか』は、カ変の未然・連用形のどちらにも付く。＝『来（こ）し方行く末・来（き）し方行く末』はともに正しい。

② サ変『す』に付く場合は、その未然形『せ』に、助動詞『き』の終止形は付かないが、サ変の連用形『し』にはつく。過去の助動詞『き』の連体『し』・已然『しか』は、共にサ変の未然形『せ』には付くが、連用形『し』には付かない。＝『せし』・『せしか』。『夜こそ来（こ）しか・夜こそ来（き）しか』は正しい遣い方である。

［補註2］『し』の判別＝副助詞の『し』との判別。

①『いつしかも見むと思いし…《イツカ早ク見ヨウト思ッタ…》万・3631』＝過去の助動詞『き』の連体形。

②『…麗しき女をありと聞こして…《…容姿ノ良イ女ガイルトオ聞キニナッテ…》記・上』＝上代の尊敬語『聞こす』（サ行四段動詞）の連用形活用語尾。

［補註3］『しか』の判別。

①接続助詞『ば・ど・ども』に続く慣用的な用法が多い。現代語訳は《…タノデ・…タケレド・…タケレドモ》＝『念ふにし余りにしかば…《アマリニ深ク、オモイヨッタノデ…》万・2492』・『つひに行く道とはかねて聞きしかど…《死ト言ウコトハ、以前カラ聞イテシッテイタケレド…》古・861』＝過去の助動詞『き』の已然形「しか」。

②『昨日こそ船出はせしか…《昨日船出ヲシタバカリダト思ウノニ…》万・3893』＝係助詞『こそ』の結びになっていて、過去の助動詞『き』の已然形。

③『朝なさな揚がる雲雀になりてしか…《朝ゴトニ空ニ舞イ上ガルヒバリニナレタライイノニナア…》万・4433』＝完了の助動詞『つ・ぬ』の連用形『て・に』＋願望の終助詞『しか』の二語で、『…てしか・…にしか《…タライイナア・…タイモノダナア》』も上代の慣用的な常套句になっていた。

④『わが庵は都のたつみしかぞ住む…《私ノ庵ハ都カラ東南ノ方ニアッテ、御覧ノ通リコノヨウニ住ンデイマス…》古・983＝百・8』＝副詞『然（しか）＝（ハッキリト・確カニ）』

を言外に含んでいる。

⑤『誰しかもとめて居りつる…《タレガマア、尋ネテ居ッタノカ…》古・58』＝疑問語『誰・いつ』などに付く『し―か』は、その疑問詞をさらに強調している。『し』は詠嘆・強調の副助詞、『か』は強意の係助詞。

⑥『何時しかと待つらむ妹に…《イツニナッタラ帰ッテクルノダロウト私ノ帰リヲ待チ続ケテイルデアロウ妻ニ…》万・445』＝副詞『いつしか』の一部。

⑦『三輪山をしかも隠すか…《三輪山ヲソノヨウニ隠スノカ…》万・18』＝副詞『しかも』の一部分。同じ『しかも』と表現されていても『いつしかも見んと思いし栗島を…《イツカ早ク見ヨウト思ッタ栗島ヲ…》万・3631』＝⑤に記述したように、疑問詞に付いた強調の副助詞＋強意の係助詞『か』＋係助詞『も』の三語である。

⑧その他、『しか』を含む語を列挙すると、

a. 副詞では『しかも・しかと・然しながら・しかすがに・しかばかり』など。

b. 接続詞では『しかして・しかうして・しかるに・しかるを・しかれども・しからば・しかる間・しかのみならず』など。

c. その他『しかり・しかる』＝ラ変自動詞の終止形と連体形。『しかるべし』＝ラ変自動詞の連体形『しかる』＋推量の助動詞『べし』。『しかず』＝カ行四段型助動詞未然形『如か・若か・及か』＋打消助動詞『ず』などがある。

『けり』。

上代文学の代表的歌集の万葉集では、『けり』を『来・在・有』などの文字によって表記していることから考えると、『けり』は『来＋あり＝きあり＝kiari』の連母音（ia）の（ye）音化に依り、成立したと思われる【この音韻変化については第一編で詳述】。従ってその活用はラ変型であるが、未然形の『けら』は上代だけに見られ、『けらず・けらく』の慣用句として遣われていた。＝『…鬘にすべくなりにけらずや《…鬘ニスルホドニナッタノデハナカロウカ》万・817』、『神代より言ひ伝てけらくそらみつ大和の国は皇神の厳しき国言霊の幸はふ国と語り継ぎいひ継がひけり…《神代ノ昔カラ言イ伝エテ来タコトハ、尊イ神ガ厳トシテ鎮座サレル国デアリ、コトバノ精霊ガ栄エル国ダト語リ継ギ、言イ伝エ続ケテ来タ…》万・894』〈遣唐使が出発する時に贈った山上憶良の有名な長歌の冒頭〉。『けらく』の（く）は、名詞の項で説明した「アク説」の接尾語。最後の『けり』も過去の助動詞であり、直前の『ひ』は上代の継続の助動詞『ふ』の連用形。上代の『けり』は、連用形と命令形の用法は見当たらない。

『けり』の意味用法は、『き』のように、ただ自己の直接体験した過去の事実に対する表現だけでなく、

① 過去からの継続《…テイル・…テキタ》『…時じくぞ雪は降りける語り継ぎ言ひ継ぎ行かむ不尽の高嶺は《…時季ニ関ワラズ雪ガ振ッテイルコノ気高イ富士ノ山ニ付イテハ後々ノ世ニマデ語リ続ケテ行コウ》万・317』。

②伝聞した過去の事実の回想《…タトイウコトダ…タソウダ》『昔男ありけりその男…《昔男ガイタソウダ。ソノ男ハ…》伊・8』・『かの主なる人、案を書きて、書かせてやりけり《主人ニ当タル人ガ、イツモ下書キヲシテ手紙文ヲ書カセテイタヨウダ》伊・107』。

③過去からの事実に、今初めて気付き詠嘆の気持ち《…タナア・…タノダナア》例『…いよよ恋ひまさりけり《…マスマス恋心ガマサッタコトダナア》万・753』。和歌の最後に使われる『けり』は詠嘆の用法が多い。

④平安末期以降になると、単純過去の用法が多い《…タ》。

⑤鎌倉以降になると、単なる詠嘆的表現に使われた《…ナア》。中世の時期になると、促音や撥音が多用され『…てけり→てんげり』＝『…南へ追ひ出してんげり《…南へ追イ出シテシマッタ》平・巻十一・「鹿谷」。完了の助動詞『つ』連用形『て＋ン』＋げり＝撥音の後の『けり』は濁音化する。

B．完了の助動詞

［文語］＝『つ・ぬ・たり・り』＝［口語］＝『タ』。

文語『つ』＝上代からよく遣われ、その語源は意味や活用から観て『竟（はつ）・（うつ）』と言われている。これは意思的にその動作を完了し、物を廃棄し終わることを表現していることからの推測である。

『つ』の意味用法には、

ⅰ．完了がある。＝『吾も見つ人にも告げむ…《私モ見タ人ニモ話ソウ…》万・432』・『…桜をただひと目君に見せてば…《…桜ノ花ヲタダヒト目君ニ見セタノダカラ…》万・3967』・『今来んといひしばかりに長月の有明の月を待ち出でつる哉《アナタハ今スグニ行クトオッシャッタノデ、コノ夜長ノ九月ノ夜ヲ私ハ待ッテイマシタライツノ間ニカ夜明ケニナリ、有明ノ月ガ出テシマイマシタヨ》古・691』『旅なれば思ひ絶えてもありつれど…《旅ノ途中デアルカラ時々妻ノコトヲ思イ続ケルコトガ絶エテシマッタコトガアッタケレドモ…》万・3686』・『…名は告らしてよ親は知るとも《…タトエアナタノ親ガ私タチノ仲ヲ知ッテイテモ名前ハ言ッテシマイナサイヨ》万・362』。＝完了の用法は、ただ過去のことに付いてだけでなく上の最初と最後の例のように、将来未来のことに付いてもそのことが終了したことを言い表している。＝『うたた寝に恋しき人を見てしより夢てふ物は頼みそめてき《ウタタ寝ヲシテイテ恋シイ人ノ夢ヲ見テカラ、現実性ノナイ夢ト言ウモノニ、アノ時以来、頼ミヲ掛ケルヨウニナッテシマッタ》古・553』＝完了助動詞『つ』の連用形＋過去『き』の終止形＝過去完了形《…ッテシマッタ》。『下の十巻を、明日にならば、ことをぞ見給ひあはするとて、けふさだめてむと、大殿油参りて…《気ニ入ラナカッタ下巻ノ十巻ヲ、明日ニナッタラ別ノ本ヲ捜シナサレテミヨウト考エラレテ、今夜ノウチニ決メテシマオウト、寝殿用ノ明カリヲ明ルクトモシテ…》枕・23』・「げに、言ふ害なのけはひや。さりともいと教へてむ」と、《ナルホド他愛モナイアリサマデアルコトヨ。タトエ言ウ甲斐モナイトシテモ、キット上手ニ教エテクレルコトダロウ』ト》源・若紫』＝完了『つ』の未然形『て』＋推量助動詞終止形『む』＝未来完了形《…シテシマウダロウ》。

ⅱ．確認・強調の用法。『ぬばたまの夜渡る月の清けくばよく見てましを君が姿を《夜空ヲ渡ル月ガ明ルカッタナラバキットモットヨク見エタノニ君ノ姿ヲ》万・3006』『橘のてれる長屋に我がゐ寝し童女（うなゐ）放髪（はなり）に髪あげつらむか《橘ノ実ガ美シク輝ク長屋ニ、私ガ連レテ来タ若イ女ノ子ハ、子供ノ短イ髪モ長ク伸ビテキット髪ヲ挙ゲテ大人ノ髪型ニシタコトダロウ》万・3823』。『吉野川よしや人こそつらからめはやく言ひてしことは忘れじ《ヨウシ、ソウイウ考エナラバ仕方ナイ、アノ人ハ自分ニトッテハツラカロウガ、以前ニ約束シタコト無ニ付イテハ忘レテハイナイカラ》古・794』。

ⅲ．二つの動作を並べて強調表現の用法。＝『…僧都乗ってはおりつおりては乗っつ…《僧都ハ船ニ乗ッテハ下リタリ下リテハノッタリシテ…》平・三・「足摺」』・『…くんづ組まれつ、討ちつ討たれつ、…《…組ンダリ組マレタリ、討ッタリウタレタリ、…》源平・中』。

『ぬ』＝『つ』と同様、上代からよく遣われた。『ぬ』の語源は、『往ぬ』の『い』の脱落であることは、その意味や活用の点などから明確である。その点から見ても自然に移行する動作＝自動詞に接続し、動作がそこで完了し、終止する状態を表す。

活用は、動詞ナ変型である。『人すまぬ不破の関屋の板ひさし荒れにし後はただ秋の風《人ガ住マナクナッタ不破ノ関所ニアル番人小屋モ、荒レ果テテシマッテイル所ニ、秋風ガ吹キサラシテイテ何トモ侘シイ光景ダ》新古・1599』＝完了助動詞『ぬ』の連用形『に』＋過去の助動詞『き』の連体形『し』＝過去完了形。

意味用法は、

i．動作作用の発生、継続推移が完了した気持ちを表す。《…スルヨウニナッタ…・…シテシマッタ・…シテシマウ》。＝『印南野は往き過ぎぬらし天づたふ日笠の浦に波立てり見ゆ《印南野ハ行キ過ギテシマッタラシイ日笠ノ浦ニ波ガ立ッテイルノガ見エル》万・1178』・『秋来ぬと目にはさやかに見えねども風の音にぞ驚かれぬる《秋ガ来タト目ニハハッキリ見エナイケレド、吹ク風ノ音ニ秋ノ訪レヲ気ヅカサレタ》古・169』・『かくしつつ暮れぬる秋と老いぬれどしかすがに猶ものぞ悲しき《コウシテ秋ガ去リ、去ッテ行ク秋ト共ニ今ハ年老イテシマッタケレドモ、サスガニヤハリ物悲シイコトダ》新古・548』。『竹取の翁よごとに金ある竹を見つくることかさなりぬ《竹取ノ翁ハ竹ノ節毎ニ金ノ入ッタ竹ヲ見付ケルコトガ度重ナッタ》竹・8』・『かぐや姫外に出でぬ《カグヤ姫ハ外ニ出テシマッタ》竹・9』。

ii．動作状態の実現・発生することを強く確かめて言う確認・強調の気持ちを表す。《キット…シテシマウ・タシカニ…ニ違イナイ・イマニ…シソウダ》。＝『…思ひのとどまる友禅は、いじらしき姿をむなしく格子門の外にとどめぬ。《「…雨の日に母の用事で使いに出た真如は、近道をして通った道の途中で、下駄の鼻緒を切ってしまう。たまたまその場所が互いに心を引かれ合っているものの、打ち解けて話す情態ではなくむしろ意地の張り合いになっている相手の、大黒屋の少女美登利の玄関先であった。家の中から真如の状況を察知した美登利は、鼻緒の切れを持って、玄関から飛び石を渡って真如に渡そうとしているとき、家の奥から美登利の母親が雨に濡れてまた風邪をひいてはいけないから家に入りなさいと呼びかけている。真如も美登利が自分の困り果てている様子を知って、わざわざ鼻緒の切れを持って来てくれたことに気づいてはいるが、素直に受け取れる気持ちにはなれないこの頃の少年の、異性に対しての羞恥心が壁を作ってしまっている。」…美登利ハ、自分ノ気持チガワクワクシテイルノヲ思イ切ッテ好キナ真如ノ手助ケシヨウト紅色ノ（自分の気持ちと同じような）友禅ノ切レ端ヲ黙ッテ格子ノ外ノ真如ニ届クヨウニ投ゲタママ家ノ中ニ入ッテシマウガ、ソノ美登利ノ気持チモムナシク、紅色ノ端切レハ格子門ノ外ニ捨テラレタママデアッタ。》一葉・「たけくらべ」より』。

『よき程にて出で給ひぬれど《ホドイイ時間デ、ソノ貴人ハ出テイラッシャッタケレドモ…》徒・32』。『須磨の海女の塩焼衣のなれなばか一日も君を忘れて念はむ《須磨ノ海女ガ潮ヲ焼ク時ニ着ル着物ノヨウニモシナレタナラバ、キット一日デモアノ人ヲ忘レラレルダロウ》万・947』・『いざ桜我も散りなむひと盛りありなば人に憂き目見えなむ《サア、散ル桜ヨ、私モ共ニ散ッテシマイタイモノダ。シバラクノ若盛リノ時ガアッタナラバ人間ト言ウモノハ、後ハキット人目ニハ醜サガ目ニ付ク＝ツイテシマウ＝ノデアロウ》古・77』・『…咲きぬべきほどの梢、散り萎れたる庭などこそ、見どころ多けれ…《…今ニモ咲イテシマイソウナ木々ノ梢ヤ、花モスッカリ散リ萎レタ庭ナドノ方ガ見ドコロガ多イモノダ…》[徒]・137』。『幾山河こえさりゆかば寂しさのはてなむ国ぞけふも旅ゆく《イッタイ幾ツノ山ヤ河ヲ越エテ行ケバ、コノ寂シサハ消エ果テシマウノデアロウカ、イツカハコノ寂寥感ガ消エ果ルモノダト思ッテ、今日モクニ境ノ山ヤ河ヲ越エテ旅ヲ続ケテ行クノダ》[牧水]・「海の声」より』。

iii．『ぬ…ぬ』の形で二つの動作が並列して行われてい事を表す[並立]の用法。《…タリ…タリ》。＝『白波の上に漂い浮きぬ沈みぬ揺られければ…《…扇ガ白波ノ上ニ浮イタリ沈ンダリシテ揺ラレタノデ…》[平]・11・「那須与一」』・『…の淵に浮きぬ沈みぬ…《悲シミノ底ニ浮イタリ沈ンダリ…》[閑]』。

[補註1]『ぬ』の[完了]と[確認]・[強調]の区別。

『ぬ』が、過去・回想の助動詞《き・けり》と共に用いられると、過去完了の形『にき・てし・にけり』になり[完了]の用法になる《…シテシマッタ・…ニナッテシマッタナ》。また推量の助動詞《む・べし》などと共に用いられると、未来完了の形『なむ・ぬべし』になり[確認]・[強調]の用法となる《…ニナルデアロウ・キット…ニナルニチガイナイ》。

[補注2]『ぬ』と『つ』の共通点と相違点。

『つ・ぬ』ともに、主観的に見れば叙述を確かめる意味があり、客観的に見ればその事柄が完了したことを表している。

『つ・ぬ』の相違点については、古来多くの説があり一定していない。それらの説を引用すると、

ⅰ.『つ』は他動詞に接続し、『ぬ』は自動詞に接続する。

ⅱ.『つ』は事実状態の直写に用いられ、『ぬ』は傍観的説明に用いられる。

ⅲ.『つ』は音が鋭く、主観的な強い直写表現法に用いられ、『ぬ』は音がやや弱く、客観的な表現法に用いられる。

ⅳ.『つ』は動作的・故意的で、急・短・硬であり、対話態の文に多く、『ぬ』は状態的・自然的で、緩・長・軟であり、叙述態の文に多い。

ⅴ.『つ』は有意性の動作を表す場合に用い、『ぬ』は無意思性の動作を表す場合に用いる。

ⅵ.『つ』は断止的な意味を表し、『ぬ』は継続的な意味合いを表す。

ⅶ.『つ』は動作の完了と共に動作を惹起する結果の観念を示す。

ⅷ.『つ』は動作の完了の性格があり、『ぬ』には凝視的・詠嘆的な性格がある。等々の諸説がある。

［補註3］『に』と『ぬ』の判別法。

『に』は、『ぬ』の連用形・断定の助動詞『なり』の連用形・格助詞や接続助詞の『に』もある。また『ぬ』は、打消の助動詞『ず』の連体形『ぬ』がある。完了の助動詞『に・ぬ』であることを判別するには、活用語の連用形に接続していればその『に・ぬ』は完了の助動詞である。

［補注4］『ね』の判別法。

i．『…今は思ひ忘れねといひ…《…今ハ忘レテシマイナサイト言イ…》後撰・790』＝完了の助動詞『ぬ』の命令形。

ii．『秋来ぬと目にはさやかに見えねども…《秋ガ来タトハッキリ眼ニハ見エナイケレドモ…》古・169』＝打消の助動詞『ず』の已然形。前の『来（き）ぬ』は、前頁のiの例のようにカ変の連用形に付いた『ぬ』であるから完了。

iii．『…菜摘ます児家聞かな名告らさね…《名ヲ摘ンデイラッシャル娘サンアナタノ家ハドコカ聞キタイ　名前ハ何ト言ウノカ言ッテホシイ…》万・1』＝願望の終助詞。

［補註5］

完了助動詞『ぬ』がラ行四段動詞『足る』に付くと『足りぬ《足リタ・十分ニナッタ》』となる。平安時代頃の漢文訓読学習がかなり広まった頃に、『十分すぎて堪えられない』程度を強調して、『足り』を『たん』と撥音化すると同時に、『ぬ』が『のう』と延音化して、『たんのう＝堪能』の当て字の新造語が出来、『技芸の達人』に対しても使う国字である。勿論『堪』は、呉音も漢音も『カン』であり、『タン』は国字の慣用音である。

『たり』＝完了の助動詞『つ』の連用形『て』が、連用中止法として遣われて接続助詞の『て』となり、それにラ変動詞の『あり』が付いて［てあり＝teari］の二重母音の前母音脱落に依り成立した。従って、完了の助動詞『つ』も、接続助詞の『て』も、また『たり』にも、ある物事の動作・事態の完全・確実な実現と言う意味合いが根本にあり、『あり』が融合したことに依る存在・継続の意味も含まれて遣われた。『つ・ぬ』にくらべて、『たり』は存在継続を中心的な意味とするのは、その成立上『あり』と融合しているからである。『たり』の活用の型はラ変型である。

［補註1］『たり』の文法的意味用法は、

i．完了＝《…タ・…テシマウ・…テシマッタ》中世以降によく遣われた。＝『…「くらもちの皇子おはしたり」と告ぐ。《…「クラモチノ皇子ガイラッシャイマシタ」ト告ゲタ》竹・4』・『…よろしう詠みたりと思ふ歌を人の許に遣りたるに返しせぬ…《我ナガラヨク詠メタト思ウ歌ヲ、人ノモトに届ケテヤッタノニ、何ノ返事モナイノハ侘シイモノダ》枕・25』。『よき人ののどやかに住みなしたる所は、さし入りたる月の色も、ひときはしみじみと見ゆるぞかし《教養ノアル人ガ、ユッタリト生活シテイル所ハ、部屋ノ中ニマデサシタ月ノ光モ、一層シミジミト趣深ク感ジラレルモノデアルヨ》徒・10』・『くちばみに刺されたる人、かの草を揉みてつけぬれば、すなはち癒ゆとなむ《蝮ニカマレタ人ハ、ソノ（めなもみ）草ヲ揉ンデ付ケルト即座ニ治ルトイウコトデアル》徒・96』＝共に完了（下巻75頁「係助詞」・119頁「受身助動詞」の項に既出）。

ii．存続＝《…テイル・…テアル》は上代から遣われたが、中古時代にそのような例は多い。『存続』とは、ある存在や動作・状態が現存したり進行継続したりしていることを言う。＝『ささなみの国つみ神のうらさびて荒れたる京見れば悲しも《ササナミノ土地ノ神ノ心ガ荒廃シテイル都ノ様子ヲ見ルノハ何トモ悲シイコトダ》万・33』・『…少しあかりて紫だちたる雲の細くたなびきたる《…少シ白ンデ紫メイテイル雲ガ細クタナビイテイル（ノハ何トモイイ風情デアル）》枕・1』・『…なほ事ざまの優におぼへて、物の隠れよりしばし見ゐたるに妻戸をいま少しおしあけて、月見るけしきなり《…マダ事ノ様子ガ優雅ニ感ジラレテ、物陰カラシバラクノ間見テイルト、妻戸ヲホンノ少シダケアケテソレトナク月ヲ見テイル様子デアル》徒・32』・『淀みに浮かぶうたかたは、かつ消えかつ結びて、久しくとどまりたる例なし《淀ミニ浮カンデイタ水ノ泡ハ、消エタカト思ウトマタ一方デハデキ、出来タカト思ウトマタスグニ消エテ、長イ間同ジ所ニトドマッテイル例ハナイ》方・1』。

iii．並立＝《…タリ…タリ》この意味用法は鎌倉時代以降である。＝『…重き鎧の上に重き物を負うたりいだいたりして入ればこそ…《重イ鎧ノ上ニマタ重イモノヲ背負ッタリ手ニ持ッタリシテ海ニ入ルカラ…》平・11』。

［補註2］『たり』の判別。

i．『雪の面白う降りたりし朝…《雪ガ降ッテ、景色ガ大変良カッタ朝ノコト…》徒・31』＝完了の助動詞＝活用語の連用形に接続している。

ii．『…日暮れて道遠し、わが生既に蹉陀たり、…《…日ガ暮レテ道ハマダ遠イトイウヨウニ、自分ノ余命ハスデニ幾バクモナク、足元ハヨロメイテ進メナイ有様デアル。…》徒・112』＝形容動詞タリ活用の終止形活用語尾。（＝上の語『蹉陀（サダ）』は音読語で、形容動詞の語幹)。

iii.『氏の長者たりながら神事疎かにして…《一族ノ長デアリナガラ神事ヲ疎カニシテ…》保・下』=断定の助動詞。=体言に付いている。

『り』==四段・サ変動詞の連用形に『あり』が付いて、例えば『行き+あり・思ひ+あり・しあり=yuki—ari・omohi—ari・shi—ari』→母音『ia』は『ye』音化するという母音調和の原則(第1遍音韻編101頁参照)に依り『yeri』の『ri』だけが助動詞化したという説が一般的である。従って『り』の活用の型も、ラ変型である。接続は、四段活用動詞の命令形に、サ変には未然形に付く。意味用法は、その状態が完了したことを表す。

i.存続=《…テイル・…テアル》=『わが里に大雪降れり大原の…《私ノ居ルココデハ大雪ガ降ッテイルアナタノ居ル大原ハ…》万・103』。『…さだかに知れる人もなし。《ハッキリト知ッテイル人モイナイ》徒・25』。

ii.完了=《…タ・…テシマウ》=『秋の野の御草刈り葺き宿れりし…《秋ノ野ノ美シイ草デ葺イタ家ニ以前泊マッタコトガアッタ…》万・7』。『…五十の春を迎へて、家を出で、世を背けり。もとより…《…五十歳ノ正月ヲ迎エテ、出家シテ世間ヲ離レテシマッタ…》方・3』=カ行四段活用動詞命令形+完了終止形=《…テシマッタ》。

現代語の過去完了の助動詞『タ』==発生の始まりは、古語の『たり』と同様『て+あり』↓『たり・たる』↓『タ』の経緯を経て成り立っている。従って、接続は用言及び助動詞の連用形から続く。音便形に付く場合は、『書イタ・泳イダ』=イ音便・『読ンダ・飛ンダ』

＝撥音便・『良カッタ・鳥ダッタ』＝促音便のように続き、撥音便から付く場合には「ダ」となる。活用は、『タロ・―・タ・タ・タラ・―』と連用形と命令形がない。

仮定形の『タラ・―』は『ば』を伴わないで遣われる（中世鎌倉頃から使われ始めたこともあるが、そのような場合の『タラ』は接続助詞と見なされる。

意味用法は、
①過去＝前後関係・回想・経験＝以前のことを思い出して、今の情態を言う＝『昔ハ小イサカッタノニ、今ハ大キクナッタネ』。
②完了＝直後の語の、説明・状態や慣用句の一語＝事態が終わったばかりのこと＝『出来上ガリマシタ』。
③確認＝強調・詠嘆＝以前のことを確認する＝『確カ昨日モソノヨウナ事ヲ言ッテイタ』。
④存続＝直後の体言の説明＝以前に終わったことが今も続いている＝『イツモ綺麗ニシテイルネエ』。

【設問二―D】

1．次の文中に、過去（回想）・完了の助動詞があれば【解答欄】の『　』に取り出して、その活用形を下に記入しなさい。

①．昨日は寒かったね。②．できた。今の文法のテスト。③．図書館に行ったら、休刊日。④．だから、昨日僕が言ったろ。明日は月曜日だよって。　［解答欄］（省略）

2．前問に同じ。

①．今は昔、竹取の翁といふものありけり。（竹・1）＝昔、竹取ノ翁トイウモノガイタソウダ。＝『　』＝形

②．ある時は来し方行く末も知らず、海にまぎれんとしき。（竹・4）＝アル時ハドチラノ方カラヤッテキタノカ、コレカラドチラニ流サレテ行クノカモワカラズ、海ノ上デ迷ッテイマシタ。＝『　』＝形・『　』＝形

③．…かくてもあられけるよと、あはれに見るほどに、かなたの庭に、大きなる柑子の木の、枝もたわわになりたるが、（徒・11＝次の④に続く）＝…ナルホドコノヨウニシテモ住メバ住メルモノダナアト、感心シテ庭ヲ見渡シテイルト、庭ノ向コウノ方ニ、大キナ柑子ノ木ガアリ、枝モ折レ曲ガルホドタクサンノ実ガナッテイルソノ木ノ、＝『　』＝形・『　』＝形

④．…まはりをきびしく囲ひたりしこそ、少しことさめて、この木なからましかばと覚えしか。（徒・11＝③の直後の文）＝…周リヲ厳シク囲ッテアルノハ、少シ興ザメシテ、アアモシコノ木ガナカッタナラバイイノニト、残念ニ思ワレタ事デアッタ。＝『　』＝形・『　』＝形

⑤．仁和寺にある法師、年よるまで、石清水を拝まざりければ、心うく覚えて、…（徒・53）＝仁和寺ニイタアル法師ガ、年ヲトルマデ石清水ノ八幡宮ヲ参拝シテイナカッタノデ、気ニナッテ、＝『　』＝形

3. 次の文中の完了の助動詞に傍線を引き、その助動詞の基本形を『　』内に書き、下に傍線部の活用形を書きなさい。

① 節を隔ててよごとに金ある竹を見つくること重なりぬ。（竹・1）＝竹節ノ間ゴトニ金ノ入ッテイル竹ヲタビタビミツケタ。

② なよ竹のかぐや姫と付けつ。（同）＝ナヨ竹ノカグヤ姫ト名付ケタ。＝『　』＝　形

③ 屋のうちは暗き所なく光り満ちたり。（同）＝家ノ中ハ暗イ所モナク、スミズミマデ明ルク光リ輝イテイタ。＝『　』＝　形

④ 穴などをくじり、かひばみまどひあへり。（同・2）＝穴ナドヲコジ開ケテ、中ヲ覗キ込ンデイタ。＝『　』＝　形

⑤ 思ひ定めて、一人一人にあひ奉り給ひね（同）＝心ヲ決メテ、アノウチノ一人ト、結婚ノ約束ヲナサッタライカガデショウ。

⑥ その子、孫までは、はふれにたれど、なほなまめかし。（徒・1）＝ソノ子供、孫マデハ、落チ目ニナッテイテモ、マダドコカ奥ユカシイ。＝『　』＝　形・『　』＝　形。⑤の回答＝『　』＝　形

⑦ 門よくさしてよ。雨もぞ降る。（徒・104）＝門ヲシッカリ閉メテオキナサイ。雨ガ降ルカモシレナイヨ…＝『　』＝　形

5 推量の助動詞

不確かな判断や想像上の事実について、話し手の想像の形で述べる表現で、未来の事実を想像するだけでなく、現在の事実に対する想像や、過去の事実に対する推量もある。また現実と異なる条件を仮設して述べる場合『反実仮想』、客観的な状況を判断の根拠とする推定もある。

文語においては、表現される事柄が、想像上の事実であるとか、将来起こるであろうと思われる事柄の場合には推量の助動詞が必ず使われる。口語においては、使われないのが一般的である。《出カケル時ニハ、戸締リヲ忘レナイデクダサイ》の《出カケル時》は、これからのことであるから《デカケルデアロウ時》のことだが、そうは言わない。

文語においては、このような表現には必ず推量の助動詞が使われる。＝『人しげく、ひたたけたらむ住まひは、いと本意なかるべし《人通リガ多クテ落チ着カナイヨウナ住居ハアマリ感心シナイ》源・須磨』

文語＝＝『む（ん）・むず（んず）・けむ（けん）・らむ（らん）・めり・らし・まし・べし・べらなり・なり』、口語＝＝『ウ・ヨウ・ラシイ・ヨウダ・ソウダ・ダロウ』。

『む（ん）』＝活用は、四段活用型の、終止・連体・已然形のみであるが、学校文法では平安時代の文法用例を基準としているので、上代にだけ使われていた未然形の「ま」は入れられていない。しかし、上代文学によく遣われていて高校教科書の教材にも取り扱われる場合が多くなったこともあって最近（ま）とカッコ付きで加えられている。この場合に『ま』は、体言化する「―く」と共に使われることが多かった＝『…花散らまく惜しみ…《花ガ散ルコトガ惜シイノデ…》万・842』。

『む（ン）』の成立は、『思ふ＝omohu』↓頭母音のoが落ちて（mohu）↓会話の中では最も弱い微弱音（h）が次に消え、（もう＝mou）が残る。二重母音になると、その前母音が脱落すると言う二重母音の変化の原則に従って（mu＝む）となる。この説が現在最も説得力がある。このようにして成立した『む』は、平安末期ころまでで、その後、漢文訓読の中では〈ん（n）〉が変わって使われるようになった。しかしこのような場合でも、『ム』に近い（m）音のンであったであろう事は、「言語・音韻編」でも既述したように、動詞マ行四段活用の連用形に見られる撥音便や、『三・丹・塵』などの『ン』も『m』音に近いンであったことは理論上考えられる。

その意味用法は、『思ふ』を語源にしているので推量の他に、意志、適当・勧誘、仮定・婉曲などがある。前記したように、活用も『思ふ』と同じ四段である。

i．推量＝《…ダロウ・…ノヨウダ・…デショウ》＝『…逢はずし思へばうべ見えざらむ《…実際ニ会ワナイデ心ニ思ウダケデハ本当ニ夢ニモ見エナイモノノヨウデス》万・772』・『逢はむ夜はいつもあらむを何すとかその宵逢ひて言の繁きも《逢イタイト思ウ夜ハイツデモアルダロウ。ソレナノニ何デアノ晩逢ッテ人ハロウルサク言ウノダロウカ》万・730』・『わが宿の池の藤波　咲きにけり山ほととぎすいつか来鳴かむ《我ガ家ノ庭ノ、池ノホトリノ藤ガキレイニ咲イタ。山ホトトギスハイツ来テ泣クノダロウカ》古・135』・『道を学する人、夕べには朝あらむことを思ひ、朝には夕べあらむことを…《道ヲ学ブ人ガ、夕方ニハ、明日ノ朝ガアル（ダロウ）カラ明朝カラ学ボウト思イ、朝ニナルトマタ今夜（ガアルダロウカラ今夜）カラ学ボウト思ッテ…》徒・92』＝三人称が主体者（主語）の場合は推量の用法が多い。

ii．意志＝《…ヨウ・…ツモリダ》＝『にぎたずに船のりせむと月待てば潮もかなひぬ今は漕ぎ出でな《ニギタズト言ウ港デ乗船航海ヲシヨウト思ッテ、満月ノ頃、潮ノ満チ引キノ大キイ時ヲ待ッテイルト、潮ノ様子モ舟ヲ出スノニチョウドイイ時ニナッタ。サア今舟ヲ漕ギダシタイモノダ》万・8』・『秋の野に人待つ虫の声すなり我かと行きていざ訪らはむ《秋ノ野ニ人ヲ待ツトイウ松虫ノ声ガスルヨウダ。待ツノハ自分カト思ウノデ（私ハ）行ッテ、サア尋ネテミヨウ》古・202』・『昔、男…東の方に住むべき所求めむとて行きけり《昔アル男…東国ニ自分ノ住ムベキ土地ヲ見ツケヨウト思ッテ…》伊・8』＝一人称が主体者であるときには自分の意思表現になる。

iii．適当・勧誘＝《…トヨイダロウ・…シタラドウカ》＝『海神の沖つ玉藻の靡き寝む早来ませ君待たば苦しも《海ノ沖ノタマモノ様ニユッタリト自然ニ寝ルノガヨイデショウ。早クイラッシャイ。アナタガ来ルノヲ待ツノハ苦シイカラ》万・3079』・『…愛しき十羽の松原小子どもいざわ出て見む…《…愛スベキ十羽ノ松原ダ。子供タチヨ、サア外ニ出テミヨウ…》万・3346』・『忍びてや参り給ひなむや《人目ニ付カナイヨウニコッソリト参内ナサイマセンカ》源・桐』＝主体者が二人称の場合に勧誘で訳することが多い。もし二人称（相手）が自分より上位の人で直接語る場合は、依頼（…シテクダサイ）で訳することになる。『こそ…め』や『な《完了の助動詞（ぬ）の未然形》＋む』・『て《完了の助動詞（つ）の未然形》＋む』の形・その他『なぬや・てぬや』などの形が多い。

iv. 仮定・婉曲＝《モシ…シタラ・…ヨウナ》＝『見奉らでしばしもあらむはいとうしろめたう…《モシ、シバラクデモオ目ニカカラナイデイタリシタナラ、ソレハ気ガカリニ…》源・桐』・『言はむすべ為むすべ知らに極まりて貴きものは酒にしあるらし《言葉モ知ラナイヨウナ、方法モ分カラナイヨウナ時ニ極メテ役ニ立チ、イイモノハ酒デアルヨウダ》万・342』＝直下に体言が付く場合に多い用法で（連体形の用法の時で）この用例のように体言に続く連体形の時。

v. 反語＝《…デアロウカイヤ…デハナイ、…ニナロウカイヤ…ニモナラナイ》『む』の已然形『め』に係助詞の『や・やも・やは』が付いた場合には、反語で口語訳する場合が多い。＝『鞆の浦の磯のむろの木の見む毎に相見し妹は忘らえめやも《鞆ノ浦ノ磯ノムロ木ヲ見ル時ニハイツモ、共ニ見タ妻ハ忘レラレルダロウカイヤ忘レラレナイ。》万・447』。『銀も黄金も玉も何せむに勝れる宝子にしかめやも《銀モ金モ玉モ何ニナロウカ。ソノヨウナ宝モ子供ニハオヨブダロウカイヤ決シテ及ビハシナイ》万・

803』。このように『む』は他の語と呼応して遣われることが多く、意味もそれに従って決まる。

［補註1］

形容詞の項でも記述したが、上代形容詞に接続する場合、形容詞の未然形に『…け（ク活用）・…しけ（しく活用）』に付いた。＝『命の全くけむ人は畳薦平群の山の…《私ト共ニ旅路ヲ重ネテキタ命ノ元気ナ（元気デアロウ）人タチヨ、畳ノ薦ニヘダテ編ム平群ノ山ニ…》記・中・歌』。

［補註2］

『む』の変遷＝冒頭部分で述べたのは平安末期ころまでの変化で、その後鎌倉時代に入ると「む＝mu」の（m）音が脱落して（u）音だけが残り、条件接続助詞『ば』を伴って使われるので、平安末期には未然・終止・連体形にだけの「う」（＝特殊型活用をする推量）の助動詞があったと考えられている。さらに室町時代になって、語末の「母音＋う」と語尾の長音化が使われ、現代語の意志を表す『ウ・ヨウ』に変遷した。上代から『にてあらむ→であらう→であろう→だろう』と変化して来て、江戸時代から推量の『だろう』が遣われ、現代語の想像の『ダロウ』に到っている。

『むず（んず）』＝『思ふ』から成立したとされる『む』に、格助詞の『と』にサ変動詞の『す』が続いて、『むとす』が変化要約して『むず』は成立したと見るのが自然である。従って、その活用型はサ変型であり、意味用法はほとんど『む』に同じであるが、『む』に比べて『爲（す）』が含まれているだけ、意思・適当・勧誘などにはその気持ちが強い。《この語源説に付いては異説が多い。》＝『…何事を言ひても、「その事をせむとす・言はむとす」と言うを、と文字を失ひて唯「言はむずる・里へ出でむずる」など言へば、やがていと悪し。まして文に書きては言ふべきにあらず。《…人ハドウ思ウカ分カラナイケレドモ、自分トシテハ何事デモ大事ダト思ウ。「ソノコトハドウシテモシタイトオモウ・ドウシテモ言イタイ」トイウ時ニ、ソノ（と）ノ文字ヲ抜イテタダ「言わんずる・里へ出でんずる」ナドト言ウノハ甚ダヨクナイ。モチロンコウイウ事ヲ文字ニ書イテハイウマデモナイコトダト思ウ。…》枕・240』。『はつ草のおひ行く末も知らぬ間にいかでか露の消えむとすらむ《幼イ紫ノ上ガ成長シテ行ク将来モ見届ケナイウチニ、ドウシテ尼君ハ死ノウトナサルノデショウカ》源・若紫』。

推量＝眼前にない不確かな事や未来のことを予想する。《…ダロウ・…デショウ》。＝『…この月の十五日にかのもとの国より迎へに人々まうで来むず。《…コノ月ノ十五夜ニハ私ノ故ノ国ノ人タチガ私ヲ迎エニ来ルデショウ》竹・9』＝主語が『もとの国の人（三人称）』の場合には、推量の用法に遣われることが多い。

意志＝《…ウ・…ヨウ・…ツモリダ》＝『…いづちもいづちも足の向きたらむ方へ往なむず。《…ドコヘデモ足ノ向ク方ヘ行コウ》竹・6』＝主語が『私（一人称）』の場合は『む』の時と同様、意志の用法が多い。

適当・勧誘＝《…ウ・…ヨウ・…ガヨイ・…シタラドウカ・…スベキダ》＝『…後の御教養をこそせられんずれ。《…死後ノ追善供養ヲナサルノガヨイデショウ》保』。＝主語が『あなた（二人称）』の場合は適当・勧誘の場合が多い。
仮定・婉曲＝《モシ…シタラ・…ノヨウナ》＝『…さる所へまからむずるも、いみじく侍らず。《…ソウイウ所へ行クヨウナコトモ嬉シクハゴザイマセン》竹・9』。

［補註1］

『むず』の変遷＝『むず』は、平安初期から会話体（口語）として使われていて、公的な和歌や和文体の文章にはほとんど見られない。『むず』の初めの例（＝枕・240）で見るように、清少納言は、当時日常会話で用い始められた『むず』という言い方については、違和感を感じていて、認めていないことが読み取られる。また、『むとす』の代わりに『むずる』を用いているから当時の口語では連体形が終止形として用いられていたことが分かる。「むず＝muzu」の（む）の母音が落ちて（mzu）となりさらに（nzu）となり『んず』と表記された。鎌倉時代に入ると、その強調的表現から軍記物語に『んず』が多用された。室町時代になると、『むずる（んずる）』の形が終止形となり、続いて『うずる』の形も現れ、当時の口語として盛んに遣われた。

［補註2］

『むずらむ』について＝意志・勧誘などの意味に『むず』が使われると、『む』より強調された表現になることは前述したとおりであるが、推量の助動詞『らむ』が付いて『むずらむ』の形になると、柔らかな意味表現になる。＝『君や夜さりおはせむとすらむ。いかに思ほさむずらむ《君ハ夜ニ行カレルノダロウカ。ドウ思ッテイラッシャルノダロウ》落・1』。『けむ（けん）』＝成立は、一般的には過去の助動詞『き』に推量の助動詞『む』が付いて約まった語とされる。然し音韻変化上やや無理がある。むしろ音韻の基本変化から見ると、古語の推量を表した助動詞（奈良時代以前にのみ用いられた）『あむ』が続いたと見る方が正当性がある。つまり「き＋あむ＝kiamu」の二重母音（ia）は、母音調和により（e）音化するので、（＝kemu＝けむ）に変化したと見る方が妥当である《第一篇「言語・音韻篇」参照》。

活用の型は、四段型で、接続は、活用語の連用形に付くが、時や推量を表す助動詞には付かない。

意味用法は、（ⅰに関係する用例ではないが＝ⅲの例＝―を付けておく）

ⅰ．過去の推量＝《…タダロウ・…タデアロウ》＝『古にありけむ人も我が如か妹に恋ひつつ寝がてずけむ《昔イタトカイウ人モ私ノヨウニ、妻ニ恋シテ眠ラレナカッタダロウカ》万・497》・『…心にも悲しとや思ひけむいかが思ひけむ、知らずかし。《…オ心ニ思イ出サレテ悲シク思ワレタダロウカ。ドウ思ワレタダロウカ。私ニハ分カラナイ》伊・75』。『東路の佐野の中山なかなかに何しか人を思ひそめけむ《東路ノ佐野ノ中山ト同ジヨウナ言イ方ノヨウニナカナカ（イイ加減ニ）ドウシテアノ人ヲ思イ始メタノデアロウカ》古・594』

ii．過去の原因・理由の推測・想像＝《…タノダロウ・…タトイウワケナノダロウ》＝『山の名と言ひ継げとかも佐用比売がこの山の上に領巾（ひれ）振りけむ《山ノ名トシテ言イ告ゲタトテ佐用姫ガ、コノ山ノ上デ自分ノ襟巻ヲ振ッタノダロウカ》万・872』。

iii．過去の伝聞・婉曲＝《…タトカイウ・…タソウダガ・…タヨウナ》＝右の『万・497』の第一句『古にありけむ…《昔イタトカイウ…（直前のiの用例）』・『天の川この下にもあるなり。「七夕つ女に宿からむ」と業平が詠みけむもましてをかし。《天ノ川ハ天上ダケデナクコノ下界ニモアルノダ。マシテ業平ガ『七夕つ女に宿からむ』ト伊勢物語ニ詠ンダトイウコトヲ思ウト、コレハマタ興味深イ》枕・62』。

［補註1］

『けまく』の用法＝上代には『けむ』に未然形『けま』があった。それに形式名詞を創る『く』が付いて出来た『けまく』《…シテキタコト・…タダロウトオモワレルコト》が使われていた。＝『名詞の項の［補註4］に記述＝『く語法・アク説』。＝『…朝さらず行きけむ人の念ひつつ通ひけまくは…《…毎朝、石田ノ王ハコノ道ヲ藤原ノ宮ニ通ッタデアロウト思ワレルコトハ…》万・423』・『…その妻のこと朝夕に笑みみえまずもうち嘆き語りけまくは永久にかくしもあらめや…《…ソノ妻ト朝夕笑ッタリ笑ワナカッタリシテ話シタデアロウコトハ、イツマデモコンナニ貧乏デハイナイダロウ》万・4106』。

［補註2］『けむ』の判別

i．『我が岡のお神に言ひて降らしむる雪の砕けしそこに散りけむ《私ガ居ル丘ノ水ノ神ニ言イツケテ雪ヲ降ラセルガ、ソノ雪ノカケラガソチラニ散ッタノデショウ》万・104』＝過去の推量の助動詞。

ii.『明石潟潮干の道を明日よりは下咲（えま）しけむ家近づけば《明石潟ノ潮ガ引イタ浜辺ノ道ヲ、明日カラハ、心の中デ嬉シクオモワレルダロウ。我ガ家ガ近付クノデ》万・941』＝形容詞未然形『咲しけ』の活用語尾『しけ』＋推量の助動詞『む』の終止形。

iii.『いつしかもこの夜のあけむ鶯の木伝ひ散らす梅の花見む《イツニナッタラコノ夜ガ明ケルノダロウカ。鶯ガ木ヲ伝ッテ散ラス梅ノ花ヲ見ヨウ》万・1873』＝下二段動詞『明く』の未然形活用語尾『け』＋推量の助動詞『む』の終止形。

『らむ（らん）』＝ラ変動詞『あり』の未然形に、推量の助動詞『む』が付いて、(aramu)の頭音の『a』音が脱落して出来た語。

活用の型は『む』や『けむ』と同様、ラ変型。接続は、活用する語の終止形に付く。ただしラ変型に活用する語からは連体形に付く。

意味用法は、

i.現在の推量＝現在起こっている不明な事柄について、その状態の推量＝《…デアロウ・…テイルダロウ》＝『わが背子は何処行くらむ沖つ藻の名張の山を今日か越ゆらむ《私ノ夫ハ、今ドコヲ通ッテイルデショウ。アノ名張ノ山ヲ今日ハ超エテイルノデショウカ》万・43』。『石見のや高角山の木の間より吾が振る袖を妹見つらむか《石見ノ国ニ在ル高角山ノ木ノ間カラ、私ガ振ル袖ヲ妹ハ見テクレタデアロウカ》万・132』＝『らむ』

は現在の推量であるが完了の助動詞『つ』に直続しているので、口語訳は未来完了形になる。

ii．原因の推量＝目前の事実から直接経験していない原因や理由など、その背景となることの推量＝《…テイルノダロウ・…ダカラナノダロウ》＝『春日野の若菜摘みにや白妙の袖振りはえて人の行くらむ《春日野ノ若菜ヲ摘ミニ白イ着物ノ袖ヲ振リナガラ、仲間ヲ手招キシテ、ワザワザアノ乙女タチハ行クノダロウカ》古・22』。

iii．伝聞・婉曲＝他から聞いたり読んだりしたことを伝聞したり、詠嘆的・婉曲的に表現する『らむ』＝《…トカイウ・…ダソウダ・…テイルヨウダ》＝『天地の底ひのうらに吾が如く君に恋ふらむ人は実あらじ《天地ノドコニモ私ノヨウニコンナニ君ヲ恋イ慕ッテイルヨウナ人ハホトンドイルマイ》万・3750』。＝この場合『らむ』の現代語訳を婉曲の型どおりに置き換えたが、普通『らむ』が文中に遣われている場合には、『恋イ慕ッテイル人ハ』と表現している。

［補註1］

『らむ』と『けむ』の違い＝その違いは、それぞれの成立状況によると考えればよい。つまり、『らむ』は『あら＋む』で、『けむ』は『き＋あむ』の約まった語（前記171頁）である。従って、『らむ』が現在推量を表し、『けむ』は過去の推量を表す。

［補註2］『らむ』の判別の根拠は、

i．推量の『らむ』は、活用語の終止形につく。『今もかも咲き匂うらむ橘の小島の崎の山吹の花《今モアデヤカニ咲イテイルダロウカ、アノ橘ノ小島ノ崎ノ山吹ノ花ハ》古・121』＝『匂ふ』はハ行四段動詞の終止形。終止形に付く『らむ』は現在推量の助動詞。

ii．その他の『らむ』は、活用語尾である場合がほとんどである。従って『ず』を付けてみると、その『らむ』の語幹部分が分かる。

ア．『…うち見る島のさきざき　かきみる磯の岬落ちず　若草の妻持たせらめ…《…メグル島ト言ウ島、弧ヲ描ク浦トイウ浦ノドコデデモ妻ヲ求メテ行カレルデショウガ、ソノ先々ニ、萌エ出ル若草ノヨウナ美シイ妻ヲオ気持チノママニ、オ持チニナラレルデショウ》記・上・15「須瀬理姫の歌」』＝『ら・め』の前の『持た・せ』は、四段動詞『持つ』の未然形。それに尊敬の助動詞『す』の已然形『せ』が付いて、さらに完了の助動詞『り』の未然形『ら』に、推量の助動詞『む』の已然形が付いた言葉。

イ．『かくしてやなほやまからむ近からぬ道の間をなづみ参り来て《コウシテ遠イ道ヲヤット着イタノニ、ヤハリ戻リマショウカ。近クハナイ道ノ間を苦労シテ来テ。》万・700』＝この場合の『ら＋む』は、ラ行四段活用動詞『まかる』の未然形『まから』の活用語尾の『ら』と推量（意志）の助動詞『む』が付いた語。

ウ．『…轟の滝はいかにかしがましく恐ろしからむ。《轟ノ滝トハドンナニスサマジク恐ロシイ音ガスルノダロウカ。》枕・47』＝『ら＋む』は、シク活用形容詞の未然形『恐ろしから』の活用語尾の『ら』に推量の助動詞『む』が付いたもの。

『めり』＝成立については色いろの説があるが、『見る』の連用形「み」にラ変動詞が付いたという説が、音韻変化の歴史や『めり』の意味用法、活用の型や接続状況などから見て最も自然である。つまり、「見＋あり＝mi+ari」の二重母音（ia）は、音韻変化の原則（母音調和「言語・音韻篇」参照）により、（e）音に変わって「＝meri＝めり」が成立した。従って活用の型はラ変型であり、接続は活用語の終止形に付く（ラ変型に活用する語には連体形に付く）。このような音韻変化によって成立した『めり』は、奈良時代にはほとんど用いられず、平安時代に入ってからは、語感がソフトで、表現が直叙的でないことから、女流文学によく用いられ、平安から院政時代に多用され、主に散文に用いられ、韻文ではもっぱら『らむ』の方が使われた。

意味用法は、『見』が含まれている関係で、推量の助動詞の中でも、視覚的・傍観的根拠からの推定である。然し後になって、あまりはっきりとした推定ではなく、相手により遠回しに和らげ遠慮がちな婉曲表現にも使われるようになった。

i．推定＝目に見える現実の状況からの推定＝《…ノヨウニ見エル…ノヨウダ》＝『かぐや姫かの皮衣を見ていはく「うるはしき皮なめり。別きて誠の皮とも知らず」《カグヤ姫ガソノ皮衣ヲ見テ言ウニハ、「立派ナ皮ノヨウニ見エマス。デモ本当ニ火ネズミノ皮デアルカドウカ分カリマセン」》竹・5』・『折りふしの移り変わるこそ、物ごとにあはれなれ。「物のあはれは秋こそまされ」と人ごとに言ふめれど、それもさるものにて、いま一きは心も浮き立つものは、春の気色にこそあめれ。…《季節ニヨリ風物ノ移リ変ワッテ行クノハ、何事ニツケテモマコトニ趣ノアルモノデアル。「シミジミトシタ季節ニヨル情趣ハ、秋ガ一番勝ッテイル」ト、誰モ言ウヨウデアルガ、ソレモ一応モットモナコトデアルトシテ、モウ、一段ト人ノ心ヲ浮キ立タセルノハ、春ノ気色デアロウ。…》徒・19』。『…兼行が書ける扉、鮮やかに見ゆるぞあはれなる。法華堂なども未だ侍るめり。これも又いつまでかあらむ。《兼行ノ書イタ扉ガアザヤカニミエテイルノガ、一層感慨深クスル。法華堂ナドモマダゴザイマスヨウデスガ、コレモ又イツマデ残ルコトデアロウカ》徒・25』。

ii. 婉曲＝断定的に表現してもよい所を、遠回しに柔らかく表現する。＝《…ノヨウダ・…ノヨウニ思ワレル》。＝『我朝ごと夕ごとに見る竹の中におはするにて知りぬ。子となり給ふべき人なめり。《私ガ毎朝夕ニ採ッテイル竹ノ中ニイラッシャッタノヲ私ガ見ツケタノデス。ダカラ当然私ノ子供ニナラレル人ダト思イマス》竹・1』・『花の散り、月の傾くを慕ふならひは、さることなれど、殊にかたくななる人ぞ、「この枝、かの枝散りにけり。今は見どころなし」などは言ふめる。《花ガ散リ、月ガ傾ク風情ヲ見テソノ情趣ヲ慕ウトイウノハ普通ノ人ノ情緒デアリモットモナコトデアルケレドモ、格別物ノ情趣ヲ理解シナイ人ハヨク「コノ枝モアノ枝モ散ッテシマッタ。コレデハ見ル甲斐ガナイ」ナドトイウヨウデアル。》徒・137』。『山蔭の暗がりたる所を見れば、ほたるは驚くまで照らすめり《山ノ暗イ木々ノ間ヲ見テイルト、アノ小サナ蛍ノ光ハ、ビックリスルホド照リ輝イテイルヨウニ見エマスヨ》蜻・中』。

［補註1］

『なめり』などの読み方＝『めり』は多くの場合、『なーめり・あーめり・多かるーめり』など、ラ変型の語の連体形に付くことがあるが、この場合、すでに撥音便化していて『なンーめり・あンーめり・多かンーめり』と言っていたであろうが、当時まだ『ン』の文字がなかったために表記されていないままであった（「言語・音韻篇」46頁参照）ので表記できなかった。

『らし』＝語源については、『あり』＋過去の助動詞『き』の連体形『し＝其』・『あるらし＝arurasi→rasi＝らし』・『あり』の形容詞化など諸説あるが、意味用法や活用の型などから見て特に取り上げるものは見つからない。『らし』は上代語で、平安時代には既に古語扱いにされていた。『らし』は、その前後に、推定の根拠・理由になることばが遣われていてその語に関わった根拠のある推定を表した。

接続は、活用語の終止形に付く。ラ変型に活用する語からは、その連体形に付く。その場合「あるーらし＝↓あーらし」・「なるーらし＝↓なーらし」・「けるーらし＝↓けーらし」・「うるはしかるーらし＝↓うるはしかーらし」のように、ラ変型の活用語尾『る』は省かれる。

活用の型は特殊形＝無変化形（係助詞の結びになる時だけ連体形・已然形になるか多くは終止形）で、連体形の（らしき）は上代にのみ見られる。＝『…神代よりかくなるらし古昔（いにしへ）もしかなれこそうつせみも孀（つま）を争ふらしき《…神代ノ昔カラソウデアッタヨウダ。昔モソウダッタカラ今デモヤハリ妻ヲ巡ッテアラソウラシイ》万・13』・『…清き浜辺は往き還り見れども飽かずうべしこそ見る人ごとに語り継ぎ思ひけらしき百世経て…《…コノ美シイ敏馬（みぬめ）ノ浦ノ浜辺ハ行キモ帰リモ見テモケッシテ飽キナイ。ホントウニコノ美シサヲ逢ウ人ゴトニ語リ継イデ行ケバ、自分ノ思ッテイルコトガ百代経ッテモ、ツタワッテイクダロウ…》万・1065』。

このように、『らし』はある根拠に基づいて未知のことを推定したり、『らし』は明らかな事実を表したりする語に付いて、その事実の原因理由などを推定、また根拠・理由は示さなくても、確実性の強い推定を表す場合などに遣われ、疑問表現を伴って使われることはない。いずれも《…ラシイ・…ニチガイナイ・…ナノダロウ》の内のどれかになる。＝『…「葦原中国はいたくさやぎてありなり。我が御子等やくさみ座すらし。…《…「葦原中国ハヒドク騒ガシクテ乱レテイルヨウダ。我ガ御子タチモ病ニカカッテ困リ果テテ居ルラシイ…」》記・中23「神武」』・『春過ぎて夏来るらし白妙の衣乾したり天の香具山《春ガ過ギテ夏ガ来タラシイ。ソノ証拠ニアノ香具山ニ真ッ白ナ衣ガ干シテアルヨ》万・28』・『験なき物を念はずは一坏の濁れる酒を飲むべくあるらし《甲斐モナイモノ思イヲシナイデ、一杯ノニゴリ酒ヲ飲ム方ガヨホド利キメガアルダロウ》万・338』。

［補註1］

『らむ・らし』の相違点＝ともに、基本的には現在の事実・事柄の推定の意味用法であるが、『らむ』が主観的態度に依る推量を表すのに対して、『らし』は根拠に基づいた客観的推量である。

［補註2］『らし』の特殊な接続と結びの特例

i．『らし』の初めの項で述べたように、ラ変型の語からは『―る』の省かれた語幹から付く。『あるらし→あらし・なるらし→ならし・けるらし→けらし』。『寒かるらし→寒からし・荒るらし→荒らし』などの用例も見られる。

ii．上代においては、上一・上二段動詞に付く場合には、連用形から接続した例もある。＝『春日野に煙立つ見ゆ乙女等し春日の菟芽子（うはぎ）摘みて煮らしも《春日野ニ煙ガタツノガ見エル。娘タチガ春日野ノヨメナ草ヲ摘ンデ煮テイルラシイナア》万・1879』・『わが妻はいたく恋ひらし飲む水に影さへ見えて世に忘られず《私ノ妻ハヒドク恋シテイルラシイ。飲ム水ニサエ影ガ映ッテトテモ忘レラレナイ》万・4322』。

［補註3］

『らし』の変遷＝『らし』は、上代に遣われた語であり、平安時代では和歌にだけ使われるようになっていた。鎌倉時代には一般的には使われず、江戸時代に入ると、形容詞型に活用し、文章語として遣われた。現代語の『ラシイ』は、江戸時代の『らし』の発展した語である。

『まし』＝『まし』の成立は、上代の推量の助動詞『む』の未然形『ま』に、過去・回想の助動詞『き』が、サ変動詞に接続する時のように特殊接続して出来たと考えられる。従って『む』の接続と同様、活用語の未然形に付き、活用の型も『き』と同じく特殊型である。意味用法は、基本的には現実の事柄を前提とした仮想的用法である。奈良時代末期にはほとんど遣われなくなり、平安時代では、和歌の中に、未然形の『ませ』だけが残って遣われている。

i．事実に反することを仮に想像して、言外に愛情・希望の気持ちを表す反実仮想が基本的な意味用法である。前に『…ませば・…ましかば…まし』など仮定条件表現が来る場合や、その後に『を・ものを』を伴なって用いられる場合が多い。《モシ…ダッタラ…ダロウニ・モシ…ナラ…デアロウニ》などの約語が当たる。この場合『ましかば…まし』と、後に『まし』を伴なって使われることが多い。＝『龍をとらえたらましかば、またこともなく、我は害せられなまし《モシ私ガ龍ヲ捕エイタナラバ、必ズ殺サレテイタデショウ》竹・6・竜の玉』。『…一つ松人にありせば太刀佩けましを衣着せましを一つ松あせを《一本松ヨ、オ前ガモシ人デアラルナラバ立派ナ太刀ヲ着ケテヤルノニ、マタ綺麗ナ着物モ着セテヤレヨウモノヲ、一本松ヨ、オ前ヨ。》記・中「望郷歌」』・『世の中に絶えて桜のなかりせば春の心はのどけからまし《コノ世ノナカニモシ桜ノ花ガナカッタナラバ、春ノ人タチノ気持チハノンビリシタモノデアロウニ＝シカシ現実ニハコンナニ美シイ桜ノ花ガアルノデ、春ニナルト早ク見ニ行カナイト散ッテシマッテ見ル時期ヲ失ッテシマウノデハナイカト思ッテ、気持チガ落チ着カナイノデアル》古・53』・『…「あはれ我が道ならましかば、かくよそに見侍らじものを」と…《…「アアコレガモシ私ノ専門ノ道デアッタナラバ、コノ様ニ傍観シテハオリナスマイ」ト…》徒・167』・『…われらの心に、念々の欲しきままに来たり浮かぶも、心と言ふもの無きにやあらむ、心に主あらましかば、胸の内にそこばくの事入り来たらざらまし《我々ガ集中シテ考エネバナラナイ時ニ、サマザマナ雑念ガムヤミニ心ニ現レ浮カブノハ、不動ノ信念トイウモノガナイカラデモアロウカ。心ニシッカリトシタ信念ガモシアルトスレバ、胸中ニツマラン雑念ハ入ッテ来ナイデアロウ（確タル信念ガナイカラ、雑念ニ悩マサレルノダ）》徒・235』。

ii．願ってもかなわぬことを前提に希望を表し、後悔や不満の気持ちを添える『まし』。＝《…イイノニ・…ダッタラヨカッタノニ》。＝『見る人も無き山里の桜花他の散りなむ後ぞ咲かまし《見ル人モナイ様ナ里ノ桜ハ、モシ咲クナラバ他ノ桜ガ散ッタ後ニ咲ケバイイノニ》古・68』。『見し人の松の千年に見ましかば遠く悲しき別れせましや《死ンダアノ子ガ、千年モタツトイウ松ノヨウニ、イツマデモ生キナガラエテイテ、何時モ身近デ見ルコトガデキルノデアレバ、ドウシテコンナニ遠イ土佐ノ国デ、アノ様ニ永遠ノ別レヲスルコトガアロウカ、ソンナ別レハシタクナカッタ。》土・最終歌』。

iii．『や・何・誰・如何に』など疑問語を伴って、ためらいのある意志・希望を表す『まし』。＝《…シヨウカ・…シタモノダロウカ》＝『もみじ葉の流れざりせば竜田川水の秋をば誰か知らまし《紅葉ガモシ流レナカッタナラバ竜田川ノ、水ノ上ニアル秋ヲダレカ気ヅクダロウカ》古・302』。『しやせまし、せずやあらましと思ふことは、おふやうはせぬはよきなり《コレハシタ方ガイイノダロウカ、シナイ方ガイイノダロウカト、思イ迷ウヨウナ事ハ大体ハシナイ方ガヨイモノデアル。》徒・98』。

iv．不確かな事の推定＝《タブン…ダロウ・…ウ・…ヨウ》＝『いたずらに身はなしつとも玉の枝を手折らでさらに帰らざらまし《タトエ自分ハ、ドノヨウナ苦労ヲシヨウトモ、アノ玉ノ枝ヲ取ラズニムナシク帰リハシナカッタデショウ》竹・4』。『わが身の事知らぬにはあらねど、すべき方のなければ、知らぬに似たりとぞ言はまし《自分ノ身ノ上ノコトモ分カラナイワケデハナイガ、タトエ分カッタ所デ、別ニドウシヨウモナイカラ、他カラ見レバ結局、分カラナイノト同ジヨウニ見エルヨウナモノダ》徒・134』。

［補註1］

『まし』と『む』の相違点＝成立上、親子関係のような助動詞なので、意味用法もきわめて類似しているが、『まし』の意味用法の②・③で示したような場合に、『む』は可能性のある積極的な推量であるのに対して、『まし』の方は迷いやためらいのある消極的な推量である。鎌倉時代に入るとほとんど違いが無くなる。

［補註2］

未然形『ましか』の用法＝平安時代から遣われ、下に必ず接続助詞『ば』を伴って仮定条件《モシソウダッタラ》の意味になる。一般にこの『ましかば』の『ましか』を未然形とするのは、『まし』が『反実仮想』の意味であることに依る。『ましかば』は《モシ…ナラバ》と仮想する意味であるから仮定条件となり、『ば』は未然形に付く接続助詞である。従って『ましか』は未然形である。

『べし』＝『べし』の語源は、副詞『宜（むべ＝mube)』＝《モットモダ、ソノトオリダ、道理ダ》の（m）音が脱落した「うべ＝ube」が形容詞化した語と見るのが妥当である。あるいは、サ変動詞連用形『し』が中止形となり、そのまま固定したとも考えられるが、『べし』の活用の型や接続から見て前者の方が説得性がある。平安時代には、和歌などには遣われず、漢文訓読文に遣われた。室町時代までは日常語に遣われたが、音便形《ベウ・ベイ》が現れ、《…ベイ》は関東地方では、話し言葉の終わりに遣われた。

『べし』の活用の型は形容詞（ク活用）型で、その接続は、活用語の終止形（ラ変型活用の語には連体形）に付く。上代においては『見る・似る』など上一段動詞には連用形からも続いた。＝『朝なけに見べき君とし頼まねば思ひ立ちぬる草枕なり《イツモ逢ウコトガデキナイ君ダト心積モリヲシテハイルガ、苦シクテ旅ニ出ル気ニナッタノデス》古・376』・『白妙の並路を遠く行きかひて我に似べきは誰ならなくに《白波ノ立チ騒グコノ海路ヲ、都カラハルバルト私トノ交代ノタメニヤッテ来ラレテ、ヤガテマタ私ト同ジヨウニ、無事ニ任期ヲ終エテ帰京ナサルノハ、他ノドナタデモゴザイマセン。ダカラコノ辺鄙ナ土地ニ来タカラト言ッテオ気ヲ落トサレルコトハアリマセン》土・12月26日』。

意味用法は、

i．相手の意向に依らず自分の推測を基に確信の強い推量＝《キット…ダロウ・当然…ニ違イナイ・オモイキッテ…スベキダ》。＝『梅の花咲きて散りなば桜花継ぎて咲くべくなりにてあらずや《梅ノ花ガ咲イテ散ッタナラバ、桜ノ花ガキット続イテ咲クデアロウ》万・829』・『…「くらもちの皇子は優曇華の花持ちて上り給へり」とののしりけり。これをかぐや姫聞きて、われは皇子に負けぬべしと、胸うちつぶれて思ひけり《「車持ノ皇子ガ優曇華ノ花ヲオ持チ帰リニナッタ」ト、タイソウナ評判ニナッタヨウダ。コレヲキイタカグヤ姫ハ、私ハコノ皇子ニキット負ケルニ違イナイダロウト、全ク胸ガツブレルヨウナ思イデアッタ》竹・4蓬莱の玉の枝』・『大事を思いたたむ人は、さりがたき心にかからむ事の本意を遂げずして、さながら棄つべきなり《仏道修行ト言ウ一大事ヲ決意スルヨウナ人ハ、捨テガタク気ニ係ルヨウナコトデモ、ナシ遂ゲナイデ、ソックリソノママ捨テルベキデアル》徒・59』。

ii. 話し手の意志に依らず、自分の判断の基準、道理によって強く述べた意志＝《必ズ…ダロウ・必ズ…ノツモリダ》。＝『仰の事をかしこさに、かの童を、参らせむとて仕うまつれば、宮仕へに出し立てば死ぬべし、と申す。《帝ノオ言葉ノアリガタサニ、私ハアノ娘ヲドウニカシテ宮仕エニオ出シ致ソウトシテオリマスガ、アノ娘ハ、宮仕エニ出セバ自分ハ死ヌツモリデスト、申シテイマス》竹・8帝の求婚』。『…毎度ただ得失なく、この一矢に定むべし…《…一本一本ノ矢ヲ射ル毎ニ当タッタラトカ外レタラトカ考エズニ、必ズコノ一本デ決メルツモリダト思エ…》徒・92』。

iii. 他の状況に関わらず自己の判断で、確信をもってそうなるのが当然だ、そうする方が適当だという判断を述べる。《…スルノガ当然ダ・…スベキダ・…ノハズダ・…ノガヨイ・…ノガ適当ダ》。＝『我朝ごと夕ごと見る竹の中におはするにて知りぬ。子となり給ふべき人なめり《私ガ毎朝毎夕見テイル竹ノ中ニイラッシャッタノデ見ツケマシタ。デスカラ当然私タチノ子供ニナラレル人デショウ》竹・1』・『これをかぐや姫聞きて、われは皇子に負けぬべしと、胸うちつぶれて思ひけり《コノ話ヲカグヤ姫ハ聞イテ、私ハ皇子ニキット負ケテシマウダロウト思ッタ。》竹・4蓬莱の玉の枝』。

iv・ある動作ができるという可能の意味がある。《…スルコトガデキル・…スルコトガデキルダロウ・…スルコトガデキソウダ》。＝『大蔵卿ばかり耳とき人はあらじ。まことに、蚊のまつげのおつるも聞きつけ給ひつべうこそありしか《大蔵卿ホド耳ノ鋭イ人ハイナイ。ホントウニ、蚊ノマツ毛ガ落チル音デモ聞キツケラレソウナホドダッタ》枕・275大蔵卿ばかり』・『…響きて堪え難ければ、かなはで、すべきやうなくて…《ガンガン響イテ堪エ難カッタノデ、ヤリキレナクテ、ドウスルコトモデキズ…》徒・53』。

v・それは決まっているように、相手にそうすることを命じたり、進めたりする命令・勧誘の用法がある。《…シナサイ・…スルノガヨイ》。＝『丈夫（ますらお）は名をし立つべし後の世に聞き継ぐ人も語りつぐがね《男子タルモノハ名ヲ立テナサイ。後世ニ聞キ継グ人モ語リ伝エルデアロウ》万・4165』・『…月のいわかさと言ふ人を召して、駿河の国にあなる山の頂に持てつくべきよし仰せ給ふ。嶺にてすべきやう教へ給ふ。《月ノ岩笠トイウ人ヲ御命令ニナッテ、ソノ者ニ、歌ノ文ヲ持ッテ、アノ駿河ノ国ニアル山ノ頂上ヘ行クヨウニ命ジラレタ。ソシテソコデシナケレバナラナイ事ヲ細々ト教エラレタ。》竹・10富士山末文』・『…すなはち癒ゆとなむ。見知り置くべし《…スグサマ治ルト言ウコトデアル。見オボエテオクト大変良イ》徒・96』。

［補註1］

『べし』の意味用法の起点＝『べし』には右にあげたように、基本的な意味用法は五項目もあるが、それらに共通しているのは、語源から見て『宜』が含まれていることにある。つまり、漢文訓読では［ヨロシク…スベシ］と言う再読文字であって、《ソウシタ方ガ宜シイ・ソウスルノガモットモデアル・ソレハ適宜ダ》などの意味合いが『べし』の根底にある。——→『吹くからに秋の草木の萎るればむべ山風を嵐と言ふらむ《秋ニナルト山カラ吹ク風ニヨッテ野ノ草木ガ萎レ弱ルカラ、山風ト書イテ嵐ト言ウヨウダガモットモナコトデアル》古・249＝百・22』。

［補註2］『べし』の意味用法の判別

i．主語が一人称（わたし）の場合は意志（決意）の用法で、終止形で用いられることが多い。

ii．主語が二人称（なんじ・そなた）の場合は勧誘・命令。相手が同等者の場合は勧誘で、下位者の場合には命令の用法が多い。相手が高貴な人の場合には、前に「尊敬語＝（給ふ）など」が付いて、依頼＝《…シテ下サイ》の用法になる。

iii．主語が三人称（か・かれ）の場合は推量の用法が多い。

iv．主語に無関係で用いられる場合は、当然・適当・可能の用法である。

現代語でも使われている《べキ》の意味になる『べし』が、当然に使われた場合は、《当然ソウナラナケレバナラナイ》と強い断定を表す場合で、完了の『ぬ―べし・つ―べし』とともに使われることが多く、『べし』の強調法である。それほど強い表現でなく、「ソウスルノガヨイ」という程度の『べし』が適当の用法であり、相手が有ってその相手（二人称）に、「…シテミヨウヨ」と言うような現代語が、相当な場合には勧誘の用法になる。その相手が高貴な人である場合には、上に尊敬語（『給ふ』など）があって依頼の用法にもなる。

［補註3］『べけむ・べみ』

i．『べけむ』＝『べし』の古い未然形『べけ』に推量の助動詞『む』が付いた語。平安時代に漢文訓読によって伝えられた。下に係助詞を、上に副詞などを伴って反語的表現に遣われた。『いずくんぞ…あるべけむや・…すなわち知るべけむか・まことや…御車賜ふべけむ』。＝『…未だ死に及ばず、何ぞ忽ちに死ぬべけんや《…未ダ死ナネバナラナイヨウナ状態デハナイ、ドウシテ死ナネバナラナイ事ガアロウカ、イヤマダ死ヌコトハデキナイ》今・9―31』。

ii．『べみ』＝『べし』の語幹『べ』に、原因・理由を表す接尾語『み』が付いた語で、多くの場合、完了の『ぬ』について『ぬ―べみ《…シテシマイソウナノデ》』の形で用いられる。＝『嘆きせば人知りぬべみ山川のたぎつ心を堰あへてあるかも《溜息ヲツイタラ人ニ気付カレルダロウカラ山川ガ激シク流レ落チルヨウナ心ヲ抑エ止メテイルノダ》万・1383』・『佐保山の柞（ははそ）の紅葉散りぬべみ夜さへ見よと照らす月影《佐保山ノ柞ノ紅葉ガ散リソウナノデ、昼ダケデナク夜マデモ見ヨト言ッテ照ラス月ノ光ヨ》古・281』。

iii．その他の『べし』の複合助動詞で、古典に使われている語を列挙すると、

①．『べかし』＝「べくあるらし→べくあらし→べからし→べかし」＝(bekuarurasi)のように、二重母音の前母音の脱落とラ行音節の省略によりできた複合助動詞（「言語・音韻篇」参照）である。動詞『あり』の連体形に接続し、活用は、形容詞『シク活用型』である。古典に見られるのは、連用形と、連体形だけである。＝『おほかたの、あるべかしき事どもは、中納言殿、阿闍梨などぞ、仕うまつり給ひける《法要ニ備エテ当然シナケレバナラナイ事柄ハ中納言殿ヤ、阿闍梨ガタガ調エナサレタヨウダ》源・総角（あげまき）冒頭文』のように意味用法は、当然・適当・義務に使われている。

②．『べかめり（べかんめり）』＝『べかり』と『めり』の複合助動詞で、『べかり』のラ行音節（ri）の省略である。従って、活用は、『めり』と同じである。＝『…「…もし幸いに神の救あらば、南の海の吹かれおはしぬべし。うたてある主の身許に仕うまつりて、すずろなる死をすべかめるかな」と、楫取り泣く。《…「…モシ幸イニ神ノオ助ケガアッタトシテモ、ハルカ遠イ南ノ海ニキット流サレテシマウデショウ。アア、情ケナイ御主人ノオ伴をし、オ仕エシテ不覚ナ死ニ方ヲシナケレバナラナイヨウダナア。」ト言ッテ、船頭ハ泣キダシタ》竹・6竜の頸の玉』＝推量の用法。

③・『べかなり（べかんなり）』＝推量の助動詞連体形「べかる」に推定・伝聞の助動詞『なり』の接合した複合助動詞『べかるなり』の撥音便が『べかんなり』で、撥音を表記しないまま使われていたのが『べかなり』。活用は、形容動詞『ナリ活用型』であるが、用例は終止・連体・已然の三形の用法しか見当たらない。＝『…、あはせたてまつり給ふべかなるを、女がたは、年頃の御本意なれば、思しとどこほることなくて、年の内に、ありぬべかなり《…嫁ガセヨウトナサルハズデショウカラネエ、夕霧ノ方デハ、年来ノ本望デアロウカラ、思イ迷ウ事モナク、コノ年ノ内ニ、ゴ結婚ハキットアルニ違イナイ》源・総角』。

［補註4］

『べし』の音便形＝『べし』には音便変化が多い。連用形「べく＝beku」の破裂音（k）音の脱落によるウ音便（beu＝べう）、連体形「べき＝beki」も同様（k）音の脱落によるイ音便（べい＝bei）、連体形『べかる』は、漢文訓読による歯切れ良さ（破裂音や促音・撥音などの多用性による）からの撥音便『べかん』などの『べし』から派生した助動詞がある。＝『…またおぼほし放つべうもあらず《…マタ私ヲ思イ捨テニナルハズデモアリマセン》源・若紫』・『おいらも其の気で山の神を可愛がってくれべい《自分モソノ気ニナッテ妻ヲカアイガル事ニシヨウ》浮・二下』・『切に隠し給ふべきなどは…うち置き散らし給ふべくもあらず深くとり置き給ふべかめれば…《トテモ大切ニ隠シテオカレナクテハナラナイ手紙ナドハ…ソコラニ放リ出シテオラレルハズモナク、深クシマッテ置カレルダロウカラ…》源・帚木』。

『べらなり』＝かつては『べきなり』の転音と言われていたが、今日ではこの説は否定され、『べし』の語幹『べ』に接尾語『ら』が付いた『べら』に断定の助動詞『なり』が付いた語。平安時代の漢文訓読に用いられ、以後は、三代集（古今和歌集・後撰和歌集・拾遺和歌集）時代の和歌に用いられ、歌語としての用例が多い。＝『鳴きとむる花しなければ鶯も果てはもの憂くなりぬべらなり《桜花ガ散ルノヲ止メヨウト鳴イテイルガ、鳴キ止メル花ハナイノデ、鳴キ続ケタ鶯モ果テニハ嫌ニナッテシマイソウデアル》古・128』・『いづこにか世をば厭はむ心こそ野にも山にも惑ふべらなり《ドコニ出家ノ身ヲ置コウカ心ハ野ニアッテモ山ニアッテモ、迷ウコトデアロウナア》古・947』・『桂川わが心にもかよはねど同じ深さに流るべらなり《桂川ハ別ニ私ノ気持チヲ知ッテイルワケデハナイケレドモ、私ガ思ッテイタヨリモ川ハ深ク、私ノ帰郷ノ喜ビノ深サト同ジホド深ク流レテイルヨウダ》土・承平5年2月16日』。

『なり』＝語源論ではいくつも提示されているが、万葉仮名では、『鳴・成』などと表記されている点から、どこからか鳥か虫の鳴く声が聞こえるという聴覚的感覚を現そうとする時の、その『なる』の『な』・或いは『音（ね）』に『あり』が付いた語と見るのが、活用の型や意味用法から見て正しいと考えられる。つまり『な＋あり＝naari』・『ね＋あり＝neari』の二重母音の前母音脱落（推量の助動詞『めり』の項で既述したことと同様）によりできた『nari＝なり』である。『あり』が付いて出来た語であるから、活用の型はラ変型。接続は『めり』と同様、活用語の終止形に付く（ただし平安時代以降は、ラ変型活用語の連体形の多くは撥音便化した形から続く）。

主な意味用法は、

i．音の聴取＝《…ノ音ガ聞コエル・…ガ鳴ルノガ分カル・…ノ音（声）ガスル》の用法が最も早く、上代からこの用法が用いられていた。＝『吾のみや夜船漕ぐと思へれば沖辺の方に楫の音すなり《私ダケガコンナ夜ニ船ヲコグノカト思ッテイルト、沖ノ方デモ船ヲ漕グ音ガ聞コエル》万・3624』。『音羽山今朝超え来ればほととぎす梢遥に今ぞ鳴くなる《音羽山ヲ今朝越エテクルト、ホトトギスガ梢遥カ高イ空デ今初メテ鳴クノガ聞コエタ》古・142』。

ii．推定＝《…ノヨウダ》＝最初の『なり』の成立でも記述したように、本来聴覚的表現に始まり、少し時代が下り平安時代に入ると、音や声を聞くことによって、さらに辺りの状況を推定する意味用法に遣われるようになった。＝『葦原の中つ国はいたくさやぎてありなり。吾が皇子たちやくさみ坐らし。《葦原ノ中国ハタイソウ乱レテイルヨウダ。吾ガ皇子タチモ病気ニ罹ッテ困ッテイルラシイ》記・中・23』・『杜鵑鳴くなる声の音の遥けさ《今夜ハ暗クテハッキリシナイノニ、ホトトギスガ鳴イテイルヨウダ。ソノ声ノ何ト遥カ遠イコトダ》万・952』・『春されば木枝隠れて鶯ぞ鳴きていぬなる梅が下枝に《春ガヤッテクルト梅ノ木ノ枝先デシキリニ鳴イテイタノニ、鶯ガ次第ニ梅ノ木ノ下ノ方の枝デ鳴クヨウニナル頃ニハモウ行ッテシマウヨウデアル》万・

827』。『あきののに人松虫のこゑすなり我かとゆきていざとぶらはん《秋ノ野ニ人ヲ待ツトイウ松虫ノ鳴ク声ガスルヨウダ。サテ私ガ行ッテ見ヨウ》古・202』

iii. 伝聞＝《…トイウコトダ・…ダソウダ・…ト聞イテイル・…ト言ウノハ》＝また人の話によって状況を知り相手に伝えるという用法も推量と同時に遣われるようになった。＝『男もすなる日記というものを女もして見んとてするなり《男モ書クトイウ日記トイウモノヲ女デアル私モ書イテミヨウト思ッテ書クノデアル。》土・1』・『…御使、仰せ事とて翁にいはく、「いと心苦しくもの思ふなるは、まことか」と仰せ給ふ。竹取泣くなく申す。《…宮中カラノ御使者ガ来テ、帝ノ仰セ語トダト言ッテ翁ニ言ウコトニハ「タイソウ思イ悩ンデイルト聞イテイルガ本当カ」ト仰セラレタ。竹取ノ翁ハソノオ言葉ヲ聞イテ泣キナガラ申シ上ゲタ》竹・9昇天』・『駿河の国にあるなる山なむこの都も近く天も近く侍る《駿河ノ国ニアルトイウ山コソ、コノ国ニモ近ク、天ニモ近ウゴザイマス》竹・10・結び』。

[補註1]『なり』と『めり』の類似点と相違点

i. まず類似点は、語源説のところで既述したように、それぞれ他の語にラ変動詞の『あり』が付いて約まった点にある。従って、活用がラ変型であり、上からの接続する場合もラ変型の活用語に付く場合には、ともに上の語の活用語尾『―る』が消えたり（表記は『あなり・たなり・ななり』）などと書かれたりしていたが、平安時代には『ん』という仮名文字がまだ成立していなかったので表記されなかった（この点も『めり』

の〔補註〕で既述したとおりである)。

ii. 次に相違点は、これも語源の所で記述した通り、『めり』は『見―あり』から、『なり』は『鳴・音―あり』から、その二重母音の前母音脱落現象によって成立している。従って、意味用法は、『めり』は視覚的な根拠に依る推量を表し、『なり』は聴覚的根拠に依る推量を表すという対照的な推定表現の助動詞である。‖『世の中に長恨歌といふふみを、物語に書きてある所あンなりと聞くに、いみじくゆかしけれど…《世間デ長恨歌トイウ漢詩ヲ、物語風ニ書イテ持ッテイル人ガアルト聞イテ、見タクテタマラナイガ…》更・大納言殿の姫君』。

〔補註2〕推定の『なり』と断定の『なり』の判別法

この項の推定の『なり』は、活用語の終止形に付いたが、平安時代以降になると、ラ変形の語に接続する場合に限ってその連体形の撥音便形から付くことが多くなった。‖『ある―なり』→『あん―なり』・『なる―なり』→『なん―なり』・『たる―なり』→『たん―なり』などとなり、未然形と命令形の用法はない。江戸時代に入ると、伝聞・推定の『なり』が俳句や和歌に使われ、ほとんど『めり』と同様に視覚的な表現にも使われるようにまでなった。

断定の助動詞『なり』は、後の項で(220頁)詳述するが、体言及び活用語の連体形に接続する。断定の『なり』には未然形も命令形もあり、連用形に『に』の用法がある。意味の面では、内心から明確な自信を持った強い断定表現を表示することばである。

『けらし』＝過去の助動詞『けり』の連体形『ける』に、推量の助動詞『らし』が付いて『けるらし』の（r）音節『ru』の脱落に依り成立したと言われて来たが、動詞『懐く・憂ふ』が形容詞化して『懐かし・憂ほし』となるように、『ける』の形容詞化した助動詞と見る説がある。従って、接続は、『けり』と同じように活用語の連用形に付く。

活用も、『らし』と同様、特殊型で、終止・連体・已然形の用例が見られるだけである。

意味用法は、その時初めて過去の事実の原因・理由に気付いたという気持ちを表す＝《…タラシイ・イマソレガ分カッタ》＝『天地の共に久しく言ひ継げとこの奇魂敷（くしみたまし）かけらしも《天地ノアル限リ永久ニ語リ継ゲトノコトデ、コノ霊妙ノ小石ヲ敷キ詰メタラシイ》万・814』・『年魚市（あゆち）潟潮干にけらし知多の浦に朝漕ぐ船も沖に寄る見ゆ《アユチ潟ハ潮ガ引イタラシイ。知多ノ浦ヲ朝漕グ船モ、沖ノ方ニ寄ルノガ見エル》万・1163』・『筒井つの井筒にかけしまろがたけ過ぎにけらしな妹見ざるまに《幼イコロ、筒井ノ井筒ニアナタト背比べヲシテ書イタ私ノ丈モ、長イ間逢ワナイウチニスッカリオトナニナッテ背モ高クナリマシタ》伊・22』。

［補註1］

『けらし』の用例は古く、奈良時代から見られ、平安時代にわたって主に和歌文学に多く用いられた。鎌倉時代になると、婉曲の意味用法に用いられ、さらに江戸時代に入ると、詠嘆的に軽く推量する用法など、文章中に多くの用例が見られる。＝『天地の共に久しく言い継げとこの奇魂敷かしけらしも《天地ガアル限リ永久ニ語リ継ゲト、イウコトデコノ霊妙ナ効キ目ノアル石ヲ敷カレタラシイ》万・814』・『…ちはやぶる神代には、歌の文字も定まらず、すなほにして、事の心わきがたかりけらし。《…神代ノ頃ニハ、和歌ノ文字モマダ決マッテイナクテ、心ノママニ素直ニ詠ンダノデ、言ッテイル事ノ意味ガ分カリニクカッタヨウダ》古・仮名序』。

口語の推量の助動詞＝『ウ』＝平安末期頃に『む』の子音（m）音の脱落により、無変化で（終止・連体形にだけ）、活用した推量の助動詞『う』が、その後、日常性を得てよく遣われるようになり、今日に至っている。

接続は、五段活用動詞・形容詞「…カロ」・形容動詞「…ダロ」、助動詞『マス・デス・タ・ダ・ヨウデス・ソウデス』・『ナイ・タイ』の未然形に付く。

意味用法は、

i．話し手が、相手に対して推し量り《…ダロウ》と推量する意味を持つ。＝『コノ雲行キデハ午後ニハ雨ガ降リダスダロウ』。

ii．話し手が、相手に誘い掛けたり、自分の気持ちを伝えたりする勧誘・意思の用法がある。＝『急イデユコウ・サア、一緒ニ走ロウ』。

iii．前後に同じような言葉を使った慣用語や、困惑・万一を予想する表現にも使われる。＝『行コウガ行クマイガ・描コウタッテ筆モ絵ノ具モナイノニ・カリニ彼ニ逆ラオウモノナラ大変ナ目ニ合ウ』。

『**ヨウ**』＝室町時代末期頃までに、一・二段動詞に推量の助動詞『む』の付いた『見む・上げむ』

などが『見う・上げう』から『ミヨウ・アゲヨウ』と言うように、オ列の拗長音化し、それが動詞未然形と助動詞とに分かれて助動詞『ヨウ』ができた。近世になって、一・二段動詞だけでなく、カ・サ変動詞にも及んだ。近世後期になると、四段活用動詞には『う』が、その他の活用には『よう』が付いて、江戸語として盛んに遣われるようになり、現代になって、標準語の基準の一項目として、口語の推量の助動詞になった。

接続は上・下一段活用とカ・サ変動詞及び、下一段型助動詞『レル・ラレル・セル・サセル』の未然形に付く。

活用は『ウ』と同じように終止・連体形だけの無変化特殊型である。

意味用法は『ウ』と同様で、

i．推量＝『猫ガ木ノ枝カラ飛ビ降リヨウトシテイル』・『大キナトラックガタンカーニ積マレヨウトシテイル』。

ii．意志・勧誘＝『今日中ニハ山小屋マデ着ケナイカラ、ココニテントヲ張ッテ寝ヨウ』・『釣リ上ゲタコノ大キナ魚ヲ君ニ見セヨウト思ッテ、写真ヲ撮ッテオイタ』。

iii．反語＝疑問語を伴なって使われる時には反語形の意味になる＝『コンナコトガ許サレヨウカ・一人ダッテ感動シナイモノガイヨウカ』。

iv．仮定＝『…ト…ガ…モノ…ニモ』などを伴なって仮定的表現に使われる。＝『僕ガ何ヲシヨウト驚クナ・君ガ進学シヨウガ彼女ハ就職スルヨ・旅行シヨウニモ旅費不足ダ』。

v．丁寧語の『デス・マス』に、右の四用法の『ウ・ヨウ』が付いて、連語として使われる場合には、『デショウ・マショウ・ソウデショウ』として、（推量・意志勧誘・反語・仮定）の文法的意味方法が遣われる。

『ラシイ』＝室町以降に現れた『らしい』は、中古まで使われていた『らし』とは直接的な関係があるとは文献上証明されない。『ラシイ』は《…ト判断サレル・…ト思ワレル》というように、ある根拠に基づいて断定的に推量する意味がある。

活用は形容詞型（未然・命令形はない）。接続は、体言・動詞の終止形と形容動詞の語幹に付いて推量の意味を表し、その前の語と共に一文節を形成する。

意味用法は、前記したとおり、根拠のある推量。口語の訳例を追加すれば《…ニフサワシイ…ノヨウニ感ジラレル》のようにも表現される。例『午後ニハ雨ガ降ルラシイ』・『コレハ君ノ本ラシイ』。

［補註1］接尾語の『ラシイ』との判別

推量の意味をもたない『ラシイ』は接尾語と見る。＝『彼ハ男ラシイ男ダ』＝この場合の《ラシイ》は《…的》の意味の接尾語が付いた形容詞である。

『向コウカラ来ルノハドウモ男ラシイ』＝こちらの『ラシイ』は、薄暗いのか、様子が少し女性めいて見えるのか、はっきりはしないが、《…ノヨウニ感ジラレル・思ワレル》という推量の助動詞である。この判別テクニックは、『ラシイ』の直前に『…デアル』という補助動詞を入れてみる。それが挿入できる場合は助動詞であり、入れられない場合は接尾語である。『ソンナコトバカラシイ・彼女ハ可愛ラシイネ・ワザトラシイヨ・モットモラシイ』でドリル。

【設問二―E】

1．次の、①・②の文中に使われている口語推量の助動詞（六語で八種の用法）を見付け、文中に傍線を付け、解答欄の『　』内にその基本形を記入し、文中の語について、それぞれ八つの意味用法のうちどれか下に答えなさい。

①．ユーモアはたいへんむつかしいものだ。わざとふざけてみせたり、ユーモアを意識し過ぎると、逆効果になって、いやな感じを与える。漫才ならいいが、漫才風の演説は困る。自然のユーモアはお目にかかることは実に少ない。

私はユーモアというものは、その根本に奉仕の精神があるものだと思う。つまり、人々のためになにか親切を尽し、人々を喜ばせようという、それは愛情とか奉仕ぶりを押しつけるほどいやなことはないが、何気なく人々を楽しませたいという気持ちがあれば、そこから自然にユーモアがわくのではなかろうか。（亀井勝一郎『青春論』より）

②．近ごろは、展覧会や音楽界が盛んに開かれて、絵を見たり音楽を聴いたりする人々も急に増えてきたようです。そのためでしょうか、若い人たちから、よく絵や音楽について尋ねられるようになりました。近ごろの絵や音楽は難しくてよく分からない、分かるようになるには、どういう勉強をしたらいいか、どういう本を読んだらいいか

という質問が多いのです。私は、美術や音楽の本を読むことも結構だが、それよりも、何も考えずにたくさん見たり聞いたりすることが第一だといつも考えています。極端にいえば、分かるとか分からないとかいうのが間違っているのです。絵は目で楽しむもの、音楽は耳で聴いて感動するものです。ですから、何をおいても見ることです。聴くことです。すると、皆さんは、そのことをよくよく考えたことはないだろうと私は言いたいのです。（小林秀雄『美を求める心』より）

［解答欄］（省略）

2．次の十行の短文は、全て『徒然草』からの引用文である。文中に使われている推量の助動詞に傍線を付け、それぞれの基本形を『　　』内に記入し、文中の語の活用形を記入しなさい。

①．いでやこの世に生れては、願はしかるべきことこそ多かめれ（1）。
『　　』形・『　　』形。

②．したり顔なるも、みづからはいみじと思ふらめど、いと口惜し（1）。
『　　』形。

③．ひたぶるの世捨て人は、なかなかあらまほしき方もありなむ（1）。
『　　』形。

④．女にたやすからず思はれむこそ、あらまほしかるべきわざなれ（3）。
『　　』形・『　　』形。

⑤ 顕基の中納言の言ひけむ、配所の月、罪なくて見む…（5）。
『　　』形・『　　』形。
⑥ 長くとも四十に足らぬほどにて死なむこそ、目やすかるべけれ（7）。
『　　』形・『　　』形。
⑦ 女は髪のめでたからむこそ、人の目たつべかめれ（9）。
『　　』形・『　　』形。
⑧ 西行が見て、『鳶のゐたらむ、何かはくるしかるべき（10）。…。
『　　』形・『　　』形。

3. 次の文は『徒然草』（十二段）の全文である。文中に推量の助動詞が十三語ある。その語に正しく傍線を付け、解答欄にその語の基本形を『　』内に記入し、かつそれぞれの文法的意味用法を下の（　）に記入して、答えなさい。

同じ心ならむ人と、しめやかに物語して、をかしきことも、世のはかなき事も、うらなく言ひ慰まむこそ、嬉しかるべきに、さる人あるまじければ、つゆ違はざらむと向かゐたらむは、一人ある心地やせむ。たがひにいはむ程のことをば、げにと聞くかひあるものから、聊か違ふところもあらむ人こそ、『われはさやは思ふ』など争ひにくみ、『さるからさぞ』ともうち語らはば、徒然慰まめと思へど、げに少しかこつ方も、われとひとしからざらむ人は、大方のよしなしごといはむ程こそあらめ、まめやかの心の友には、遙かにへだたる所のありぬべきぞわびしきや。

同ジヨウナ趣味ヲ持ツ人ト、シンミリトオ話ヲシテ、面白イ事デモ、取リトメモナイ世間話デモ、奥底ナク十分語リ合ウトイウコトハ、嬉シイコトニ違イナイノニ、ソノヨウニ気ノ合ウヨウナ人ハ、イソウニモナイカラ、少シモ意見ノ違ワナイヨウニト調子ヲ合ワセテ、相手ト向カイ合ッテ座ッテイルノハ、マルデ自分ヒトリデイルヨウナ気持チニナラナイダロウカ。オ互イ自分ノ意見ヲ言ウコトハ、ナルホドソウイウ考エモアルノダト納得シテ聴ク価値ガアルモノノ、少シハ見解ノ違ウ点ガアルヨウナ人コソ『イヤ私ハソウハ思ハナイ』ト意見ヲ言イ争イ、『ソウイウコトダカラソウナノダ』ナドト話シ合ッタラ、退屈モマギレテ面白カロウト思ウガ、ソノ実、何カ不平ヲ訴エルトイウ点デモ、全ク趣味ヲ同ジクシナイ人ハ、世間一般ノイイ加減ナウワサ話ヲシテイルウチハイイガ、真面目ナ話トモナルト、本当ノ心ノ友ニハ遠ク及バナイトコロガアルノハ、マコトニ仕方ノナイコトダナア。

［解答欄］（省略）

6 打消推量の助動詞

文語＝『じ・まじ・ましじ』

『じ』＝成立については諸説あるが、いずれも音韻変化から見て説明が付かない。意味用法の観点から言うならば、上代でよく使われていた推量の助動詞『む』の未然形に打消の助動詞『ず』が付いて出来たと考えられる。上代から『じ』の用例は多い。平安時代になると同じ用法の『まじ』が、話し言葉の中で遣われ出し、『じ』は書き言葉専用状態になり当時の和歌の中によく出てくる。

接続は『む』と同様、活用語の未然形に付く。平安前期頃から、『よも・え・さらに』など漢文訓読学習でよく遣われた陳述の副詞と共に使われ、中期に入ると和歌文学にも使われた。

活用の型は特殊型（終止・連体形に『じ』が見られるだけの無変化）。

意味用法は、ほとんど『む』の打消で、主観的な打消として使われている。

① 打消推量＝《…マイ・…ナイダロウ》＝『海女乙女潜り取るといふ忘れ貝よにも忘れじ妹が姿は《海女ノ娘ガ水ニ潜ッテ取ルトイウ忘レ貝ノヨウニ、アナタノ姿ハ決シテ忘レハシナイダロウヨ》万・1843』・『沖つ鳥鴨着く島に我がゐ寝し妹は忘れじ世のことごとに《沖ニ棲ム鴨ノ寄ル島、アノ遠イ海ノ宮デ私トトモニ寝タ麗シイ乙女ヨ。イトシイ姫ノコトハ一日トテ忘レルコトハアルマイ。私ガ生キテイル限リハ》古・22』・『秋萩に恋尽くさじと思へどもしゑや（感動の副助詞）惜しまた逢はめやも《萩ノタメニ心ヲ痛メマイト思ウケレドモ、散ッテシシマウノガ惜シイコトダ。マタ逢イタイモノダナア》万・2120』。

② 打消意志＝《…シマイ・…デナイヨウニシヨウ・…シナイツモリダ》＝『限りあらむ

道にも遅れ先立たじと契らせ給ひけるを、…《死出ノ旅路ニオイテモ、後ニ残ッタリ先ニ行ッタリハシナイヨウニトオ約束ナサッタノニ…》源・桐壺』・『よろずの咎あらじと思はば、何事にも誠ありて、人をわかず、うやうやしく、言葉少なからむにはしかじ。《万事ニツイテ、失態ガナイヨウニシヨウト思ウナラバ、何事ニモ誠意ガ有ッテ、人ヲ区別セズ、誰ニ対シテモ謙虚デ、口数ガ少ナイノニ越シタコトハアルマイ》徒・233』。

[補註1]『じ』の已然形の用法

『じ』は無変化型で、『ものを・を・に』などの助詞に付く連体形の例はあるが、係助詞『ぞ・なむ・や・か』の結びになって使われている例は見当たらない。然し前に『こそ』が来て已然形の用法と思われる『じ』は、鎌倉時代以降わずかに見られる。また、文の中では『じ』の前に『え・よも・さらに』など陳述の副詞を伴なって使われることが多い。＝『榊葉の色変はるまで逢ふことは、賀茂の社もえこそゆるさじ《榊ノ葉ノ色ガ変ワルマデ何年モノ間逢ウコトハ、加茂ノ社モトテモ許スマイ》宇津・菊の宴』。

[補註2]『じ』の意味用法の判別

i．主語が一人称《私》の場合『じ』は、《私ハ…シナイツモリダ》と打消意志の用法である。＝『世に、いささかも人の心をまげたることあらじと思ふを、…《(私ハ、)全クホンノ少シデモ人ノ心ヲマゲタリハシナイツモリダト思ウノダガ、…》源・桐壺』。

ii．主語が三人称（彼）の場合には、《…シナイダロウ》と打消推量の用法になる。＝

『ある人の「月ばかり、おもしろきものはあらじ」と言ひしに、《アル人ガ「月ホド情趣ノアルモノハナイダロウ」ト言ウト、》徒・21』。

iii．鎌倉時代、特に平家物語以降において多用されているが、『いんじ元寇の乱に《過ギ去ッタ元寇ノ乱ニオイテ》仮名手本・忠』。などと、ナ変の『往ぬ』＋過去の助動詞『き』の連体形『し』＝　軍記物語らしく撥音化して慣用句になった『いんじ』が遣われた。学校文法では、『然る・或る』と同様連体詞として取り上げている（上巻114頁）。

『まじ』＝上代語の打消推量の助動詞『ましじ』から成立したと言われている。＝『堀江超え遠き里まで送りける君が心は忘らゆましじ《難波ノ堀江ヲ越エテ遠イ里マデ送ッテ来テクレタアナタノ心ハ忘レルコトハデキナイデショウ》万・4482』。

『まじ』は、形容詞型に活用したと思われるが、終止形（ましじ）・連体形（ましじき）の用例しかない。この『ましじ』が、平安時代になるまでに『ましじ』の『し』が落ちて、『まじ』になったもの。同じ打消推量の助動詞でも、『まじ』は俗語的で、『じ』の方が和歌や公的文献には多用されていた。

『まじ』の活用は、形容詞型で、命令形がないのも形容詞と全く同じである。

接続は、活用語の終止形に付く（ただしラ変型の活用語には連体形に付く）。

意味用法は、『べし』の打消で、『じ』に比べると、客観的で確信を持って打消ているニュアンスが感じられる。

i．打消推量＝《…デナイダロウ・キット…アルマイ・決シテ…シナイダロウ》＝『そもまことにその方を取り出でむえらびに漏るまじきは、いと難しや《ソレモ本当ニソノ方面ノ優レタモノヲ取リダソウト言ウエラビニ、キット落チナイダロウト思ワレルノハ、ホトンドナイコトデスヨ》源・帚木』・『…菩提におもむかざらむは、よろづの畜るいにかはるところあるまじくや。《…悟リノ道ニ精進シナイヨウナ人ハ、スベテノ畜類ト変ワラナイノデハアルマイカ。》徒・58』。『さて冬枯の景色こそ、秋にはをさをさ劣るまじけれ《トコロデ、冬枯ノ景色ハ、コレマタ秋ノ景色ニ比ベテ決シテ劣リハスマイト思ワレル》徒・19』。

ii．打消意志＝《…シナイヨウニショウ・絶対に…ナイツモリダ・…シタクナイ》＝『…なほ仕うまつるまじきことを参りて申さむ。《…ヤハリ宮仕エハシタクナイトイウコトヲ参上シテ申シ上ゲマショウ》竹・8』。

iii．打消当然・適当＝《…ベキデナイ・当然…ノハズハナイ・…シナイ方ガヨイ》＝『障害の恐れおはすまじき御身にて、仮にもかくおぼしよりて尋ね給ふ。…《障害ノ心配ナド、当然アルハズモナイ出家ノ御身デ、仮ニモソウ思ッテオ尋ネニナサル。…》徒・146』・『…ただこの人のゆゑにて、あまたさるまじき人の恨みを負ひし果て果ては…《…タダコノ人トノ関係デ、多クノソウ（アルベキ）デハナイヨウナ人ノ恨ミヲ買ッテシマッタハテニハ、…》源・桐壺』。

iv．不可能＝《…デキナイダロウ》＝『…女抱きて居たるかぐや姫、外に出でぬ。えとどむまじければ、たださし仰ぎて泣きをり《…ソレマデ嫗ガ抱イテ座ッテイタカグヤ姫ハ、ソノ時スッと立ッテ外へ出テシマッタ。トテモ止ルメコトガデキナクテ、嫗ハタダオロオロトシテ泣キ伏シテイタ》竹・9姫の昇天』。『うちとくるまじきもの。えせもの《油断デキナイ気持チノ許スコトノデキナイ者。ツマラナイ者》枕・305』。

v．禁止＝《…スルナ・…スベキデハナイ・…テハナラナイ》＝『人はただ、無常の身に迫りぬることを、心にひしとかけて、つかのまも忘るまじきなり。《人間ハタダ、無常ガ自分ノ身ニ迫ッテイルトイウコトヲ、心ニシッカリトモッテ、ワズカノ間モ忘レテハナラナイコトデアル》徒・49』・『三日ここの物は、外へ持ちて行くまじ。今日明日過ごして取りに物せよ。《三日間ハ、コノ家ノ道具ヲ動カシテハナラナイ。今日、明日過ギテカラ取リニ来イ。》落・3』。

［補註1］『まじ』の意味用法の判別

『まじ』は『べし』の打消語であるが、打消の推量・意思の場合が多い。『べし』の［補註2］で既述したように、主語で大よその判別ができる。

i．主語が一人称（我・吾・己・余など）の場合は、「まじ」の現代語訳をする時には、多くの場合打消の意志になる。

ii．主語が二人称（な・なれ・汝・そち・そなた）の場合には、禁止で現代語訳すればよい。

iii．主語が三人称の場合には、打消推量が多く用いられるが、打消の意志や不可能の用例にも使われていることがある。

［補註2］『まじ』の変遷

『まじ』の項の冒頭でも述べたように、上代では打消推量の助動詞『ましじ』が使われていたが、平安時代になると『まじ』になった。『まじ』の連体形『まじき』が、鎌倉・室町時代にはイ音便化し『まじい』がよく遣われた。室町から江戸時代にかけてこの『まじい』が『まい』となり、現代語の『マイ』になった。

『ましじ』＝『まじ』の項の冒頭で述べたように上代語である。

活用は、形容詞シク活用型であったと思われるが、終止形《ましじ》と連体形《ましじき》の用例が残っているだけである。接続は、『まじ』と同様動詞の終止形（ラ変には連体形）に付く。

意味用法は、確信のある打消推量《キット…シマイ・当然…ナイダロウ・トテモ…デキソウニナイ》＝『飛鳥川水往き増さりいや日けに恋の増さればありかつましじ《飛鳥川ノ水ガ増エルヨウニ、日ゴトニ恋ガ増サッタラトテモ生キテイケソウニナイ》万・2702』・『堀江超え遠き里まで送りける君が心は忘らゆましじ《堀江ヲ越エテ遠イ里マデ見送ッテクレタアナタノ心ハ忘レラレナイダロウ》万・4482』。

［補註1］『ましじ』の接続上の特徴

残された文献に見られる『ましじ』は、既に次代の『まじ』に移行される頃で、限られた用法・接続も慣用的になっている。動詞の『敢（あ）ふ・得（う）・克（か）つ・堪（た）ふ』、助動詞『ゆ・らゆ』に付く。

口語の打消推量の助動詞＝＝『マイ』

i．活用は特殊型（無変化）で、終止形『マイ』連体形『マイ』だけである。

ii．接続は、五段と助動詞『マス』の終止形に付くほか、他の動詞の終止形にも付く。また、上一・下一・カ変動詞と助動詞『(ラ)レル・(サ)セル』の未然形、および、サ変動詞の未然形『シ』からも付くのが標準語である。そのほかカ変には、『クーマイ・クルーマイ』。サ変では『スーマイ・スルーマイ』があるが、標準的な表現ではない。

iii．意味用法は、『ウ・ヨウ』の打消の用法と考えると分かりやすい。

a．打消推量＝《…ナイダロウ》＝今日ノ空模様ナラ雨ハ降ルマイ。

b．打消意志＝《…シナイ》＝二度ト失敗ハ繰リ返スマイ。

c．不適当＝《…ナイデモイイダロウ》＝ソレホドキツク言ウマデモアルマイ。

d．禁止＝《…テハイケナイ》＝鳥ニ採ラレチャナルマイゾ。（『ぞ』を伴う）。

e．無関係＝《…関係ナイ》＝君ガ行コウガ行クマイガ知ッタコトジャナイ。

【設問二―F】

1．次に各語に、打消推量の助動詞『マイ』を付けると、前の語からはどのように続くか、正しく記入しなさい。

①．書く＝『　　―マイ』　②．着る＝『　　―マイ』　③．泳げる＝『　　―マイ』

④．来る＝『　　―マイ』　⑤．優勝する＝『　　―マイ』

⑥.（家に）居る＝『　　―マイ』⑦．行きたがる＝『　　―マイ』。

2．次の古文のうちに、打消推量の助動詞があれば、文中のその部分に傍線を引いて、その基本形を解答欄の『　』内に記入し、その下の（　）内にその文法的意味用法を、記入した答えなさい。

①．さて冬枯れの景色こそ、秋に葉をさをさ劣るまじけれ。（徒・19）＝トコロデ、冬枯レノ景色トイウモノガ、コレマタ秋ニ比ベテ、決シテ劣ルマイト思ワレル。

『　　』＝（　　）

②．人遠く、水草清き所にさまよひありきたるばかり、心なぐさむることはあらじ。（徒・21）＝人里カラ遠ク離レテ、水ヤ草ノ清ラカナ辺リヲ散歩スルクライ心ガナゴムコトハアルマイ。

『　　』＝（　　）

③．…何となき具足とりしたため、残しおかじと思ふ反古など、やり棄つるなかに、（徒・29）＝…、コレトイウ程ノ事デモナイ、ガラクタ道具ヲ取リ片ヅケ、残シテオクマイト思ウ反古ナド破リステテイルナカニ。

『　　』＝（　　）

④．人はただ無情の迫りぬることを、心にひしとかけて、つかのまも忘るまじきなり。（徒・49）＝人間ハタダ、無常（死）ガ身ニ迫ッテイルトイウコトヲ、イツモ念頭ニシッカリト置イテ、少シノ間モ忘レテハナラナイコトデアル。

『　　　』＝（　　　）

⑤・え止めむまじければ、ただたださし仰ぎて泣きをり。（竹・9昇天）＝トテモ阻止スルコトガ出来ナクテ、タダタダ天中ニイル天人タチヲ差シ仰イデ泣イテオル。

『　　　』＝（　　　）

7 希望の助動詞　文語『たし・まほし』・口語『タイ・タガル』

文語＝『たし』

古来『まほし』が雅語的で、『たし』は俗語的に遣われていた。その『たし』は、『いた（甚・痛）し・飽きたし・労たし』などの接尾語の部分が独立したものと言われる。平安末期からしきりに使われ始め、軍記物の平家物語にも使われた希望の助動詞であるが、その最も古い例として、＝『凡（おお）ならばかもかもせむを恐（かしこ）みと振り痛き袖を忍びてあるかも《甚ダシク恋シイアナタガ、平凡ナ普通ノ人ナラバ思ウヨウニデキヨウガ、身分ノアル人ナノデ振リタクテナラナイ袖ヲ振ルノヲコラエテイマス》万・965』の例があるが、語源的な用例であり、もっぱら、平安末期から希望の助動詞として使われるようになった。

活用は、形容詞シク活用型。連用形『たく』は、ウ音便化して『たう』の用例もある。

接続は、動詞及び動詞型に活用する助動詞［る・らる・す・さす・しむ］の連用形に付く。

意味用法は、話し手の希望・期待を表す＝《…タイ・ソウアルノガ望マシイ》＝『…ややう境に入りければ、いよいよ良くしたく覚えてたしなみけるほどに、…《…相当ノ域ニ入ルト、マスマスソレヲ上手ニシタイト思ッテ、熱心ニヤッテイルウチニ、…》徒・188』・『家にありたき木は、松・桜。松は五葉もよし。花はひとえなるよし。《家ニアルノガ望マシイ木ハ、松ニ桜デアル。松ハ五葉松モイイ。桜ノ花ハ一重ガヨイ。》徒・139』。

『まほし』＝＝『む』の上代語の未然形『ま』に、名詞を創る接尾語『―く』［曰く・思はくなど］が付いて出来た『まく』に、希望を表す形容詞『ほ（欲）し』が付いた『まくほし』の『く』の脱落という過程を経て『まほし』は成立した。

接続は、動詞・動詞型助動詞［『す・さす・ぬ』など］の未然形に付く。

活用は、形容詞シク活用型。『まほし』は平安時代に最もよく遣われたため、時代の傾向として、ウ音便化がどの言葉にも見られたが、『まほし』の連用形『まほしく』のウ音便『まほしう』もよく遣われた。＝『世の中に多かる人をだに、少しもかたちよしと聞きては、見まほしうする人どもなりければ、かぐや姫を見まほしうてもの食はず思ひつつ《世間一般ニドコニデモ居ルヨウナ女デモ、少シソノ容貌ガ美シイト聞クト、ソレダケデソノ女ヲ見タイナアトイウヨウナ人タチバカリデアッタノデ、カグヤ姫ノ話ヲ聞イタラ、見タクテタマラズ、飯ヲ食ベルノモ忘レテ、カグヤ姫ノコトヲクリカエシ思イナガラ…》竹・1』。

意味用法は、願望＝《…タイ・…テホシイ》。＝『…心の闇も堪え難き片はしをだにはるくばかりに聞こえまほしう侍るを…《…堪エガタイ気持チノ闇ノ、ゴク一部分デモスッキリシタイト存分ニオ話シ申シ上ゲタイノデスガ…』源・桐壺』、『…愛敬ありて、言葉多からぬこそ、飽かずむかはまほしけれ。《…愛敬ガ有ッテシカモロ数ガ多クナイ人トハ、イツマデモ嫌ニナルコトガナク、対坐シテイタイ気ガスル。》徒・1』。

[補註1]

『あらまほし』は、ラ変未然形『あら』＋『まほし』＝現代語訳は《アッテホシイ・アルコトガ望マシイ》＝願望の助動詞。＝『人は貌ありさまのすぐれたらむこそ、あらまほしかるべけれ。《人ハ容貌風采ノ優レテイルコトガ、マコトニ望マシイコトデアロウ》徒・1』・『…すこしの事にも、先達はあらまほしきことなり《…チョットシタ事ニモ指導者ハアッテホシイモノデアル》徒・52』。

『あらまほし』には、『あら』と『まほし』の熟合した、《好マシイ・理想的ダ》の意味の形容詞がある。＝『家居のつきづきしく、あらまほしきこそ、仮の宿りとは思へど、興あるものなれ。《住マイガドコモヨク調和シテイテ理想的デアルトイウコトハ、仮ノ宿トハ思ウケレドモ興味ノアルモノデアル。》徒・10』・『大方よろずのしわざはやめて、暇あるこそ、目やすくあらまほしけれ。《年ニナッタラ大体ノコトハヤメテ、ユッタリト閑居スルノガ、人ノ見タトコロモヨク、好マシイコトデアル。》徒・151』。

[補註2] 形容詞『あらまほし』の判別

①. 希望の助動詞＝『あら』＋『まほし』＝《アッテホシイ・…ノガ望マシイ》。

i. 上の『あり』が希望の主体者である時＝『居タイ・見タイ・シタイ』など直接願望。

＝『御息所は御（オホン）暇の心やすからぬに懲り給て、かかるついでにしばしあらまほしく覚えたり《姫宮ノイラッシャル寝殿ノ東ニ、オ部屋ヲ用意致シ、明石ノ御方モ今ハオ傍ニオ付キニナッテ、御心ヤスク出入リヲナサッテイルノデ、コウイウ状態ガ望マシイトイウヨウナ御様子デアルガ、》源・若菜上』。

ii．上の『あり』が他者である時＝その存在を希望する。＝《ソウアリタイモノダ・ソウアッテホシイコトダ》。＝『少しの事も先達はあらまほしき事なり《ホンノチョットシタコトデモ、指導者ハアッテホシイモノダ》徒・52』。

②．『あらまほし』＝形容詞（シク活用）＝《望マシイ・理想的ダ》＝『ただ明け暮れ念仏して安らかに世を過すありさまいとあらまほし《タダ朝夕仏ノ名号ヲ唱エテ、ノビノビト日々ヲ送ッテイル態度ハ、マコトニ望マシイコトダ》徒・124』。

③．その他の『あらまほし』

i．形容動詞に使われる場合＝『形容詞（シク活用）終止形』＋接尾語『げ』＝『あらまほしげ』＝《ソノヨウニアッテホシイ様子・理想的ナ様》。＝複合形容動詞。＝『御しつらひなど、あるべき限りして、女房の局々まで、御心とどめさせ給ひけるほど、しるく見えて、いとあらまほしげなり《オ部屋ノ準備ナドモ最善ヲ尽クシテ、女房タチノ各局ニ至ルマデ、心ヲコメテ準備シタ跡ガヨク分カリ、全ク理想的ナ状態デアッタ》源・早蕨』。

ii．名詞に使われる場合＝『形容詞（シク活用）終止形』＋接尾語『さ』＝『あらまほしさ』＝《スバラシサ・ソノヨウニアリタイコト》。＝複合名詞。＝『御前にゐさせ給ひて、物など聞こえさせ給ふ。御いらへなどのあらまほしさを、里なるひとなどにはつかに見せばやと見たてまつる。《殿ハ中宮ノ御前ニ座ラレテオ話ナドシテイラッシャル。中宮ノオ答エノ素晴ラシサヲ辺リノ一般ノ人タチニ少シデモノゾカセテアゲタイト思イナガラ拝見シタ》枕・278』。

［補註3］『まほし』の否定語『まうし』について

《…シタクナイ・…スルノハイヤダ》。接続は、動詞型に活用する語の未然形に付く。活用は、形容詞のク活用型だが、未然・終止・命令形の用例はない。『まうし』の成立は『まほし』が、『む』の上代語の未然形『ま』に、形式名詞を形成する接尾語『―く』が付いた『まく』に形容詞『欲し』が付いて出来た語であるが、『欲し』の反対の意味を表す『憂し』が付いて『まく憂し』から出来た語である。従って意味用法は、《…シタクナイ・ツライ・望マナイ》＝『この君の、御童姿、いと変へまうく思せど、十二にて御元服し給ふ。《コノ君ノカワイラシイ少年姿ヲオ変エニナルノハ、非常ニオ望ミデハナカッタケレドモ十二オトイウ年齢ニ元服ヲサセテアゲラレル。》源・桐』・『情けありし昔のみなほ偲ばれて永らへまうき世にも経るかな《風流ノアッタ出家前ノ在俗ノ頃ノコトバカリガ、今モ懐カシク思イ出サレテ、コノヨウニ永ラエテイルノガ辛イ世ヲ生キテイルコトダナア》新古・1842』。

口語＝『タイ』

文語の『たし』は鎌倉時代に最もよく遣われ、江戸時代に入ると、『たい』が使われるようになり、『まほし』よりも世俗的に使われていた『たし』が、自己の率直な希望を表し、[たし＝tashi）の摩擦音（sh）が落ちて、一般化し現代語の『tai＝タイ』になった。

活用は、形容詞「シク活型」。接続は、動詞及び助動詞『ル・ラレル・セル・サセル』の連用形に付く。

『タイ』の特徴である意味用法は多義にわたる

i．可能動詞には直接続かない。『タイ』を遣うには『イル・スル・ナル』を介して続ける。＝『私ハイツモアナタノ隣ノ席ニ座レル　タイ』とは言わない。『私ハイツモアナタノ隣ノ席ニ座ッテイタイ』・『作品ガ早クデキル　タイ』とは言わず、『作品ガ早クデキルヨウニシタイ』という。

ii．『タイ』は主語《ガ》・目的語《ヲ》の両方を受ける。『水ガ飲ミタイ・水ヲ飲ミタイ』・『状況ガ知リタイ・状況ヲ知リタイ』。そのほか、副助詞の『モ（強調）・デモ（例示）・ナリ・ナド（選択）』などの言葉を受けて使われる。

iii．自己の希望だけでなく、自己以外の人に対する願望にも使うが、気持ちの根底には、自分の願望を、他に依頼した表現である。『コノ計画表ヲ見テイタダキタイ』・『ゴ了承願イタイ』・『コチラヲゴ覧イタダキタイ』。

iv．自己以外の願望を表す時には、『ソウダ・ヨウダ・ラシイ』などの言葉が後に続く。『彼女モイッショニ行キタイソウダ』・『彼モ出品シタイヨウダ』・『君ニツイテ登山シタイラシイ』。

v．『タイ』の丁寧表現は、『デス・マス』に直続させても言葉にはならないので、『ゴ一緒サセテ戴キタイト思イマス・ゴ一緒サセテ戴キタイト存ジマス』のように、『と思います・と存じます』などを付けて客観的願望表現にする。

vi．『イタイ・冷タイ・カタイ』などと、『着タイ・見タイ・寝タイ』などの表現面だけを見ていると、形容詞との相違は区別しにくい。

［補註1］

自己の願望を表現する場合に、さらに強く明確に相手に伝えたい時に、形容詞『欲シイ』を使う事があるが、その場合には、『動詞連用形＋テ（デ）＋欲シイ』の形で補助形容詞の用法で表現される。『今スグ来テホシイ・手紙ヲ読ンデ僕ノ気持チヲ分カッテホシイ』。

『タガル』＝成立は、希望の助動詞『タイ』の語幹『タ』＋接尾語『ガル』。

活用は、動詞五段型。接続は、『タイ』と同じで、動詞及び助動詞『レル・ラレル・セル・サセル』の連用形に付く。

意味用法は、自己［話し手］以外の人が願望しているのを推測した表現。『タイ』に、いつも思っていることが思わず外部に現れる状態の接尾語の『―ガル』が付いた語。『彼ハ流行物ヲ着タガルネ』・『彼女ハ人ノ話ヲ知リタガル癖ガアル』・『日曜日ニハ、ゴルフニ行キタガル』。

【設問二―G】

1．次の文中の、傍線の言葉について、『　』内にその品詞名を、（　）内にその文法的意味用法を、最後に活用形を記入して答えなさい。

①．（ア）自転車に乗りたがる。　（イ）自転車にまたがる。
②．（ア）少しも美しくない。　（イ）一ページも読まない。
③．（ア）今日中には出来まい。　（イ）片づけてしまいましょう。
④．（ア）山の清水はとても冷たい。　（イ）王将を早く詰めたい。
⑤．（ア）中学生らしい行動をしよう。　（イ）書店の主人らしい人が座っていた。
⑥．（ア）君の主張は大変立派だ。　（イ）次の発表は僕の弟だ。
　　（ウ）彼も発表するだろう。
⑦．（ア）あと少しで完成しそうだ。　（イ）そのこと誰も聞いていないそうだ。
　　（ウ）故障は接触不良だそうだ。
⑧．（ア）明日までには出来るだろう。　（イ）明日天気が良ければ登山に行こう。
　　（ウ）明日でよければ僕が教えよう。

2．次の文中、傍線部の助動詞について、その文法的意味用法と、その活用形を答えなさい。

①．常に聞きたきは、琵琶、和琴。（徒・16）＝イツモ聞キタイト思ッテイルノハ、琵琶ト和琴デアル。

②．いかなる人なりけむ、たづね聞かまほし。（徒・16）＝一体ドウイウ人デアッタノデアロウカ、今デモ尋ネ聞キタイ気ガスル。

③．学匠を立てず、ただ明け暮れ念仏して、安らかに世を過ごすありさま、いとあらまほし。（徒・124）＝立派ナ知識人デアルノニ、学者デアルコトヲヒケラカサナイデ、タダ朝夕仏ノ名号ヲ唱エテ、ノビノビト日々ヲ送ッテイル態度ハ、マコトニ望マシク羨マシイコトデアル。

④．家にありたき木は、松、桜。（徒・139）＝自分ノ家ノ庭ニ欲シイ木ハ、松ト桜である。

⑤．大方よろずのしわざはやめて、暇あるこそ、目やすくあらまほしけれ。（徒・151）＝歳ニナッタラ、大体イロンナコトハヤメテ、ユッタリト閑居シテイルノガ人ノ観タ所モ喜バシク望マシイコトデアル。

⑥．『あな羨まし。世にあらむ思ひ出、かくこそあらまほしけれ』（徒・153）＝『マア羨マシイコトダ。コノ世ニ生キテイルコトヲ、アノ世ニ行ッテカラ思イ出ノ種トシテコンナニアリタイモノダ』

⑦．妻というものこそ、男に持つまじきものなれ。（徒・190）＝妻トイウモノハ、実ニ男ガ持チタクナイモノデアル。

⑧．…さこそ申さまほしかりつれども、…（徒・222）＝…実ハソウ申シタカッタケレドモ…

8 断定の助動詞　文語『なり・たり』。口語『ダ』。

『なり』＝場所・時・状態・原因などを表す格助詞『に』に、『あり』が付いて『―にあり＝niari』の二重母音の前母音が脱落して『なり＝nari』が出来た。原形の『―にあり』と同時代に既に『なり』は、記・紀・万葉に多く見られる。

従って、接続は体言及び活用語の連体形、一部の副詞・助詞などに付く。活用は、形容動詞ナリ活用型。

意味用法は、

i．ある事柄の状態・性質を表す語について明確な判断の末に断定する。＝《…ダ・…デアル》＝『この神酒はわが神酒ならず酒の長常世に居ます石立たす…《コノオ酒ハ、私ガ醸シテ捧ゲタ酒デハナイ。常世ノ国ニイラッシャッテ、石ノ上ニオ立チニナル…》記・中・54』・『梅の花今盛りなり思ふどちかざしにしてな今盛りなり《梅ノ花ハ今ガ盛リデアル。仲ノ良イ人同士デ、カンザシニシタイ。今ガ真ッ盛リダ。》万・820』・『里は荒れて人はふりにし宿なれや庭も籬（まがき）も秋の野らなる《里ハ荒レ、住ム人ハ時代遅レトナッテシマッタ宿デアルカラデアロウカ、庭モ垣根モミンナ秋ノ野ノヨウデアル》古・248』。『いはゆる、をり琴・継琵琶これなり《世ニ言ワレテイル折事・継琵琶デアル》方・3』

ii．指定・存在の意味に用いる場合がある。多くの場合連体形『なる』が使われた。＝

《…ニアル・…ニイル》＝『尾張に直に向かえる尾津の岬なる一つ松あせを一つ松…《美夜受姫（みやずひめ）ガ待ッテイル懐カシイ尾張ノ国ニ、真ッ直グニムカイ合ッテイル尾津ノ岬ニアル一本松ヨ、オ前ヨ一本松ヨ…》記・47』・『父母を見れば尊し…天へ行かば汝がままに地ならば大王います…《…父母ヲ見ルト立派ダト思イ…モシ天ニ行クナラバアナタノ心ノママアルコノ地ニ居ルナラバ天皇ガイラッシャイマス…》万・800』・『年たけてまたこゆべしと思ひきや命なりけりさ夜の中山《コノサ夜ノ中山ヲコンナニ年ヲトッテカラ越エヨウトカツテ思ッタダロウカ。今再ビコウシテ中山ヲ超エルコトガデキルノハ、命ガアルカラデアル》新古・987』。

［補註1］断定助動詞『なり』の連用形『に』と、その他の『に』の判別

i．口語訳して『ダ』となる『に』は断定の助動詞。

ii．『に』の直下に、『あり・侍り・さうろふ・おはす』などが付いているか、明らかに省略されている場合は断定の助動詞。

iii．『にけり』の『に』は、完了の助動詞『ぬ』の連用形（和歌などに多用される）である。『ぬ』の接続法から判断して『ぬ』が続いている上の語は、活用語の連用形である。

iv．助動詞（打消）『ず』の連用形（ナ系列）に『に』がある。『ず』は、活用語の未然形に接続する。なお、奈良時代には、『知らに』が慣用句となっているほど多用されていた。＝『昨日今日君に逢はずてする術のたどきを知らに哭（ね）のみしぞ泣く《昨日モ今日モアナタニ逢ワナイノデ、逢ウベキ手立テモ知ラナイカラタダ声ヲ張リ上ゲ

テ泣イテイマス》万・3777』。

v・格助詞・接続助詞の『に』がある。共に活用語の連体形につくが、直接名詞に付かない方が接続助詞。また上代には終助詞にも『に』があったがこの『に』は願望（…シテホシイ）に使われたので判別しやすい。

vi・形容動詞「ナリ活用」連用形の『に』＝『静かに・穏やかに』など。

vii・動詞（ナ変）の連用形『死に・往に』の『に』もある。

viii・副詞『よに・げに・さらに・まさに…』などの一部の『に』。など多いが、助詞『に』の項でも記述したように、数の少ない語＝特に、vi・vii・viiiについては覚えておくことである。

［補註2］推量の助動詞『めり』などに接続する場合

『めり』が、断定の助動詞『なり』に続く時は連体形『なる』から付き、『なるめり』が撥音便化して『なんめり』と言われていたが、当時『ん』の文字が成立していなかったため、『なめり』と表記されていた。＝『…子になり給ふべき人なめり。《当然私タチノ子供ニナラレル人デショウ》竹・1』・『…この人のあべからむさま、夢に見せ給へ』など言ひて詣でさするなめり《…コノ娘ノ将来ノ運ヲ夢デ占ッテ下サイ》ナド言ッテオ参リサセルヨウダ》更・鏡』。

［補註3］副詞『しか・さ・かく・なべて』などに付く場合

『大に付き小を捨つることまことにしかなり《大ニツイテ、小ヲ捨テルトイウ事ノ道理ハ、イカニモソノ通リデアル》徒・174』・『さなり。よくのたまへり《モットモダ。ヨクゾ申シタ》宇津保・藤原の君』。

［補註4］助詞『の・のみ・ばかり・て・より・ば・と』などにも付く

『そのなかに三寸ばかりなる人、いと美しうて居たり《ソノ竹ノ中ニ三寸クライノ人ガ、大変カワイラシイ姿デ座ッテイラッシャイマシタ》竹・一』・『中納言参り給ひて…さては扇のにはあらで、海月のななり《中納言ガイラッシャッテ…ソレハ扇ノ骨デハナクテ、海月ノ骨デショウ》枕・85』。＝『海月のななり』＝上の『な』は断定の助動詞『なり』の連体形『なる』、下の『なり』は推定の助動詞『なり』＝「なるなり→なんなり→ななり」の変化を経過している。

『たり』＝前出の完了の助動詞『たり』は、接続助詞「て」にラ変動詞の「あり」が付いて、その二重母音(teari)の前母音［e］が脱落して『(tari)＝たり』が成立した。断定の『たり』は、話し手が伝えたい内容を指示・指定する格助詞『と』に、ラ変動詞『あり』が付いて、「と―あり(to-ari)」の二重母音の前母音の脱落により、「(t-ari)＝たり」と音韻変化は同じであるが、前に付いた助詞が『て』であるか『と』であるかにより、『たり』の文法的意味用法の差が生まれた。断定の『たり』は、平安時代以降の漢文訓読に依って成立したので、普通、漢語（体言）に接続することが多い。

接続は体言に付く。活用は形容動詞タリ活用型。

意味用法は、ある事柄の資格・立場などを表す言葉について、同じ断定を現す前出の『な

り』と比べると、『たり』は、限定的で、漢文体の文章に多用された。＝《…ダ・…デアル》
＝『志合ふ時は胡越も昆弟たり。志あはざる時は骨肉も讎敵（しゅうてき）たり。《気持チガ合ウ時ハ、タトエ遠ク離レテイテモ兄弟同様デアル。気持チガ違ッテ居ル時ニハ、タトエ肉親デモ仇同様デアル。》十・6』・『その後その寺の上臈たる老僧の夢に…《ソノ後ノコト、ソノ道成寺ノ上席デアル老僧ノ夢ノ中ニ…》今・14―3』。

［補註1］『たり』の判別

i．体言に付く「タリ」は断定の助動詞である。＝『下として上に逆らふる事は、豈人臣の礼たらんや《下位ノ者ガ上位ニ対シテ逆ラウコトハ家来トシテ儀礼ニ適ウコトデアロウカ、イヤ決シテアッテハナランコトダ》平・法印問答』＝上の語『礼』は名詞である。

ii．用言の連用形に付く『たり』は完了の助動詞である。＝『吾妹子と見つつ偲ばむ沖つ藻の花咲きたらば我に告げこそ《私ノ妻ト一緒ニ見テ楽シモウ。モシ沖ノ海藻ノ花ガ咲イタラ、私ニ知ラセテ下サイ。》万・1248』＝『たら』の上の語『咲き』は四段活用動詞連用形である。

iii．『北へ行く雁ぞ鳴くなる連れてこし数はたらでぞ帰るべらなる《北ノ故郷ノ方へ雁ガ鳴キナガラ飛ンデユク。連レダッテ来タ数ハタリナクナッテ帰ルヨウダ》古・412』＝この『たら―で』は、四段動詞『足る』の未然形で、打消接続の助詞『で』に続いて《…タラナイ―デ》の意味。

iv.『日暮れ道遠し、わが生既に蹉陀たり、諸縁を放下すべき時なり。《日ガ暮レテ道ハマダ遠イト言ウヨウニ、自分ノ余命ハスデニドレ程モナク、足元ガフラツイテ進メナイヨウナ有様デアル。今ハ修道ノ妨ゲニナルモロモロノ関係ヲ放棄セネバナラヌ時デアル。》徒・112』＝『蹉陀たり』の『―たり』は、『足元がふらついて前に進めない』有様を表した形容動詞連用形中止法の、活用語尾である。

[補註2] 断定の助動詞A『なり』と、B『たり』の相違

AB共にそれぞれの成立の項で既述したように、Aは、格助詞『に＋あり』の約語であり、Bは、接続助詞『て＋あり』の約語である。＝『日本語を科学する』の第一編を読んだ人は理解しているであろうが、このA『なり』は、(niari)→(nari)＝『なり』と二重母音の前母音の脱落原則に因っている。Bの場合も同様『てあり』＝(teari)→(tari)＝『たり』という音韻変化の幾つかの原則を簡単に「約語」と称している。従って、『なり』は、場所・時間・原因など物事の本質的に、はっきりした簡単には変わらない強い断定を表す。『たり』は、接続助詞『て』が本来完了の助動詞『つ』の連用形から成立しているので、ある事態の完全・確実な表現にあり、これから述べようとする前提が、確実な事実であるということを示し、外面的な資格・状態を断定することが多い。

[補註3]『たり』の変遷

完了の助動詞『たり』は古く、万葉集にも使われているのが散見されるが、断定の助動詞『たり』は、平安時代の初めごろから鎌倉時代に、男性主体に、漢文訓読が進められ、

そのなかで『たり』がよく用いられた。仮名文学の和歌や物語ではもっぱら『なり』が、時々『たり』の連用形『と』が例外的に遣われる状態があった。この『たり』と成立過程において異なるが＝場所・時間・手段・方法・原因・理由・資格。状態を表す格助詞『で』に補助動詞『―あり』が付いて出来た＝『である』→『デア』→『ダ』と変遷した断定の助動詞が、室町時代から江戸時代の文献に盛んに見られる。

口語＝『ダ』

右のような変遷を経て、現代では断定の助動詞は、既に江戸時代に成立していた『ダ』一語である。

活用の型は、形容動詞型で、接続は、体言及び一部の助詞に付く。

その用法は、確定的判断を表し、助動詞『デス・デアル・デアリマス』と並んで、口語文体の叙述を特色づける。文末を『ダ』で終わり、文中『ダ』の活用形を使った文章は『ダ体・ダ調』の文体と呼び、『デアル体・デアル調』と共に『常体』と総称される。『デアル体』が文章語的な文体であるのに対して、『ダ体』は、口語的文体である。

i．断定を表す。＝『アト五分デ開演時間ダ。』・『今日ハ雨ガ降ルダロウ』。

ii．論理的妥当性を確定する。＝『1＋2は3ダ』・『トマトハ果物デハナイ』。

iii．『ダ』の連体形『ナ』が、助詞『ノ・ノデ・ノニ』について、原因・理由・『ダカラ無理ヲシテハダメダ』。

iv.『デハ（ジャ）・ダト・ダッテ・ナラ』などの形で、判断の前置や対象・条件などを取りたてて示す。＝『一人ダケデハ心細イ。』・『子供バカリダト心配ダ。』・『先生ダッテ人間ダ。』・『日曜日ナラミンナ出席デキマス。』。

v.『ナラバ・ノナラ』の形で仮定条件を示す。＝『買イ物ニ行クノナラバ付イテイキタイ。』・『気分ガ悪イノナラ、スコシ休ミナサイ。』。

vi. 終止形の短い言葉の繰り返しで、事柄を提示し、行動を促す。＝『サア、仕事ダ、仕事ダ。』・『飯ダ、飯ダ。』。

vii.『…ト…ッテ…ナンテ』を伴って、非難・意外性を示す。＝『ナニ、知ラナイダト』・『急ニ行カナイダナンテ』。

viii. 助詞『ホド・ヤラ・カラ・ダケ・マデ・クライ・バカリ』などにも直接続く。

ix. この断定の助動詞が、丁寧表現になると『デス』になる。

x. 完了の助動詞『タ』が、撥音便になる語から続く時には『―ダ』となり、断定の『ダ』と紛らわしい。『転ンダ・読ンダ・挟ンダ・叫ンダ・飛ンダ』など多い。

9 比況の助動詞

文語『ごとし・ごとくなり・やうなり』
口語『ヨウダ（ヨウデス）・ソウダ（ソウデス）』。

文語『ごとし』＝古く上代で《コトサラニ・特別ニ》などの意味で、よく遣われた副詞の

『こと』、＝『こと放けば…《ドウセ離レルナラバ…》万・1402』・『こと降らば袖さへ濡れて…《雪が特ニヒドク振ッテ袖マデ濡レテ…》万・2317』・『ことならば咲かずやあらむ…《同ジコトナラバ、咲カズニイル方ガ…》古・82』＝などに見られる『こと』が、仮定表現を伴って濁音化した『ごと』だけでも《…ノヨウニ》の意味で使われていた。＝『いにしへに恋ふらむ鳥は時鳥けだしや鳴きし吾が思へるごと《昔ヲ思イシタッテイルノデショウ。ソノ鳥ハホトトギスオソラク私ガ思ッテイルヨウニ。》万・112』・『梅の花今咲けるごと散り過ぎず吾が家の苑にありこせぬかも《梅ノ花ハ今咲イテイルヨウニ散ッテシマワナイデ、私ノ家ノ庭ニアッテクレナイカナア》万・816』。＝このように『こと』が濁音化した『ごと』に、形容詞の活用語尾『し』が付いて成立した語である。しかし『ごとし』の活用は、形容詞ク活用型であるが、連用・終止・連体形に『ごとく・ごとし・ごとき』があるだけで、『…から…かり』という形容詞の補助活用はなく、音便形もない。接続は、活用語の連体形、および格助詞『の・が』に付く。また、鎌倉時代以降に体言に直接接続する用法も現れた。

意味用法は、

i．よく似た他のものの情況と引き比べ、それにたとえて言う比況の意味がある。＝《…ノヨウダ…ノヨウナモノダ》＝『蟻のごとく集まりて、東西に急ぎ、南北に走る。《「人ガ」蟻ノヨウニ集マッテ、人ハ東西ニ急ギ、南北ニ走ッテイル。》徒・74』・『在原の業平は、その心あまりてことばたらず。しぼめる花の色なくて、匂ひ残れるがごとし。《在原業平ハ、歌ノ心ノ方ガ有リ余ッテイテ、歌心ヲ表ワス方ガ不足シテオリ、タトエバマダ蕾ンデイテ花ノ色ツヤハナクテ、ニオイガ残ッテイルヨウナモノデアル。》古・序』。

ii．ある事柄と同等のものであることを言う。＝《…ト同ジダ・…ノ通リダ》＝『世の中を何に譬へむ朝びらき漕ぎいにし船の跡無きがごと《世ノ中ヲ何ニ例エタライイダロウ。チョウド朝泊マリヲ出テ漕ギ出シテ行ッタ船ノ跡ガナイノト同ジダ》万・351』・『世の中にある、人と住みかと、またかくのごとし。《世間ニアル、人トソコニ住ム家トハ、マタコレト同ジダ》方・初』。

iii．同類と思われるものを例示する。＝《例エバ…ノヨウナ・…ナド》＝『…銭を奴のごとくして、つかひ用ゐるものと知らば、長く貧苦を免るべからず。《…金銭ヲ召使ナドノヨウニシテ遣ウモノト思ッテイタラ、イツマデモ貧苦カラ逃レルコトハデキナイ。》徒・217』・『和歌・管絃・往生要集ごときの抄物を入れたり。《和歌ヤ音楽ノ本ヤ例エバ「往生要集」ノヨウナ、宗教本カラノ抜キ書キヲ納メタモノデアル。》方・三』。

［補註1］語幹『ごと』だけの用法

前記冒頭文や、意味用法のイで、万葉集の112番・816番・351番の引例でも見られるように、上古では『ごと』だけの用法が多い。

［補註2］

奈良時代には『ごと』だけの用法が多用されたが、時代が下ると、『ごと―なり・ごとく―ば・ごとく―なり』が使われるようになった。例えば『ごと―なり』＝『如く』＋『に』＋『あり』で「に―あり＝niari」ニ重母音の前母音の省略により『なり』が成立した。これも漢文訓読の中で成立した助動詞であるが、音便化しないが、男性の文や軍記物語などによく見られるようになった。＝『…雨雲たなびくまで、おひ登れるごとくに、この歌も、かくのごとくなるべし《…空ノ雲ガ棚引ク所マデ大キク成長シテイルヨウニ、コノ歌モマタソレト同ジデアロウ》古・仮名序』・『瑞相ごとくば極楽に生まれたる人也、となむ人皆言ひける《瑞相ノヨウナ人ハ極楽デ生マレタ人ダト、人タチハミンナイッテイル》今昔・13・19』＝このような場合の『―ば』は、仮定条件の接続助詞の『ば』ではなくて、係助詞の『は』である。『ごとし』には未然形の用法がないことと、係助詞の『は』は、濁音化して遣われる場合がある。（『は』の項で既述したように）『をば・―くば・ずば』などの『ば』は係助詞の『は』である。

［補註3］『ごとし』の比況と例示の違い

『ごとし』の用法は、格助詞『が・の』を伴って比況の意味でつかわれる場合が中心である。『雪のごとき花』の、『雪』と『花』は別種のものを引き比べ（＝比況）ている。例示は、『桜のごとき花』では、『桜』は『花』の内の一部のものであり、多くの中から桜を取り上げて例示したという用法である。現在の学校文法では、『ごとし』の意味用法は、比況だけを取り上げ、（例示）は二次的に扱われている。

［補註4］比況・同等の助動詞『ごとくなり』について

『ごとし』の活用が、未然・已然・命令形が無く他の三形の用例しか見られないというやや不完全性が見られた。そのような『ごとし』に、平安時代になって、断定の助動詞『なり』が付いて出来た語である。接続は、『ごとし』と同じ。活用は断定の『なり』と同じで、形容動詞ナリ活用型。

意味用法も『ごとし』と同じ比況と同等に使われる。『ごとし』や『ごとくなり』は平安末期頃まで、特に漢文訓読体など男性の文章に多用されていた。

その他、比況の助動詞と見られる語に、『やうなり』があるが、平安時代までは、名詞『様（やう）』に断定の助動詞『なり』の着いた二語で、特に和文に多く遣われていたが、鎌倉時代に入ってから『やうなり』が一語の複合語として遣われ、（―り）が落ちて『やうな』で日常的に使われるようになり、江戸期に入ってほとんど『ような』と発音し、今日の『ヨウダ』に至っている。＝『はぐくむ人、あまたあるやうなりしかど。親しく思ひ睦ぶる筋は、また、なくなん、思ほえし。《私ノ乳母ハ、カツテハタクサンイタヨウデアッタケレドモ、私ガ心カラ親シク思ッテ睦マジクデキル方ハ、コノ乳母ノ他ニハイナカッタト思ハズニハイラレナカッタ》源・夕顔1 源氏と夕顔の出会い』・『ある時は、風に付けて、知らぬ国に吹き寄せられて、鬼のやうなるものいで来て殺さんとしき《アル時ナドハ、風ノママニ知ラナイ国ニ吹キ寄セラレテ、鬼ノヨウナ恐ロシイモノマデガ現レテ殺ソウトシタ》竹・5・玉の枝』『三日。海の上昨日のやうなれば、舟出さず。《承平五年二月三日。海ハ昨日ト同ジヨウデアルカラ、雨風ガヒドイヨウナノデ船ハ出サナイ。》土・当日』。

口語＝『ヨウダ』

接続は用言・助動詞の連体形及び（体言＋の）の形、連体詞『コノ・ソノ・アノ・ドノ』

にも付く。活用の型は、形容動詞型。

意味用法は、

i．比況＝似たものに例えたり、ほとんど同じ状態にあることを言う。＝『…鮎太ノ顔ヲ覗キ込ムヨウニスルト…』・『コノ1点デ、モウ勝ッタヨウナモノダ』。

ii．例示＝具体的な内容を示したり、相手が知っていることを承知の上で、再び内容を話したり、これから話す事を前もって言う場合に遣う。＝『彼ノヨウナ秀オハイナイ』・『電話デオ知ラセシタヨウニ…』・『次ノヨウニ決マリマシタ』。

iii．不確かな断定＝話し手の知覚や経験に基づいた推測や判断を表したり、一見そう思えるが、実際にはそうではない意味に遣っていたり、断定的な言い方を避け婉曲的に言う場合に遣う。＝『彼女ハ数学ガ苦手ノヨウダ』・『一見易シイヨウデナカナカ難シイ』・『手ガ要ルヨウナラ電話クレタマエ』。

［補註1］

自分の意志に関わりなく《…ヨウニナル》の形で、ある事柄が帰結・成立する意味を表す。＝『遅クナッタラ彼ノ家ニ泊マルヨウニナルカモシレナイ。』・『次第ニ彼ノ魅力ニヒカレルヨウニナル』。

［補註2］

《…ノヨウニ》で目的のために、その原因結果を提示する意味を表す。＝『ヨク見エルヨウニ文字ヲ大キクシタ。』・『風通シガ良クナルヨウニ、庭木ノ枝ヲ切ッタ』。『…ヨウニ』

の慣用句＝上に『ドウカ・ドウゾ・神様・仏様』などの語を伴い、直前に『マス』を伴って、祈願用語に用いる。＝『仏様、ドウカ命ガ助カリマスヨウニ。』・『神様、ドウカ合格デキマスヨウニ。』。

【設問二―H】

1. 次の文中傍線の助動詞について、『　』内のその文法的意味用法を記入し、傍線の語の活用形を、下に書いて答えなさい。

①. いま雷のような音が聞こえたね。　②. 彼女はまだ気が付かないようだよ。

③. 計算してみると次のようになる。　④. 納得がゆかぬというような顔をしていた。

⑤. 君が言うことも分かるような気がするよ。

2. 次の『方丈記』の二つの文について、文中の傍線二十語の品詞名を『　』内に書き、そのうち助動詞については（　）内に、その文法的意味用法を記入し、下に活用形を書きなさい。（傍線が二語連続した部分が一か所ある）

①. 行く川の流れは絶えずして、しかも、もとの水にあらず。淀みに浮かぶうたかたは、かつ消えかつ結びて、久しくとどまりたる例なし。世中にある、人と栖と、またかくのごとし。◎たましきの都のうちに、棟を並べ、甍を争へる、高き、いやしき、人の住まひは、世々を経て尽きせぬものなれど、これをまことかと尋れば、昔ありし家は

稀なり。或は去年焼けて今年作れり。或は大家滅びて小家となる。住む人もこれに同じ。◎所も変わらず、人も多かれど、いにしへ見し人は、二三十人が中に、わずかにひとりふたりなり。朝に死に夕べに生るるならひ、ただ水の泡にぞ似たりける。不知、生まれ死ぬる人、何方より来たりて何方へか去る。（方・二）

②・和歌・管弦・往生要集ごとき抄物を入れたり。かたはらに、琴・琵琶おのおの一張をたつ。いはゆる、をり琴・つぎ琵琶これなり。仮の庵のありやう、かくのごとし。（方・三）

10 伝聞・推定の助動詞　文語『なり』。口語『ソウダ（ソウデス）』。

文語＝『なり』

推量の助動詞の項で記述した通り［191頁］、『なり』は【音＋あり＝ね―あり＝ne-ari→n-ari＝なり】の過程を経て、古く上代から用いられ、万葉集では推定の用法が多いが、平安時代の古今集では伝聞の用法が多くなっている。平安以降になると、終止形接続の伝聞・推定の『なり』と、体言・連体形接続の断定の『なり』の区別が混同し始めているが、断定の『なり』は上代においては終助詞的にも使われた係助詞『ぞ』に代わって遣われたが、伝聞・推定の『なり』にはその用法はない。その後も『なり』はよく遣われ、近世の和歌や俳句では、詠嘆的用法も見られる。

口語＝『ソウダ』

意味用法に、ア．伝聞と、イ．様態がある。

i．伝聞の場合の接続は、用言の終止形に付き、活用は、形容動詞型であるが、連用形『ソウデ』終止形『ソウダ』しかない。＝『彼ハ研究者ニナリタイソウダ』・『今年ハ豊作ダソウデ景気ガイイ』。

ii．様態の場合の接続は、動詞の連用形と、形容詞・形容動詞の語幹に付く。様態の用法の場合には、命令形以外の活用形につく。（ソウダロ・ソウダッ・ソウデ・ソウニ・ソウダ・ソウナ・ソウナラ）

活用は、形容動詞型。

『石ニツマズイテ転ビソウニナッタ』・『彼ハ元気ソウダッタヨ』・『彼女ハ疲レタソウデ休憩シテタヨ』・『走レバ間ニ合イソウダ』・『今日中ニ帰レソウナラ行コウヨ』。

［補註1］形容詞『ナイ・ヨイ』、助動詞『タイ・ナイ』からの接続

形容詞の場合には、活用語尾を省いて、『さ』を挿入した用法が使われる。＝『異議ハナサソウダ』・『何カ言イタソウダ』・『何モ知ラナソウダ』。

［補註2］その他の助動詞

文語の継続の助動詞『ふ』＝語源については、動詞『経（ふ）』という説もあるが、この語は下二段活用で、継続の助動詞『ふ』の活用変化と合わない。『ふ』は、四段活用をするので『あふ＝合・会・逢』の『あ』の脱落と見る方が頷ける。

この継続の助動詞『ふ』は、上代語ではあるが、平安以降今日に至るまで、慣用語として複合語に含まれて使われているために（［補註1］）、学校文法でも【継続の助動詞】として取り上げられている。

接続は、動詞の未然形に付く。活用の型は、ハ行の四段動詞型。

意味用法は、

i．継続＝《…シ続ケル・ズット…シテイル》＝『天地と共に住まはむと思ひてありし家の庭はも《天地トトモニ永久ニ住ミ続ケヨウト思ッテイタコノ家ノ庭トモ別レナケレバナラナイノカナア》万・578』・『…天の原ふり避け見れば渡る日の影も隠らひ照る月の光も見えず白雲もい雪はばかり…《大空ヲ振リ仰イデミルト、アマリニモ富士山ガ高イノデ、東カラ西へ渡ル太陽モ、山カゲニ隠レ続ケ、照ル月ノ輝キモミエナイ。白雲モ行き止マッテシマイ…》万・317』・『若狭なる三方の海の浜清みい往き還らひ見れど飽かぬかも《若狭ノ国ノ三方ノ、湖水ノ浜ガアマリニモ清ラカナノデ、ズウット行ッタリ来タリ見テイタケレドモ飽キナイナア》万・1177』・『秋の田の穂の上に霧らふ朝霞いづくへの方に我が恋ひやまむ《秋ノ田ノ上ニ一面ニズウット濃イ霧ガカカッテイテ、方向ガ全ク分カラナイヨウニ、私ノ今ノ恋ハドチラニ向カッタラ止ムノダロウカ》万・88』。

ii．反復＝《何度モ…スル》＝『…堅塩を取りつづしろひ糟湯酒うち啜ろひて咳ぶかひ鼻びしびしにしかとあらぬ鬚…人はあらじと誇ろへど…《…塩ノ塊ヲ少シズツ抓ンデ繰リ返シ食べ、酒粕ヲ湯デ溶カシタ甘酒ヲススリナガラ、何度モ咳ヲ繰リ返シ、鼻ハビシビシトナリ、髯トモ見エナイ鬚ヲ…コンナ人ハイマイトイツモ誇リニ思ッテイルケレドモ》万・892』。

［補註1］『ふ』は、未然形＝ア段に続く。

上代で、『住まはむ・還らひ・嘰（ツヅシ）らふ・霧らふ・誇らへば・語らふ』などの用法が、平安時代に入ると『つづしろひ・ほころへど』などのように、ア段音でなくオ段音から続くことがある。

［補註2］

上代以降の『―ふ』は、四段の活用語尾になる。反復継続の『ふ』は、今日では『語らふ→語らう・交らふ→交らう』のように、ハ行転呼により（ワ行五段活用動詞）の活用語尾になっている。

【設問二―Ⅰ】

1．次の文中の傍線の語と同じ品詞の言葉が、それぞれの文に一語ずつある。その語を『　』内に抜き出して、もし活用のある言葉ならば、その活用形を下に記入して答えなさい。

①．昨日家に帰ったら、弟が熱を出して寝ていた。『　　』＝　　形

②．じゃ今日はこれで終わろう。残りは明日の朝少し早く来て完成しよう。

『　　』＝　　形

③．突然君に声を掛けられて、大いに驚かされたよ。『　　』＝　　形

④．東京駅は騒然としていたね。それに比べて白馬の静寂はすばらしかったよ。

『　　』＝　　形

2．次の各文中、傍線の二語の違いについて、『　』内にそれぞれの品詞を、（　）内に文法的意味方法を、また活用のある言葉ならば、その活用形を書いて答えなさい。

①．君が出来（ア）ない問題は、僕には出来る自信は（イ）ないよ。

②．ああのどが渇いた。冷（ア）たい水が飲み（イ）たいな。

③．今の電車はめず（ア）らしく空いていたので、後ろの車両に立っている姿は、どうも君（イ）らしく見えたよ。

④．今日の海は穏やか（ア）だな。あ、あっちに大きなうねりがあるぞ。あれはイルカの大群（イ）だよ。

3．次の文は、『方丈記』（二）の抄文である。①の文には、完了の助動詞四語中・三種類が五語と、打消の助動詞が三語が使われている。それぞれを解答欄の『　』内に抜き出し、その活用形を記入して答えなさい。

また、②の文も、同じ『方丈記』のすぐ後に続く文である。（ア）～（コ）までの傍線の語のうち、三語だけが過去の助動詞である。それぞれを解答欄『　』に抜き出して、

その活用形を記入して答えなさい。

①．世の人みなけいしぬれば、日を経つつきはまりゆくさま、少水の魚のたとへにかなへり。はてには、笠打ち着、足引き包み、よろしき姿したるもの、ひたすらに家ごとに乞ひ歩く。かくわびしれたるものども、歩くかと見れば、すなはち倒れ伏しぬ。築地のつら、道のほとりに、飢え死ぬるもののたぐひ、数も知らず。取り捨つるわざも知らねば、くさき香世界にみち満ちて、変りゆくかたちありさま、目も当てられぬこと多かり。……

②．薪さへ乏しくなりゆけば、頼む方な（ア）き人は、自らが家をこぼちて、市に出でて売る。一人が持ちて出でたる價、一日が命にだに及ばず。あやし（イ）きことは、薪の中に、赤き丹着（ウ）き、箔など所々に見ゆる木、あひ交わり（エ）けるを尋ぬれば、すべ（オ）き方なき者、古寺に至りて仏を盗み、堂の物の具を破り取りて、割り砕（カ）けるなり（キ）けり。濁悪の世に（ク）しも生まれ合ひて、かかる心憂（ケ）きわざをなむ見侍り（コ）し。

【設問三ーA】

1．次の文から助動詞を取り出し、その種類・活用型及び意味用法を述べよ。

①．『庄兵衛はまともには見ていぬが、しじゅう喜助の顔から目を離さずにいる。そして不思議だ、不思議だと、心の内で繰り返している。それは喜助の顔が縦から見ても、

横から見ても、いかにも楽しそうで、もし役人に対する気兼ねがなかったなら、口笛を吹き始めるとか、鼻歌を歌い出すとかしそうに思われたからである。庄兵衛は心の内に思った。これまでこの高瀬舟の宰領をしたことは幾度だかしれない。しかし乗せて行く罪人は、いつもほとんど同じように、目も当てられぬ気の毒な様子をしていた。◎それにこの男はどうしたのだろう。罪は弟を殺したのだそうだが、よしやその弟が悪いやつで、それをどんな行き掛かりになって殺したにせよ、人の情としていい心持ちはせぬはずである。この色の青いやせた男が、その人の情というものが全く欠けているほどの、世にもまれな悪人であろうか。ひょっと気でも狂っているのではあるまいか。いやいや。それにしては何一つつじつまの合わぬ言葉や挙動がない。この男はどうしたのだろう。』(森鴎外『高瀬舟』より)。

②・『仁和寺にある法師、年よるまで、石清水ををがまざりければ、心うく覚えて、ある時思ひ立ちて、ただひとり、かちより詣でけり。極楽寺、高良などを拝みてかばかりと心得てかへりにけり。さてかたへの人にあひて「年ごろ思ひつることはたし侍りぬ。聞きしよりも過ぎて、尊くこそおはしけれ。そも参りたる人ごとに、山へ登りしは何事にかありけむ。ゆかしかりしかど、神へまゐるこそ本意なれと思ひて、山まては見ず」とぞ言ひける。少しのことにも、先達はあらまほしき事なり。(徒・52)』。

＝仁和寺ニイタアル法師ガ、年ヲトルマデ石清水の八幡宮ヲ参詣シテイナカッタノデ、残念ニ思ッテ、アル時思イ立ッテ、タダ一人デ歩イテ参詣シタソウダ。宮寺ヤ摂社ノ極楽寺ヤ高良社ダケヲ拝ンデ、コレデ八幡様ノオ参リガ出来タト合点シテ帰ッテ来タソウダ。サテソノ後、近所ノ友達ト会ッテ『長年気ニカカッテイタコトヲ決行シマシタ。聞イテイタ以上ニ立派デシタ。ソレニシテモ、オ参リシタ人タチガ皆、マダ山ノ上ノ方ニ上ッテ行ッタノハ、イッタイ何事ガアッタノデソウカ。行ッテ見ヨウカト思ッタガ、イヤ神様ニオ参リ出来レバ十分ダト思ッテ、山ノ上マデハ往キマセンデシタ』ト言ッタ。チョットシタ事ニモ指導者ハイルトイイモノデアル。

【解答欄】（省略）

文語の助動詞

種類	基本形	未然形	連用形	終止形	連体形	已然形	命令形	備考
								平安朝文語の基本的な助動詞だけを表示。古語の「継続」の「ふ」は省略
使役 尊敬	**す**	せ	せ	す	する	すれ	せよ	「す」は四・ナ・ラ変の語に、「さす」はそれ以外の語の未然形に、「しむ」は活用語の未然形に付く。
	さす	させ	させ	さす	さする	さすれ	させよ	
	しむ	しめ	しめ	しむ	しむる	しむれ	しめよ	
受身 自発 可能 尊敬	**る**	れ	れ	る	るる	るれ	れよ	「る」は右欄の「す」に、「らる」は「さす」と同様の接続をさす。
	らる	られ	られ	らる	らるる	らるれ	られよ	
打消	**ず**	ざら (な)	ざり ず (に)	ず	ざる ぬ	ざれ ね	ざれ	打消に、古代から三系列の語があり、平安に入ってからも、遺れていた。
希望	**まほし**	しから	しかり …しく	…し	しかる …しき	しけれ	○	共に活用は形容詞型で、語幹にあたる「まほ」・「た」の部分は変わらない。「まほし」については紙面の都合により語幹部分を省略した。
	たし	たから	たかり たく	たし	たかる たき	たけれ	○	
過去	**き**	せ	○	き	し	しか	○	「けり」に伝聞・詠嘆の用法もある。
	けり	けら	○	けり	ける	けれ	○	
完了	**つ**	て	て	つ	つる	つれ	てよ	「つ」には、確・並列の用法がある。「たり」・「り」には存続の用法がある。「り」以外は活用語の連用形に付くが、「り」は活用語によって異なる。本文参照。
	ぬ	な	に	ぬ	ぬる	ぬれ	ね	
	たり	たら	たり	たり	たる	たれ	たれ	
	り	ら	り	り	る	れ	れ	

種類		語	未然形	連用形	終止形	連体形	已然形	命令形	備考
過去推量		けむ	(けま)	○	けむ	けむ	けめ	○	未然形の「けま」は上代語「けまく」の例に使われた。
推定		なり	○	なり	なり	なる	なれ	○	この場合は、音の聴受による推定。
打消の推量		じ・	○	○	じ	じ	じ	○	連用形としては「まじく」に補助動詞「あり」がついて融合してできた複合語で「ま、まじかり」が成立した。表の「まじ」は省略。
		まじ・	…から	まじく …かり	まじ	まじき …かる	…けれ	○	
推量	意志	む	(ま)	○	む	む	め	○	推量の助動詞は多く、その用法も多様なので各語の代表的なものを、種類の下欄に明記した。その他の詳細については、本文確認。また接続も各語ごとに異なっている。この活用表は各助動詞が、どのように変化しているかについての確認する一覧表である。
		むず	○	○	むず	むずる	むずれ	○	
	過去	けむ	○	○	けむ	けむ	けめ	○	
	現在	らむ	○	○	らむ	らむ	らめ	○	
	根拠	らし	○	○	らし	らし らしき	らし	○	
	仮想	まし	ましか (ませ)	○	まし	まし	ましか	○	
	当然	べし	べから	べかり べく	べし	べかる べき	べけれ	○	
		めり	○	めり	めり	める	めれ	○	「めり」は視覚的推量。
比況		ごとし	○	ごとく	ごとし	ごとき	○	○	活用の型は、形容詞のク活用型である。連用・終止・連体形にだけ活用する。
			なら	なり	なり	なる	なれ	なれ	
断定		なり		に					「なり」・「たり」ともに連体形「に」・「と」に補助動詞「あり」が付いてできた助動詞。だから存在・継続の用法がある。
		たり	たら	たり と	たり	たる	たれ	たれ	

口語の助動詞

種類	活用語	未然形	連用形	終止形	連体形	仮定形	命令形	備考
使役	**せる** **させる**	せ させ	せ させ	せ させる	せ させる	せ させれ	せろ せよ させろ させよ	五段・サ変動詞には「せる」が、それ以外の語には「させる」が接続する」。
受身	**れる** **られる**	れ られ	れ られ	れ られる	れ られる	れれ られれ	れろ れよ られろ られよ	接続は右の使役助動詞と同じ。受身の用法には命令形がある。が、自発・可能・尊敬の用法にはない。
自発 可能 尊敬	**れる** **られる**	れ られ	れ られ	れ られ	れる られる	れれ られれ	○ ○	
打消	**ぬ** **ない**	○ なかろ	ず なく なかっ	ぬ・ん ない	ぬ・ん ない	ね なけれ	○ ○	口語の打消にも、文語と同じように、二語で、三系列語の打消語がある。連用形には音便形がある。
希望	**たい** **たがる**	たかろ たがる	たかっ たく とう たがり たがっ	たい たがる	たい たがる	たけれ たがれ	○ ○	「たい」の連用形「とう」は、「ゴザイマス」のつく形。「たい」は主に自分の気持ちを、「たがる」は他人の気持ちを表現する時に使う、ウ音便・促音便形がある。

口語文法は、戦後・昭和21年に定められた。用言と同じ形である。

過去 完了 存続	様態	伝聞	推定	意志	打消	推量	比況	断定		丁寧
た	**そうだ**	**そうだ**	**う**	**よう**	**まい**	**らしい**	**ようだ**	**だ**	**です**	**ませ ましょ**
たろ	…だろ	○	○	○	○	○	…だろ	だろ	でしょ	ませ ましょ
○	・で ・だっ ・に	そうで	○	○	○	らしく らしかっ らしゅう	…で …だっ …に	だっ で	でし	まし
た	・だ	そうだ	う	よう	まい	らしい	ようだ	だ	です	ます
た	・な	○	う	よう	まい	らしい	…な	な	○	ます
たら	・なら	○	○	○	○	○	…なら	なら	○	ますれ
○	○	○	○	○	○	○	○	○	○	ませ まし
「た」がガ・ナ・バ・マ行の五段動詞に続くと「だ」と濁る。	「そうだ」には、様態と伝聞の用法がある。様態の「そうだ」の「そう」は、用言の語幹の用法と変らないから、上表では省略した。	伝聞の「そうだ」は、活用語の終止形に続く。	推量・意志の打消「まい」は、無変化で、終止・連体形だけである。			推量「らしい」の連用形には、外に音便形と、「ゴサイマス」に続く「らしゅう」の、ウ音便の用法もある。	「ようだ」には、不確な断定や例示の用法もある。活用語の連体形に付く。・印は、「よう」の略符号。	「です」は、「だ」の丁寧語であり、「ようです」・「そうです」の助動詞もある。		丁寧の命令形は、依頼・勧誘の用法になる。

〔日本語を科学する＝文法編（下巻）〕

設問の【解説】と【解答】

文章読解の基礎基本に関する問題。

設問一―A（P.30）

【解説】

格助詞は、文語も口語も一・二語の短い言葉であるが、付属した自立語がその文中において他の語との間にどのような関係や資格があるのかを決定する重要な働きをするので、的確に識別できるように練習を重ねたい。特に、『に・を・と・へ』は、文語・口語共にその用法も多岐に渡り、接続関係も四語とも主として体言につく。

【解答】

1. ①（イ）②（キ）③（ケ）④（エ）
⑤（ク）⑥（オ）⑦（ウ）⑧（ア）
⑨（イ）⑩（ア）⑪（カ）⑫（ア）

2. ①（キ）②（カ）③（ク）④（ア）
⑤（ウ）⑥（エ）⑦（イ）⑧（オ）

設問一―B（P.50）

【解説】

文語の接続助詞の語数は、多くてその上条件接続においても重複している。したがって図式化して覚えやすいように整理しておくとよい。例えば、「無条件単純接続＝並立・対等、原因・理由」《て・して・で・が・を・に・つつ・ながら》。「確定条件順接」《ば・に・て・を》。「確定条件逆接」《ど・ども・が・を・に・ものの・ものを・ものから》。「仮定条件順接」《ば・に・て・を》。「仮定条件逆接」《とも・ども・が・を・に・ものを・ものの・ものから》のように三類五種に分けて、この項で学習したことを起想しながら、設問に当たれば解答が引き出しやすくなる。

1. の問題文は口語文である。はじめの第一文中には、助詞は全部で十語あるが、「違ったことをしている」の「を」は格助詞で「て」が接続助詞であるが、「ている・てある・てくれる・て下さる」を、補助動詞を形成する語と見て、複合動詞の一語に含める説もあるが、「て」以下の動詞部が補助動詞であり、「て」は接続助詞である。また、「取り去ってしまって」は、文語では「取り去りにけり」で、過去完了形の典型で、二語と見るが、口語では「シマッテ」は終助詞に入れている。

2. の古文問題では、五問中三問の文節が「ば」に続いている。しかもその「ば」は、全て已然形から接続している。それぞれどの条件接続法と見るのがよいのか。文の前後の内容から正しく識別したい。

【解答】

1. て《継続》・て《継続》・だり《並列》・だり《並列》・て《継続》・て《継続》・と《条件》。
2. （ア）コノヨウニ言イ続ケテイルト　（イ）モハヤ言イ古サレタ事デアルケレドモ（ウ）コトナノデ　（エ）進ムノニツレテ・進ムママニ　（オ）モノナノデアルカラ

設問一—C　（P.67）

【解説】

口語の副助詞は多いので、副助詞の設問の時には、一度副助詞十八語を思い出してみることが必要だろう。格助詞や接続助詞のように、文の成分として、文と文・文節と文節相互の関係を示す語ではなく、話し手の気持ちや立場を示し、その語や意味の範囲を限定し、副詞のように下に来る用言にかかる働きをする助詞である。

文語では『は・も』は係助詞であるが、口語の助詞には係助詞はない。

【解答】

1．①．（ア）「あります」・（イ）「伝えられる」・（ウ）「という」・（エ）「なく」・（オ）「必要であります」・（カ）「言ってみて」・（キ）「述べる」・（ク）「する必要を感じます」。

②．（ア）「あらざりけり」・（イ）「かかりて」・（ウ）「ありて」・（エ）「もの思ひたる」・（オ）「養ひたてまつりたる」・（カ）「ある」・（キ）「見ならひて」。

設問一―D（P．85）

【解説】

連体形終止・已然形終止になるそれぞれの係助詞を思い出すことと、結びになる語の省略や流れの表現がないかなど注意する。さらに、係助詞がなくても、疑問の言葉が前に用いられている結びは、連体形終止になる事も思い出して、係助詞の問題にあたる事。

【解答】

1．（ア）「聞こえず｜」→「聞こえず｜」・（イ）「おぼゆる」→「おぼゆ」・（ウ）「ある」→「あり」・（エ）「し」→「き」。

（オ）「譲る」→「譲る」・（カ）「ける」→「けり」・（キ）「ける」→「けり」。

2．①．『は』と『と』に間。

②．『あらめ』が省略。

設問一―E（P．104）

【解説】

終助詞であるから、文末に使われ、話し手の感情がどのように表現されているのか、その話者のイントネーションやニュアンスを表しているのが、終助詞＝詠嘆・感動、断定・強調・疑問・禁止の用法がある。
2.の、「…心しておりよ」の「よ」は終助詞ではなく、ラ行上二段動詞「降りる」の命令形活用語尾。

【解答】

1.①「な」(ウ)・②「の」(イ)・③「よ」(オ)・④「ね」(カ)・⑤「さ」(イ)。
2.①「か」(イ)・②「な」(エ)。

設問一―F (P.112)

【解説】

間投助詞は、助詞としては最も遅れて認定された。本来終助詞に含まれていたが、文中に使われ、その意味表現は弱く、なくても決定的な違いがない。表現力も弱小であって、その数も少ないので、先ず間投助詞の全語を覚えておくこと。

【解答】

①「を」(ウ) ②「や」(ア)
③「よ」(イ) ④「を」(ウ)。

設問一―助詞総合 (P.113)

【解説】

①の問題での留意点は、口語では『この・その』は連体詞である。「ついて」は、動詞(付く)の連用形に接続助詞「て」が付いて複合した転成の接続詞である。②.の古文では「こ」が代名詞で、「の」は格助詞と分ける。次の、『より偉大で、より美しく、より良い』の「より」は、副詞や格助詞でも記述したように、比較の格助詞の強調表現として、程度副詞に転成した副詞。②.の二行目と最終にある『来にけるかな・泣きにけり』は、助動詞・完了『ぬ』の連用形で、助詞ではない。『なきにしも』の『に』

は断定助動詞。格助詞や接続助詞ではない。

『しも』は解答の通り。

【解答】

①・へ（格）方向・から（格）出発点・の（格）連体修・を（格）目的・か（終）疑問・と（格）提示・を（格）目的・の（格）体修・を（格）目的・は（副）区別・に（格）目的・と（格）提示。の（格）体修・は（副）強調・の（格）体修・を（格）対象・の（格）体修・に（格）目的・て（接）順・が（接）逆・て（接）順・を（格）対象・が（格）主・と（格）提示・て（接）順・は（副）強調・◎ に（格）対象・が（格）主・に（格）結果・ば（接）仮定・を（格）目的・て（接）順・のに（接）逆・の（格）体修・に（格）対象・て（接）順・を（格）目的・て（接）順・と（格）提示・て（接）順。

②・て（接）順・の（格）体修・と（格）並列・の（格）体修・と（格）並列・の（格）体修・に（格）場所・を（格）対象・と（格）提示。の（格）体修・の（格）同格・に（格）場所・て（接）順・ば（接）確・も（係）強調・かな（終）詠嘆・と（格）提示・に（格）時・に（格）目的・も（格）主・と（格）提示・に（接）順・て（接）順・と（格）引用・に（格）時・て（接）順・に（格）場所・しも（副）強調。◎ しも（副）強調・の（格）同格・と（接）並列・の（格）主・の（格）同・の（格）体修・に（格）場所・つつ（接）順・を（格）目的・に（格）場所・は（係）区別・ば（接）順・に（格）対象・ば（接）確定・なむ（係）強調・と（書く）提示・を（格）対象・て（接）順・に（格）資格・し（副）強意・ば（接）仮定・が（格）主・は（係）区別・や（終）疑問・や（終）疑問・と（格）提示・と（格）引用・ば（接）順・て（接）単純。

設問二―A（P.128）

【解説】

口語文の問題でも、この助動詞が付いている直前の語が、どこまでかを確実にすることが注意点の第一である。つまり「レル」なのか「ラレル」なのかの識別の基となる。「レル・ラレル」は未然形に接続することを思い出して、上の語を判断する。

【解答】

1. ①『知られ』の『知ら』までが五段動詞の未然形であるから、助動詞は「れ」である。用法は（受身）の連用形。

②『あげられると』の文節でも同じように、上の自立語は下一段活用「あげる」の未然形「あげ」までで、それに付属した助動詞は「られる」である。

解答は、可能『られる』＝終止形。

［注］③口語には「可能動詞」が五段に見られる。その活用語尾をこの種の助動詞と見てしまうことに要注意。3語目は、終わりの行の『飛べると』の「飛べ」は、五段「飛ぶ」の已然形か命令形で、未然形ではない。『飛べる』ば「飛ぶことができる」ということだから可能の意味を表している。このように五段活用動詞には、（る）が融合して派生した「可能動詞」がある。この一語を二語に分けるとすれば、「ル」を可能の助動詞と見ていることとなり、その接続の原則に合わない。つまり「受身・自発・可能・尊敬」の助動詞は、活用語の未然形から続く語である。提示の格助詞『と』に続いているから終止形である。解答、『る』可能・終止形。

2. ①（られ）・「尊敬」・未然形。②（せ）・使役・未然、（られ）・「尊敬」・連用形。③（る）・「可能」・終止形。④（らるる）・「自発」・連体形。⑤（れ）・「尊敬」・未然形。

設問二―B （P.136）

【解説】

1．このような短文を使役文にする時、ただ使役の助動詞を入れただけでは、未然形接続であるから、主語であった人物が変わってしまう。問題文の条件にはその点もう一問増やしている。使役文の典型は、『AがBにCをさせる。』であるから、『Cをさせる』主体者『A』が変わらないように、『セル・サセル』を使う練習である。

【解答】

1．①．『先生が板書の説明を生徒に（ノート）書かせる。』②．『（監督が）ピッチャーの投球をますます早く投げさせる。』③．『お客さんがお土産のケーキを（私たちに）食べさせる。』④．『友達Aくんが家の前の風景をみんなに書かせる。』。

2．①「す」・（使役）＝終止形 ②「せ」・（使役）＝連用形、③「せ」・（使役）＝連用形④「せ」・（尊敬）＝連用形⑤「す」・（使役）＝終止形。

設問二―C （P.143）

【解説】

先ず口語の二つの『ナイ』に付いてであるが、活用も意味もよく似ている（助動詞のないの連用形に『ないで』がある点が異なっている）ので、その点の確認と、『ナイの判別』（上巻・70頁、下巻・137頁）と接続の違いを、思い返して解答に当たること。次に、文語の設問では、『打消の助動詞』という条件が付いているから、否定の形容詞などを取り上げないことと、『打消助動詞』の活用形を思い出す。特に『ナ系列』の『な・に・ぬ・ね』は、他の品詞にもあることばである。それらとの判別が確実にできることが大切である。

【解答】

1．（ア）助動詞＝連体・（イ）助動詞＝終止・（ウ）＝（イ）と同じ・（エ）形容詞＝仮定・（オ）助動詞＝連体・（カ）形容詞＝連体・（キ）助動詞＝連体。

2．①「ず」＝連用・②「ざら」＝未然・③＝「ず」＝連用（中止）・④「ね」＝已然・⑤「ざり」＝連用（中止）。

設問二―D（P.161）

【解説】

この設問は、口語も文語も基礎・基本問題である。3．の問題について、終止形が基本形であるから、答えの語が終止形の場合には基本形を記述しない。

【解答】

1．①．「た」＝終止・②．「た」＝終止・③．「たら」＝仮定・（た）④．「たろ」＝未然［意思・推量・誘致の（ウ）の省略］。

2．①．「けり」＝終止。②．「し」＝連体・「き」＝終止。③．「ける」＝連体・「たる」＝連体。④．「たり」＝連用・「し」＝連体・「しか」＝已然。⑤．「けれ」＝已然。

3．①．「ぬ」・終止。②．「つ」・終止。③．「たり」・終止。④．「り」・終止。⑤．ね・命令・「ぬ」。⑥．に・「ぬ」・連用、たれ・「たり」・已然。⑦．てよ・『つ』・命令。

設問二―E（P.199）

【解説】

文語も口語も、打消推量を含めると、助動詞の中では最も多い。文語は十語・口語が六語である《丁寧の「マス・デス」を含めて》。その語を思い返して設問に当たること。『推量』の助動詞の用法は多義にわたっている。「打消推量の助動詞」は、「推量の助動詞」とは別項目である。

【解答】

1. ①.『喜ばせよう』の場合は、上の語が使役動詞になっているので、同じ助動詞ではあるが、意味用法は（意志）であり、推量としては取り上げない。文末の『…のではなかろうか』の「う」は、「なかろ」の前に「は」が入っているので、この場合の『ない』は形容詞であり、その未然形から続いている。この「う」が推量の助動詞である。
②.「ようです」・終止・推量。『ためでしょうか』＝「です」の未然「でしょ」＋「う」・終止・推量。『尋ねられるように』・『分かるように』の「よう」は、形式名詞であって、（意志・推量・勧誘）の助動詞ではない。最後の文の「…ことはないだろうと」の「う」・終止・推量。

2. ①.べき・「べし」・連体、めれ・「めり」・已然。②.らめ・「らむ」・已然。③.「む」・終止。④.む・「む」・連体、べき・「べし」・連体。⑤.「けむ」・終止、「む」・終止。⑥.む・「む」・連体、べけれ・「べし」・已然（上の「こそ」の結び）。⑦.む・「む」・連体、「べし」・連体、「めり」・已然（「こそ」の結び）。⑧.「む」・連体、べき・「べし」・連体（上の「何かは」の結び）。

3. 「む」・連体（推量）・「む」・連体（推量）・「べし」・連体（推量）・「む」・終止（意志）・「む」・連体（推量）・「む」・終止（推量）・「む」・連体（意志）・「む」・連体（推量）・「む」・已然（推量）・「む」・連体（推量）・「む」・連体（推量）・「む」・已然（推量）・「べし」・連体（当然）。

設問二―F （P.209）

【解説】

1．の意志・推量の打消助動詞の活用は、終止形と連体形しかないが、連体形は『ウ・ヨウ』と同じように、下の語には『こと・もの』などの形式名詞に付くだけで、他の語からは全て終止形にのみ続く。設問1に付いては、上の語からの接続で判断する。

2．の打消推量は「じ・まじ」の二語であるが、『じ』は（無変化型）であり、「まじ」は形容詞（シク活用型）である。

【解答】

1．①．「書くーマイ」。②．「着―マイ」。③．「泳ぐーマイ」（可能動詞（泳げる）は下一段であるから（マイ）は未然形から続くので、（泳げーマイ）となる）。④．「来（こ）・（くる）―マイ」。⑤．「する・（し）―マイ」。⑥．「い―マイ」。⑦．「いきたがる―マイ」。

2．①．まじけれ・「まじ」・已然（上の「こそ」の結び）。②．「じ」・終止。③．「じ」・終止。④．まじき・「まじ」・連体。⑤．まじけれ・「まじ」・已然（次の順体接続助詞「ば」に続く確定条件法）。

設問二―G （P.218）

【解説】

1．希望の助動詞は、口語は『タイ・タガル』、文語も『たし・まほし』のそれぞれ二語である。口語の『タガル』には仮定形もない。文語では、係結法により、文末表現が終止形でない場合があるので注意。

【解答】

1．①（ア）「助動」（他への希望）＝終止。（イ）「五段動（またがる）の一部」＝終止。②（ア）「形容」（否定）＝終止。（イ）「助動」（打消）＝終止。③（ア）「助動」（打消推量）＝終止。

(イ)「動詞(補助)(―てしまう)の一部」＝連用。④(ア)「形容」(情態)＝連用。(イ)「助動」(希望)＝終止。⑤(ア)「形容の接尾語」(様態)。(イ)「助動」(推量)＝連体。⑥「形動」(様態)＝終止。(イ)「助動」(断定)＝終止。(ウ)「助動の二語(だろ)＋(う)」(情態＋誘い)＝未然＋終止。⑦(ア)「助動」(様態)＝終止。(イ)「助動」(伝聞)＝終止。(ウ)「助動」(伝聞)＝終止。⑧(ア)「助動」(推量)＝終止。(イ)「助動「(誘い)＝終止。(ウ)「助動」(意思)＝終止。(⑥・⑦・⑧の問題文に傍線が付いているが、なくても文中の助動詞全てに付いて識別できるようにしておきたい)。

2. ①. 連体＝願望(名詞(もの)などが略されている)・②. 終止＝願望・③ 終止＝願望・④. 連体＝願望・⑤. 已然＝期待(上の(こそ)の結び)・⑥. 已然(上の「こそ」の結び)＝願望・⑦. 連体＝打消推量(名詞(もの)に続いている)⑧. 連用＝希望。

設問二―H (P.233)

【解説】

1. 口語の比況の助動詞は『ようだ』の一語であるが、『そうだ』には、『そうで・そうだ』の連用・終止の二活用形しか使われない伝聞の助動詞と、形容動詞型に活用する様態の助動詞の二語がある。この判別は、本文でも記述したように、上の語からの接続で決定する。

2. 文語の設問では、教科書によく取り上げられる助動詞の基礎問題を取り上げた。①の文は三段に分けた。

【解答】

1. ①.「例示」＝連体 ②.「不確かな断定」＝終止 ③.「例示」＝連用 ④.「様態」

＝連体　⑤．「不確かな断定」＝連体。

2．①（ア）「助動」（打消）＝連用　（イ）「助動」（打消）＝終止　（ウ）「助動」（完了）＝連体　（エ）「助動」（比況）＝終止。◎（オ）「助動」＝（完了の存続）＝連体　（カ）「助動」（打消）＝連体　（キ）「助動」（断定）＝已然　（ク）「形動」（ナリ活）＝終止・活用語尾　（ケ）「助動」（完了）＝終止　（コ）「動」（ラ・四段）＝終止。◎（サ）「助動」（打消）＝連用　（シ）「助動」（過去）＝連体　（ス）「助動」（断定）＝終止　（セ）「動」（上一）に続いた詠嘆の「けり」＝連体（直上の「ぞ」の結び）。（ソ）「動」（ナ変）＝連体活用語尾。　（タ）「助動」（完了）＝連用。

②（ツ）「助動」（完了）終止　（テ）「助動」＝（断定）終止　（ト）「助動」＝（比況）終止。

設問二―Ⅰ（P．237）

【解説】

1．2．とも、口語についての基礎基本問題である。

2．の方は、助動詞を軸に、他の品詞の語との判別問題である。

3．も文語の過去の助動詞は二語、完了は「つ・ぬ・たり・り」の四語だけだから覚えておくとよい。

【解答】

1．①．『た』＝終止・②．『よう』＝終止・③．『れ』＝連用・④．『た』＝終止。

2．①．（ア）『助動』（打消）＝連体・（イ）『形容』＝終止・②．（ア）『形容』（語尾）＝連用・（イ）『助動』（希望）＝終止・③．（ア）『形容』（語尾）＝連用・（イ）『助動』（推量）＝連用・④．（ア）『形動』（語尾）＝終止・（イ）『助動』（断定）＝終止。

3．①．完了＝『ぬれ』已然・『り』終止・『たる』連体・『たる』連体・『ぬ』終止。打消＝『ず』終止・『ね』已然・『ぬ』連体。

②．過去＝（エ）連体・（キ）終止・（コ）連体。

――［補注］（ア）は形容・「なし」の連体。（イ）形容・「あやし」同。（ウ）四段・動・「着く」の活用語尾（連用形の中止法）。（オ）助動（推量）「べし」の連体・活用語尾。（カ）動・下二段「割り砕く」連体活用語尾。（ク）副助（強意）「しも」。（ケ）形容「心憂し」の活用語尾＝連体。

設問三―A（P．239）

【解説】

助動詞全体をもう一度総括的に見直す復習問題。

【解答】

1．①．口語助動詞の、種類・活用形・文法的意味用法を確実にしたい。［問題文を前後2段に分けて解答例を列挙した］。『ぬ』＝ザ行・ナ行二行の特殊型の終止＝打消、『ず』＝同上の連用、『そうで』＝形容動詞型の連用＝様態、『た』＝特殊の連体＝完了、『なら』＝形動型の仮定＝断定、『そうに』＝形動型の連用＝様態、『れ』受身、＝下一段型の連用、『た』＝特殊型の終止＝完了、『た』＝特殊の終止＝完了、『た』＝特殊の連体＝完了、『ない』＝形容型の終止＝否定、『ように』＝形動型の連用＝不確かな断定、『られ』＝下二型の未然＝可能、『ぬ』＝特殊型の連体＝打消、『た』＝特殊の終止＝完了。◎『た』＝特殊の連体＝完了、『だろ』＝形動型の未然＝断定、『う』＝無変化の終止＝推量、『た』＝特殊の連体＝完了、『だ』形動型の終止＝断定、『そうだ』＝形動型の連体＝伝聞、『た』＝特殊の連体＝完了、『ぬ』＝特殊の連体＝打消、『た』＝助動連体＝完了『う』＝助動の無変化終止＝推量、『まい』＝特殊型の終止＝打消推量、『ぬ』＝特殊型の連体＝否定、『た』＝特殊の連体＝完了、『だろ』＝特殊型の未然＝完了（様態）『う』＝無変化の終止＝推量。

②．古文学習の初期段階で、教材として最もよく扱われる一文。『ざり』＝特殊型の連用＝打消、『けれ』＝ラ変型の已然＝過去、『けり』＝ラ変型の終止＝伝聞、『に』＝ナ変形『ぬ』の連用＝完了、『けり』＝終止＝過去。『つる』＝下二段型の連体＝完了、『ぬ』＝ナ変形の終止＝完了、『し』＝特殊型の連体＝過去、『けれ』＝ラ変型の已然＝過去（上の「こそ」の結び）、『たる』ラ変型の連体＝完了、『し』＝特殊の連体＝過去、『けむ』＝四段型の連体＝過去の原因推量（上の「か」の結び）、『しか』＝特殊の已然＝過去、『なれ』形動ナリ活形の已然＝断定、『ず』＝特殊の終止＝打消、『ける』ラ変型の連体＝過去（上の「ぞ」の結び）、『まほしき』＝形容シク活型の連体＝希望、『なり』＝形動ナリ活型の終止＝断定。

【参考資料】

『国語学辞典』《東京堂》
『日本国語大辞典』《小学館》
『広辞苑』《岩波書店》
『日本語源大辞典』《小学館》
『日本語源広辞典』《ミネルヴァ書房》
『日本古典文学大系』《岩波書店》
岩波講座『日本語』全十二巻中（数巻）
『新編　国歌大観』（全十巻）《角川書店》
『国語学史』（時枝誠記著）《岩波書店》
『明鏡国語辞典』《大修館書店》
『大漢和辞典』《大修館書店》
『古語林』《大修館書店》
『日本文法大辞典』《明治書院》
『日本文法講座』《明治書院》
『国語学史』（福井久蔵著）《厚生閣》
『国語学史』（山田孝雄著）《寶文館出版》
『奈良朝文法史』（山田孝雄著）《寶文館出版》
『平安朝文法史』（山田孝雄著）《寶文館出版》
『ことば』シリーズ１～37（文化庁 編集）《大蔵省印刷局発行》

あとがき

国語教科科目の中で最も科学性のある文法について、さらに「日本語を科学する」とタイトルを掲げて説明を続けてきた内容は、はじめにも記述したように、付属語それぞれが成立した当時に使われていたその語の意味用法との関係性や、その語の当時の接続についても調べたことを、若い学習者諸君に伝えたかったからである。学校文法の文語文法が基準としている平安時代に至るまでの変遷過程がわかる用例を、上代文学から取り出し、証例を示しながら付属語の説明をした。これらの引例は高校の教科書に扱われている古文を中心としたが、見つからない場合には同じ古典から探した。したがって用例索引を見ると、同じ古典の、ある段についてはあちらこちらの付属語について説明しているために、その一段について上巻と合わせて見れば、はほとんど品詞や付属語の説明が分かるようになっている。

日本語の文体の典型については、第一篇《言語・音韻編》で記述したように「S＋O＋V」の形体である。したがって書き手（話し手）の意思決定は最後に来る。それだけに、付属語（特に助動詞）の用法が重要になり明確性が求められる。今日現存する日本最古の文献は、記・紀・万葉をはじめとして奈良朝文学（八世紀頃）のものである。それ以前から口承によって伝えられて来た伝説（神話・民話・昔話など）を見ると当時の大和民族の特性・資質がよくわかる。そのほかにも、中国の「魏志倭人伝」（二八五年）にも、当時の日本の情態や日本人の生活状況まで記録されている。他にも外国の古い文献から、当時の大和民族の生活状況や人間関係が裏付けられるものもある。この頃の中国では三国時代で（魏・蜀・呉＝二二〇〜二八〇年）戦乱に明け暮れる中国国民は田畑や家を棄て大挙して、温暖で平和な倭を目指して南下し逃れてきた。あるいは朝鮮半島からも当時（三・四世紀頃）北では高句麗が、南では百済・新羅が交戦を繰り返し、朝鮮半島からは数万と言わず大集団の難民が、当時の九州各地や、沖縄・対馬などを通って一方は日本海沿岸の出雲・因幡あたりに、他の集団は鹿児島を迂回して四国・紀伊半島にまで渡来した。日本の難民救済事業は、すでにこの時代から始まっていた。

難民の中には、中国や朝鮮半島の王侯貴族・医師・学者、製鉄・窯業・金工細工などの技術者・芸術家、みすぼらしいながらも農耕技術の巧みなものもいた。それら手に技術を持つ者は逃れてきた倭の国のあちこちで、当時の農民にとっては初めて知る生活用具の作り方や農耕の技術方法に驚き感心して、『神』とあがめて尊敬した。いつどこから来たのか分からないが、何しろ畑の作り方が早くて巧みであるとか、山の木や竹を使って作った弓などで巧みに山の高い木の枝に止まっている鳥や草むらに潜んでいる兎や猪などを撃ち捕って来て周りの者に分けてくれる。そうした得体の知れない素性も分からながとにかくこれまでに見たこともない腕を持っている。初めて見る顔であり、ことばも通じない。天から来たのではないかということで、「天つ神」といって崇拝し受け入れていった。一方元々この地域に居て、集団のために、知恵や力を持って援助救済してきた素性がはっきりしている統率者を「国つ神」と言っていた。この点についてはまた「文芸編」でも詳述することにするが、故郷での戦乱から逃れてきた難民に中の、医師や技術者・知識人などは「天つ神」になり得ても、一般難民は当面の生活に困り、土地の海賊や山賊に混じり徒党を組み、当座の生活を維持するために盗賊になるものも多く、当時の土地の統括者にとって大いに敵対する難民が増えていた。この頃から大和民族間でも抗争が絶えず、これまでの平穏な生活が次第に騒々しくなり始め、その処置の多くは『××の乱・××の戦・××の変・××退治』などと名付けられた大規模なものも起こる結果となって伝えられている。中国や朝鮮半島からの難民のうちの帰化人たちは当時の、大和民族の人間的な優美さ穏健さ・そして謙虚な雰囲気のうちにあって、共同生活を望んでいた。このような大和民族と、多くの帰化人たちの子孫は、既に同化して日本民族に成っていたと言う過去の歴史認識を、都合よく忘却のかなたに追いやって、最近、資源の埋蔵する地層や海底状況が分かると、直ちに海域に変更をしたり小島に自国の旗を掲げたり、ミサイルで脅迫すると言うような卑劣極まりない行動を示し続けている。

平安文学を読むと、例えば『源氏物語』(一〇〇八年)の冒頭では、時の帝の寵愛を受けている桐壺が、他の女官たちに日ごとにいじめられ、それが日に日に酷くなっていく様子が描かれている。優しい桐壺は、精神的にまいってしまい病の床に着く。この頃のなると、大陸や朝鮮半島からの帰化人のうち『天つ神』と崇められたその子孫は、土地の豪族と同化し、宮廷にも参内可能なものも居た。
『桐壺』の悲劇は、二・三年前に日本の有名な放送局が、深夜近くのＴＶ番組で放映し続けていた韓国の王宮時代劇の縮刷版のようなものである。韓国のどの時代劇を見ても中身はみな一様で、登場人物全てが相互に、荒唐無稽で虚詐妄説を以って、妬情執念・奸智狡猾な物言いを浴びせ、淫乱悦楽・残虐非道な仕打ちを繰り返している。その過酷さが暫時増幅して進行してゆく。このような人間関係に興味・関心と興奮を感じる朝鮮民族を数多く、大和民族は何も知らないままに受け入れていた。それは気候的風土や地形的情況にもよるが、何よりも人と人との関係、つまりことば遣いの問題が大きな要因である。この当時から大量の難民を受け入れてきた大和民族は、古代の文献にも見るように、優美・穏健・謙虚・共生が心底を流れ、人との関係においてその都度、表層に現れ出るものである。これは古代からの大和民族の美徳であった。次の時代になると急変したように、文学作品は軍記物が書かれ、その用語はこれまでになかった撥音・促音、摩擦音・破裂音、漢語とその熟語の一般化により生活者の状況も変容した。さらに時代の社会中枢は、武家社会から公家社会に、さらに公家社会から町人社会へと移り変わった。それにつれて文化の中心も上方から江戸へと移り、東京方言が標準語となった。

このように時代が移り変わっては来たが、そうとしても今日の標準語は、日本民族特有の優美・平穏・謙虚と言う言語心理が底流に流れている。明治以来西洋諸国との交流の中で、日本語も英語に変えようとかローマ字表記にしようとかいろいろな、情況に流れやすい思いつき意見が出たことがあったが、伝統的な日本語は、簡単に変更可能なものではない。表記は漢字仮名混じり文で表意と表音を以って、正確・平明にして簡潔である。日本語は難しいと言う意見も時にはあるが、母国語を習慣として使い慣れてきているものが、途中から外国語を覚えようとするときには、それぞれの民族から見れば、外国語はどこのことばも同様に難しいものと感じるのは当然である。

今後の言語生活を通じて、客観性のある基準・法則に則り、ことばが思索・思考を深厚し拡張に役立つと言う意味でも、この一巻を慎重に記述してきたつもりである。この巻では文語の各付属語について、その語のあとの《　》内にカタカナで、二・三の例示を記しているが、これはその語の口語訳の典型例であって、テスト用・入試対策用である。学習者諸君は、この本文に記述してあることは、付属語に関する基礎・基本の知識として、一応全体にわたり個々の使い方（古文を口語訳するなど）の参考として観て欲しい。助動詞におけるその典型例の1例を挙げれば、『—て—き。—て—し。—に—けり。—て—けり。—に—たり。』などのような、（完了の助動詞＋過去の助動詞、完了＋完了の助動詞）の形体について一様に口語訳の典型は《…テシマッタ・…テシマッテイル》であるが、口語訳の場合には一応この訳し方でよいが、今日の会話文の中では、物事の成立完了や動作の完了終結については、どれも簡単に《ータ》で表現している。『家ガ建ッタ』・『犬ガ餌ヲ食ベタ』・『孫ガ帰ッテ行ッタ』で意味は充分通じている。しかし最後の例では、幼い（か若い）

孫が老夫婦の元に二・三日遊びに来ていて、今まで暫くなかった老夫婦の生活に活気が戻り、生き活きとした生気を久しぶりに得て、楽しんだ老夫婦の元から孫が帰ってゆく日になる。老夫婦は孫たちを見送りに行き、別れて帰るときに、老夫婦のどちらかが口にする場合には、『孫ハ帰ッテ行ッテシマッタ』と独り言のように、感慨のこもった詠嘆的表現になるであろうことはよくわかると思う。これは古文・古歌・俳句の句末の『けり』の用法がそのまま残っているのである。日本語の一般的で標準的な表現の中に残っている優美さの1例でもある。このような場合の解釈法も含めてこの参考書が、中・高生諸君の文法学習の一助にでもなれば、筆者としては至上の幸せである。

古典を自分の趣味で読むときには、これらの典型にこだわらず、文の前後関係から作者の心情をくみ採って、自分が感じた文章内容として、他の適切な訳語を遣うのも楽しいものである。

また末筆になり恐縮ながら、株式会社ブレーンの今井恒雄会長を始め、編集部諸氏に細かい項目について専門的な文面の校正を繰り返して戴き、深く感謝申し上げ、いろいろと注文致したにも拘らず、その都度寛容下さって重ねて深謝申し上げたい。

平成二十九年八月

筆者

【引例索引】［文法編　下巻］

記＝古事記（上段は巻数・下段は頁数）

紀＝日本書紀

万＝万葉集

古＝古今和歌集

新古＝新古今和歌集

（上段は歌番号・下段は頁数）

拾＝拾遺和歌集

（上段は巻名・下段は頁数）

後拾＝後拾遺和歌集

（上段は巻名・下段は頁数）

後撰＝後撰和歌集

（上段は巻名・下段は頁数）

千＝千載和歌集

（上段は巻名・下段は頁数）

百＝百人一首

（上段は歌番・中段は出典・下段は頁数）

竹＝竹取物語

（上段は巻数と（大系）による見出・下段は頁数）

土＝土佐日記

（上段は年月日・下段は頁数）

伊＝伊勢物語

（上段は巻数・下段は頁数）

枕＝枕草子

（上段は段数・中段は略題・下段は頁数）

源＝源氏物語

（上段は巻名・下段は頁数）

更＝更級日記

（上段は巻称・下段は頁数）

方＝方丈記（上段は段数・下段は頁数）

平＝平家物語（上段は巻数・下段は頁数）

徒＝徒然草（上段は段数・下段は頁数）

その他の古典の引用文

蜻＝蜻蛉日記
（上段は巻称・下段は頁数）

宇津＝宇津保物語
（上段は巻(略称)・下段は頁数）

落＝落窪物語
（上段は段数・下段は頁数）

堤＝堤中納言物語
（上段は巻(略称)・下段は頁数）

十＝十訓抄
（上段は巻数・下段は頁数）

大＝大鏡
（上段は巻数・下段は頁数）

近代・現代の文学・評論からの引用

塩谷 典（しおたに つかさ）
昭和7年（1932）名古屋市生まれ。三重県立尾鷲高等学校を始め、愛知県立熱田高等学校など公立高校に38年在職。定年後は私立名古屋大谷高等学校など、教員歴は43年に及ぶ。その他、名古屋市少年補導運営協議会委員、全国高等学校生活指導研究協議会役員などを歴任。その間、論文、記事、報告書など多数執筆。現在、愛媛県今治市在住。

日本語を科学する　—文法編— 下巻

平成29年9月10日発行
著者 / 塩谷 典
発行者 / 唐澤明義
制作 / 株式会社ブレーン
発行 / 株式会社展望社
〒112-0002 東京都文京区小石川3-1-7　エコービルⅡ 202
TEL:03-3814-1997 FAX:03-3814-3063
http://tembo-books.jp
印刷製本 / モリモト印刷株式会社

ISBN 978-4-88546-332-7　定価はカバーに表記